MARGARETE TEREZINHA DE ANDRADE COSTA

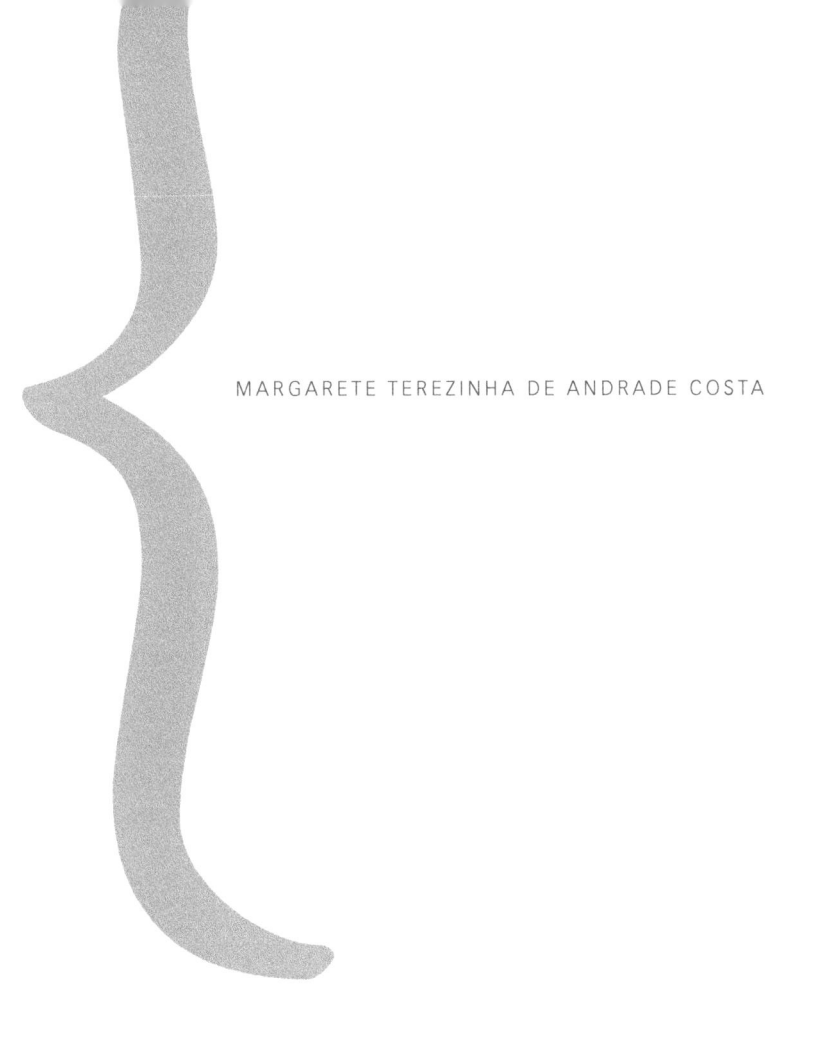

inter saberes

SÉRIE LÍNGUA PORTUGUESA EM FOCO

Introdução à morfologia da língua portuguesa

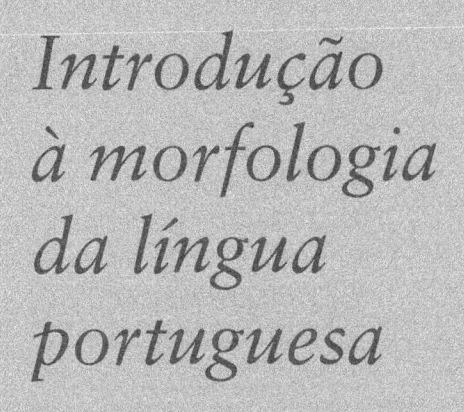

um olhar sobre os processos de formação de palavras

inter saberes

Rua Clara Vendramin, 58 • Mossunguê • CEP 81200-170 • Curitiba • PR • Brasil
Fone: (41) 2106-4170 • www.intersaberes.com • editora@intersaberes.com

Dr. Alexandre Coutinho Pagliarini;
Dr.ª Elena Godoy; Dr. Neri dos Santos;
Dr. Ulf Gregor Baranow • conselho editorial

Lindsay Azambuja • editora-chefe

Ariadne Nunes Wenger • gerente editorial

Daniela Viroli Pereira Pinto •
assistente editorial

Gilberto Girardello Filho •
preparação de originais

Arte e Texto Edição e Revisão de Textos •
edição de texto

Luana Machado Amaro • design de capa

ArtKio e marekuliasz/Shutterstock •
imagem de capa

Raphael Bernadelli • projeto gráfico

Regiane Rosa • diagramação

Charles Leonardo da Silva; Iná Trigo •
equipe de design

Maria Elisa Sonda; Regina Claudia Cruz
Prestes • iconografia

Dados Internacionais de Catalogação na Publicação (CIP)
(Câmara Brasileira do Livro, SP, Brasil)

Costa, Margarete Terezinha de Andrade
    Introdução à morfologia da língua portuguesa : um olhar sobre os processos de formação de palavras / Margarete Terezinha de Andrade Costa. -- Curitiba, PR : Editora Intersaberes, 2022. -- (Série língua portuguesa em foco)

    Bibliografia.
    ISBN 978-65-5517-114-3

    1. Língua portuguesa – Morfologia 2. Língua portuguesa – Sintaxe I. Título. II. Série.

22-113609   CDD-469.5

Índices para catálogo sistemático:
1. Morfologia : Língua portuguesa : Linguística   469.5
Eliete Marques da Silva – Bibliotecária – CRB-8/9380

1ª edição, 2022.

Foi feito o depósito legal.

Informamos que é de inteira responsabilidade da autora a emissão de conceitos.

Nenhuma parte desta publicação poderá ser reproduzida por qualquer meio ou forma sem a prévia autorização da Editora InterSaberes.

A violação dos direitos autorais é crime estabelecido na Lei n. 9.610/1998 e punido pelo art. 184 do Código Penal.

sumário

apresentação, xiii
como aproveitar ao máximo este livro, xvi

um   Introdução à morfologia, 19
dois   Os morfemas, 85
três   Processos morfológicos de formação de palavras, 141
quatro   Morfologia e os processos de derivação, 185
cinco   Estruturas morfológicas, 227
seis   Formação dos morfemas flexionais e derivacionais, 271

considerações finais, 301
glossário, 303
referências, 309
bibliografia comentada, 321
apêndices, 323
respostas, 347
sobre a autora, 349

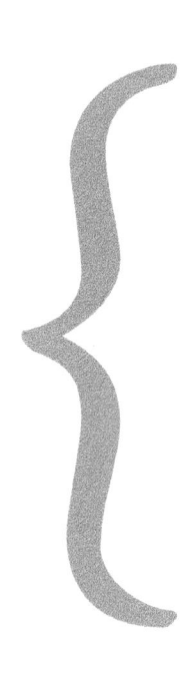

{

*Dedico esta obra para os
sufixos "-ilton" de minha vida:*

Milton *Otto, meu pai, a base.*

Milton *Salustiano, meu irmão, o parceiro.*

Milton *José, meu sobrinho, amor incondicional.*

Nilton *Luiz, meu marido, verdadeiro e grande amor.*

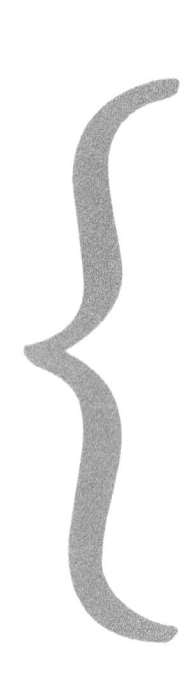

{

Agradeço à professora doutora Deisily de Quadros, pela confiança e pelo apoio, e à equipe da InterSaberes, pelo profissionalismo, pela seriedade e pelo respeito.

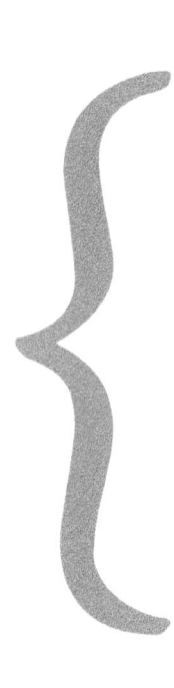

{

Nenhum de nós é perfeito, que em latim significa "feito por completo".
(Cortella, 2016, p. 3)

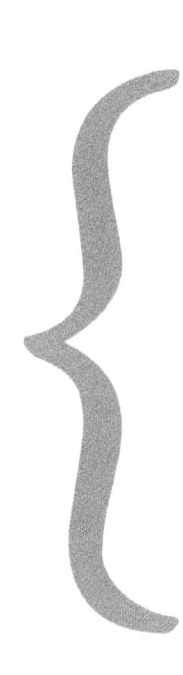

{

apresentação

A ELABORAÇÃO DESTE livro teve como premissa subsidiar os leitores para a construção de um patamar sólido de conhecimento acerca dos princípios da morfologia. Houve uma preocupação com o protagonismo e a espontaneidade do estudante no aprendizado da língua; dessa forma, o texto foi elaborado com o intuito de facilitar a leitura dos conceitos e das análises, somado à apresentação dos exemplos graficamente explicitados. Buscou-se, portanto, auxiliar nos entendimentos dos processos de formação de palavras da nossa língua. Com esse propósito, os principais conteúdos são retomados em diferentes capítulos. Tal estratégia foi adotada para que não haja a necessidade de uma leitura linear da obra, e, sim, para que ela seja utilizada como uma ferramenta de estudo e pesquisa.

Cabe alertar que este livro não tem a pretensão de esgotar o estudo da morfologia, em especial da formação de palavras. Nosso intento foi, somente, justificar a necessidade de os professores, estudantes de cursos de graduação e estudiosos da língua materna dominarem os saberes gramaticais – no nosso caso, morfológicos –, para que, assim, desenvolvam um processo com melhor desempenho de aprendizado

A obra está organizada em seis capítulos. No Capítulo 1, apresentamos o estudo da forma ao longo do tempo, a tipologia morfológica de Schleicher, as unidades mínimas de significação, os alomorfes e os processos morfológicos. No Capítulo 2, analisamos o morfema zero, a ordem dos morfemas e os morfemas lexicais. No Capítulo 3, abordamos as desinências verbais, a formação de palavras e os processos de composição, justaposição e aglutinação. No Capítulo 4, tratamos das derivações prefixal, sufixal, imprópria, regressiva e parassintética. No Capítulo 5, o foco reside nos morfemas nas palavras, nas estruturas morfológicas do radical, bem como em raiz, afixos, vogal temática e tema, além de desinências. No Capítulo 6, explicamos a morfologização do radical, do verbo e do nome.

Desejamos, sinceramente, que este trabalho auxilie professores, estudantes de cursos de graduação e interessados na língua na sua mais perfeita formação.

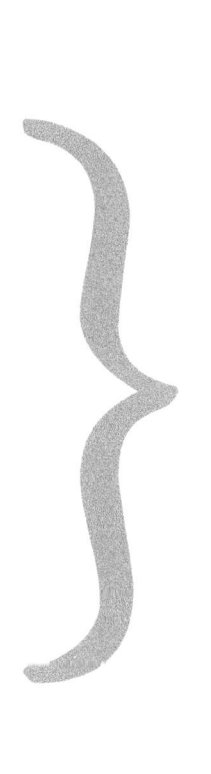

}

como aproveitar ao máximo este livro

Empregamos nesta obra recursos que visam enriquecer seu aprendizado, facilitar a compreensão dos conteúdos e tornar a leitura mais dinâmica. Conheça a seguir cada uma dessas ferramentas e saiba como elas estão distribuídas no decorrer deste livro para bem aproveitá-las.

Introdução do capítulo

Logo na abertura do capítulo, informamos os temas de estudo e os objetivos de aprendizagem que serão nele abrangidos, fazendo considerações preliminares sobre as temáticas em foco.

Importante!

Algumas das informações centrais para a compreensão da obra aparecem nesta seção. Aproveite para refletir sobre os conteúdos apresentados.

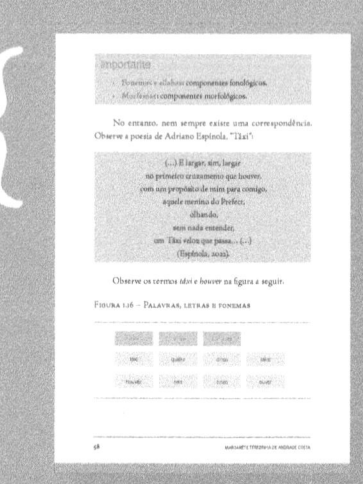

Curiosidade

Nestes boxes, apresentamos informações complementares e interessantes relacionadas aos assuntos expostos no capítulo.

Síntese

Ao final de cada capítulo, relacionamos as principais informações nele abordadas a fim de que você avalie as conclusões a que chegou, confirmando-as ou redefinindo-as.

Indicações culturais

Para ampliar seu repertório, indicamos conteúdos de diferentes naturezas que ensejam a reflexão sobre os assuntos estudados e contribuem para seu processo de aprendizagem.

Atividades de autoavaliação

Apresentamos estas questões objetivas para que você verifique o grau de assimilação dos conceitos examinados, motivando-se a progredir em seus estudos.

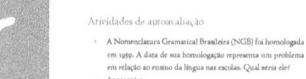

Atividades de aprendizagem

Aqui apresentamos questões que aproximam conhecimentos teóricos e práticos a fim de que você analise criticamente determinado assunto.

Bibliografia comentada

Nesta seção, comentamos algumas obras de referência para o estudo dos temas examinados ao longo do livro.

um   Introdução à morfologia
dois   Os morfemas
três   Processos morfológicos de formação de palavras
quatro   Morfologia e os processos de derivação
cinco   Estruturas morfológicas
seis   Formação dos morfemas flexionais e derivacionais

{

> Nicolau Maquiavel chamava com muita clareza de "fortuna", que no latim significa "a ocasião", "a circunstância", isto é, uma dose de sorte. Maquiavel dizia que o "príncipe", o homem que poderia comandar e conduzir as pessoas (o condottiere), era aquele que juntava a virtude à fortuna. Em outras palavras, a capacidade com a ocasião.
>
> (Cortella, 2016, p. 24)

ANALISAR OS FEITIOS das palavras, suas estruturas, suas diferenças e semelhanças, de acordo com Silva e Medeiros (2016), é papel da morfologia. Dessa forma, ela se ocupa da análise da estrutura e da formação das palavras, objeto desta obra. Assim, neste primeiro capítulo, faremos a introdução e a contextualização da morfologia por meio de um breve estudo ao longo do tempo. Apresentaremos a nomenclatura gramatical brasileira (NGB), homologada em 1959, e sua classificação, e faremos uma análise crítica dela.

Em seguida, definiremos o objeto de estudo da morfologia e abordaremos a tipologia morfológica de Schleicher e as correntes morfológicas, elencando marcos teóricos desse campo. Isso para introduzir, em linhas gerais, os morfemas e sua organização.

Do mesmo modo, destacaremos o conceito dos alomorfes e as combinações dos elementos mórficos por meio dos processos de adição, reduplicação, alternância e subtração.

Por se tratar de uma temática densa, ilustraremos todo o material, de forma a tornar mais claro o conteúdo apresentado e, com efeito, auxiliar no entendimento.

umpontoum
Conceito de morfologia

O termo morfologia tem origem do vocábulo grego *morfhê*, que significa "forma", e a ele soma-se *logos*, de "estudo", "tratado". Assim, morfologia é o estudo da forma da palavra, entendendo forma como estrutura cujas partes são os morfemas.

Figura 1.1 – Formação do termo *morfologia*

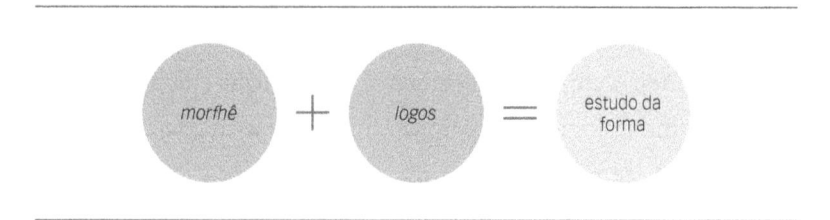

morfhê + logos = estudo da forma

Nesse processo, forma, função e sentido são elementos básicos e interdependentes. Portanto, o estudo da forma está relacionado com as articulações da função e do sentido dos elementos que compõem a palavra. A função estabelece a relação entre os elementos e o sentido de sua acepção. Por consequência, a morfologia estuda a articulação das formas que se reportam ao significado.

Elucidando que *palavra* é um termo derivado do grego *parabolé*, que significa "conjunto de letras ou sons de uma língua". De acordo com Cunha e Cintra (2008, p. 89), "as palavras são, pois, unidades menores que a frase e maiores que o fonema". Para entendermos melhor, vamos fazer uma analogia entre a citação anterior, de Cunha e Cintra (2008), e a próxima, de Huddleston e Pullum (2002, p. 79, tradução nossa):

> *As duas unidades básicas da sintaxe são a sentença e a palavra. A sentença é a unidade maior da sintaxe: quando nos movemos para cima, além da sentença, passamos da sintaxe para a análise do discurso; a palavra é a unidade menor da sintaxe: movendo-nos para baixo, além da palavra, passamos da sintaxe para a morfologia.*

Isto é, a morfologia estuda o eixo vertical da linguagem, as relações que "se podem estabelecer entre elementos que não estão todos simultaneamente presentes numa frase ou texto" (Sandmann, 2020, p. 16).

O olhar sobre a morfologia amplia-se nos estudos das estruturas internas das palavras e de suas relações com as demais palavras. De acordo com Sandmann (2020), cabe à morfologia: classificar as palavras por propriedades, pelos critérios morfológico ou formal, semântico, sintático ou funcional; elucidar os processos de concordância e de regência e suas flexões, bem como suas mudanças de sentido; aclarar os processos de derivação das palavras; explicar os morfemas.

Matthews (1974) define a morfologia como a área da linguística que estuda a organização mental referente à constituição interna das palavras em unidades menores, os morfemas.

umpontodois
Breve estudo da morfologia ao longo do tempo

A gramática ocidental remonta ao século V AEC*, na época helenística, na Grécia Antiga (Saussure, 2006). Ela era um suporte para o pensamento filosófico e voltava-se para a relação entre a forma e o significado das palavras, bem como para a natureza da linguagem, as analogias e anomalias dos fenômenos linguísticos. De acordo com Lyons (1979, p. 6): "as palavras gregas para 'regularidade' e 'irregularidade', no sentido que nos ocupa, eram

---

* Atualmente, no lugar de d.C. (depois de Cristo) e a.C. (antes de Cristo), usa-se: AEC (Antes da Era Comum) e EC (Era Comum). Ambas as formas podem ser escritas com letras maiúsculas ou com pontos: e.c., a.e.c.

analogia e *anomalia*. Daí, os que sustentavam que a língua era essencialmente sistemática e regular são chamados geralmente de *analogistas* e os que tomavam a posição oposta, *anomalistas*".

Havia uma relação direta entre a filosofia e a língua; acreditava-se que a língua refletia a realidade circundante e que esta poderia ser compreendida por meio daquela. Dessa forma, a língua era vista como expressão do pensamento; sua atividade tinha como finalidade as técnicas do discurso e da persuasão dentro da retórica. Consequentemente, estudar a língua era um exercício de compreensão como um todo.

Aos poucos, as pesquisas foram tomando aspecto linguístico. Isso porque, de acordo com Lyons (1979, p. 10):

> *A análise particular refletida nas gramáticas escolares do grego estava tão longe de ser clara que a sua elaboração exigiu uns seis séculos [...]. Além disso, não é essa a única análise possível e, talvez, nem mesmo, a melhor. De qualquer modo, não será razoável dizer-se que os modos ligeiramente diferentes de descrever a língua, preferidos por alguns dos gramáticos gregos sejam necessariamente inferiores àquilo que foi afinal padronizado e transmitido à posteridade como a gramática do grego.*

Gramáticos como Dionísio de Trácio (170 AEC-90 AEC) e Apolônio Díscolo (?-140 AEC), na Idade Média, buscavam nos conhecimentos de Aristóteles seus fundamentos (Neves, 2011). No século II AEC, Dionísio, professor e gramático em Alexandria durante o período de 179 a 90 AEC, descreveu a flexão paradigmática das palavras gregas com finalidade pedagógica, posto que a gramática estava sendo vista distintamente da lógica. Em sua obra *Técnica gramatical*, Dionísio demonstrou relativa independência no tocante à filosofia. Ele elencou oito classes de palavras: nome (*ónoma*), verbo (*rhêma*), particípio (*metoché*)*, artigo (*árthron*), pronome (*antonymía*), preposição (*próthesis*), advérbio (*epírrhema*) e conjunção (*sýndesmos*), além dos conceitos de caso, tempo, número e gênero. Seus estudos serviram de modelo para outras línguas, em especial o latim (Neves, 2011).

Apolônio Díscolo, na segunda metade do século II EC, pesquisou os fenômenos sintáticos, sendo considerado o organizador da gramática na Antiguidade (Neves, 2011). Em sua obra *Techné Grammatiké*, apresentou uma teoria fonética de letras e sílabas e estabeleceu oito categorias gramaticais.

Donato, no século IV EC, pesquisou a fonética; em sua obra *Ars maior*, analisou partes da oração, como nome, pronome, verbo, advérbio, particípio, conjunção, preposição e interjeição.

Prisciano, no século V EC, escreveu *Priscianus Caesariensis*, conhecido como um manual básico do latim, um tratado sobre os sons, a formação de palavras e as inflexões. Além disso, o autor promoveu a definição de sintaxe.

---

* Não faz parte das classes gramaticais na atualidade.

No Renascimento, surgiram as gramáticas das línguas vernáculas; no século XVI, Portugal passou por um momento fundamental de desenvolvimento e afirmação como nação, em que seu idioma era uma forma de declaração da unidade territorial. Fernão de Oliveira (1507-1580) e João de Barros (1496-1570) foram os primeiros gramáticos portugueses.

> **Curiosidade**
>
> Fernão de Oliveira escreveu a primeira gramática da língua portuguesa, em 1536: *Grammatica da linguagem portuguesa*.

Um fato importante representado pela obra de Oliveira diz respeito à autonomia da língua em relação ao latim e, com isso, a consagração à língua portuguesa. Vejamos o que ele fala sobre a derivação etimológica de termos de outras línguas:

> *se* lume *vem de* lumen *latino, e* homem *de* homo, *e molher de* mulier; *e livro e porta e casa e parede e quantos quiserdes, e não só latinos, mas gregos, arábigos, castelhanos, franceses e toda quanta outra imundícia pudrem ajuntar, perguntra-lh'ei então que nos fica a nós ou se temos de nosso alguma cousa.* (Oliveira, citado por Villalva; Silvestre, 2014, p. 120, grifos do original)

É necessário algum esclarecimento sobre a língua portuguesa ter sua origem no latim vulgar. O latim culto era falado por quem detinha o poder, e o vulgar, pelo povo comum, entre eles, os soldados. Com as grandes invasões romanas no século II AEC, os soldados conquistaram grandes regiões e, como é comum, impuseram sua cultura ao povo dominado. Sendo a fala um dos grandes marcos da cultura, eles levavam o latim vulgar utilizado aos povos conquistados, o qual se misturou às línguas das regiões. De acordo com Mattoso Camara Jr. (1975a), assim o latim entrou na Península Ibérica, como consequência da segunda guerra púnica, e modificou as línguas nativas das populações tidas como as mais antigas das penínsulas ibérica e céltica.

Dessa forma, podemos afirmar que o português é resultante do latim modificado. Tanto que o idioma do povo romano não acabou, pois foi transformado em língua romântica, novilatina ou neolatina. Atualmente, as línguas mais conhecidas e faladas derivadas do latim são o português, o espanhol (também conhecido como *castelhano*), o italiano, o francês e o romeno.

A língua portuguesa que conhecemos é resultado de muitas transformações, do galego-português dos séculos VIII ao XIII ao português arcaico dos séculos XV ao XVI. Foi por volta do século XI que ela cresceu como língua nacional, na região do Porto, tornando-se o português clássico dos séculos XVI ao XVIII e o moderno pós-clássico nos séculos seguintes.

Até o século XIX, a língua portuguesa era estudada com base na gramática tradicional originada com os gregos e difundida ao longo do tempo. A variante culta da língua era valorizada e ensinada nas escolas.

No Brasil, até as décadas de 1940 e 1950, a morfologia foi elevada para uma educação escolar que atendia a uma classe privilegiada. Foi com base na herança gramática grega e latina que se buscou promover uma padronização de termos técnicos no campo da gramática, com o estabelecimento da nomenclatura gramatical brasileira (NGB).

1.2.1 Nomenclatura gramatical brasileira (NGB)

Vamos conhecer um pouco da nossa história em relação às normas da língua. Em 1959, o Sr. Ministro Clóvis Salgado, do Estado da Educação e Cultura, homologou a Portaria n. 36 (Brasil, 1959). Tal documento legal foi organizado por estudiosos da época com o intuito de unificar a NGB, para que tivesse exatidão científica dos termos e da utilização no ensino da língua portuguesa.

No artigo primeiro da portaria, é recomendada a adoção da NGB nas atividades que visem à verificação do aprendizado nos estabelecimentos de ensino, no ensino programático e nas atividades dele decorrentes a partir do início do primeiro período do ano letivo de 1959 (Brasil, 1959).

Observe, no Quadro 1.1, a seguir, a organização dos conteúdos analisados nesta obra e abordados na NGB.

Quadro 1.1 – Morfologia de acordo com a NGB

Trata a morfologia das palavras:	1. Quanto a sua estruturação e formação			
	2. Quanto a suas flexões			
	3. Quanto a sua classificação			
I. Estrutura das palavras	a)	Raiz		
		Radical		
		Tema	Prefixo	
			Sufixo	
		Desinência	Nominal	
			Verbal	
		Vogal temática		
		Vogal e consoante de ligação		
	b) Cognato			
Formação das palavras	1 – Processo de formação de palavras		Derivação	
			Composição	
	2 – Hibridismo			
Flexão das palavras	Quanto a sua flexão		Variáveis	
			Invariáveis	

FONTE: Elaborado com base em Brasil, 1959.

Fazendo uma reflexão crítica sobre a NGB, a mais relevante é a anacronia, isto é, a falta de consideração da sucessão normal dos acontecimentos registrados pela cronologia, constituindo uma incoerência o fato de não considerar as mudanças e evoluções ocorridas nos processos de ensino-aprendizagem com o passar do tempo. Outro item evidente é a desconsideração, no documento oficial, do incentivo ao uso dos recursos textuais nas práticas pedagógicas. Tais pontos são importantes principalmente ao considerarmos a data da elaboração da nomenclatura.

Em relação à hierarquização da morfologia pela NGB, ela está organizada em estrutura, formação, flexão e classificação das palavras. Nota-se que o morfema não é evidenciado na nomenclatura.

Além disso, a classificação não obedece à lógica do sistema linguístico. Como exemplo, podemos citar o termo *classificação das palavras*. Seria mais apropriada a expressão *classificação dos vocábulos*, isso porque a palavra, objeto de estudo da morfologia, é uma representação gráfica e sonora da linguagem humana. Ela é extremamente complexa, visto que uma mesma palavra pode ter vários significados; uma pode se juntar à outra e ambas formarem novas palavras; sua escrita pode ter diferentes sonoridades, entre outras intrigadas situações morfológicas.

Variavelmente a isso, os vocábulos são unidades que sozinhas não possuem significado, como preposições, conjunções, artigos e alguns pronomes. Nota-se que na própria esquematização da NGB não há uma distinção entre *palavra* e *vocábulo*; este é constituído de fonemas (menores unidades sonoras capazes de distinguir significados) e sílabas, com ou sem tonicidade; aquela diz respeito a tudo que envolve os conceitos de significante e significado. Os termos *palavra* e *vocábulo**, mesmo sendo intercambiáveis, na literatura da área e até mesmo nesta obra, possuem características como já postas em relação à morfologia. Dessa forma, sendo a NGB uma terminologia, seria de tal importância ser vista como tal.

Os termos apresentados podem ser resumidos da seguinte forma:

- Palavra: "unidade mínima com som e significado que, sozinha, pode constituir um enunciado; vocábulo" (Palavra, 2022).
- Vocábulo: "item lexical que se forma a partir da reprodução do som ou ruído da coisa significada" (Vocábulo, 2022).

Observamos que, no estudo da palavra**, há ramificações: os termos são categorizados quando são vistos como classe, ou organizados em paradigmas quando declinam e são conjugados, além de serem analisados diferentemente na sintaxe e na morfologia. No *Dicionário de linguística e gramática*, Mattoso Camara Jr. (2004) esclarece que o termo *vocábulo* representa um ponto de vista mais técnico, que busca diferenciar escrita de oralidade, ao passo que as palavras são as unidades significativas.

Isso nos leva à discussão sobre as classes de palavras. Considerando que a morfologia se volta para o processo de

---

* Nesta obra, utilizaremos indistintamente os termos *palavra* e *vocábulo*.

** Abordaremos esse termo de maneira mais aprofundada no Capítulo 2 desta obra.

formação e flexão das palavras, deveriam as classes de palavras pertencerem ao ramo da morfologia, visto que sua classificação está baseada somente na significação? Ou deveriam pertencer a uma catalogação que considerasse os critérios morfológico, semânticos e sintáticos? Também devemos pensar sobre os termos *função* e *classe*, sendo substantivo, adjetivo e advérbio funções, e pronome e verbo, classes.

- Classe: "Conjunto de itens linguísticos que têm certas propriedades formais e semânticas em comum; apresenta critérios mórficos e sintáticos" (Classe, 2022).
- Função: "Em uma língua, papel que cada elemento gramatical assume na frase, em consequência de relação específica ou valor que estabelece com os demais elementos da frase; apresenta natureza sintática, que varia de acordo com o contexto" (Função, 2022).

Vamos entender melhor essa classificação. A função está relacionada com a interdependência que se dá entre elementos dentro de uma oração. Ela é uma relação sintática, não podendo ser realizada fora do contexto frasal. Já a classe diz respeito às formas que as palavras assumem, bem como à sua categorização e emprego.

Já existem projetos para a atualização da NGB, mas ainda estão em âmbito de discussão. Dessa forma, vamos transitar entre o universo do texto legal e as proposições de estudos elaborados desde então. Nesse sentido, deve-se considerar essas duas vertentes no âmbito da pesquisa e estudo sobre a gramática de nossa língua.

Neste livro, traremos esse paralelo quando necessário.

Indicações culturais

ABL – Academia Brasileira de Letras. Busca no vocabulário. Disponível em: <https://www.academia.org.br/nossa-lingua/busca-no-vocabulario>. Acesso em: 1º mar. 2022.

A Academia Brasileira de Letras (ABL) é uma instituição cultural inaugurada em 20 de julho de 1897 e sediada no Rio de Janeiro, cujo objetivo é o cultivo da língua e da literatura nacional. Compõe-se a ABL de 40 membros efetivos e perpétuos, além de 20 sócios correspondentes estrangeiros.

Em seu *site*, é disponibilizado o sistema de busca do Vocabulário Ortográfico da Língua Portuguesa (Volp), que contém 382.000 entradas, as respectivas classificações gramaticais e outras informações adicionais.

PORTAL DA LÍNGUA PORTUGUESA. Disponível em: <http://www.portaldalinguaportuguesa.org>. Acesso em: 1º mar. 2022.

O Portal da Língua Portuguesa é um repositório organizado de recursos linguísticos. Os dados do portal são constantemente atualizados e aumentados.

Curiosidade

A frase em latim na inscrição *ad immortalitatem*, presente na logo da ABL, significa: "para a imortalidade, para sempre".

umpontotrês
O objeto de estudo da morfologia e a tipologia morfológica de Schleicher

Até o século XIX, o termo *morfologia* não era utilizado na visão linguística. Estudava-se a classificação e as categorias gramaticais da palavra, marcada como unidade indivisível e com variações acidentais*. Foi o grande estudioso, autor e estadista alemão Johann Wolfgang Von Goethe (1749-1832) que começou a utilizar o termo *morfologia* em seus estudos sobre as formas dos organismos vivos.

> Curiosidade
>
> Johann Wolfgang von Goethe foi um polímata, isto é, estudou e conhecia diferentes ciências. Produziu romances, peças de teatro, poemas, escritos autobiográficos e reflexões teóricas nas áreas de arte, literatura e ciências naturais. Sua obra-prima é o drama trágico *Fausto*.

O uso do termo *morfologia* na linguística se tornou pertinente com o modelo evolucionista de Darwin. Acreditava-se que, com o estudo da evolução das palavras, conhecer-se-ia a origem da linguagem, bem como que as formas mínimas eram seus elementos originários.

---

* Termo ainda utilizado na gramática que se refere às preposições essenciais e acidentais.

No início dos estudos morfológicos, a palavra era o centro. Com a pesquisa da sua estrutura, chegou-se ao morfema como sua unidade básica. Isso ocorreu no século XVIII, com duas fortes correntes: a nocional e a filológica.

A **corrente nocional** tinha a gramática greco-latina como base, sem consideração de variações temporais, espaciais e sociais e valorizando as normas de bem falar e escrever. Seus representantes principais eram Platão, Aristóteles, os estoicos e outros que buscavam a língua universal ideal.

Já a **corrente filológica** voltava-se para a visão normativa prescritiva, segundo a qual tudo aquilo que não estivesse de acordo com as normas, com as regras gramaticais, seria classificado como errado. Entre seus principais representantes, citamos Prisciano, João de Barros, Celso Cunha, Lindley Cintra, entre tantos outros.

De acordo com Rocha (1998), podemos distinguir quatro grandes correntes na descrição e análise morfológicas, mostradas na figura a seguir.

FIGURA 1.2 – CORRENTES MORFOLÓGICAS

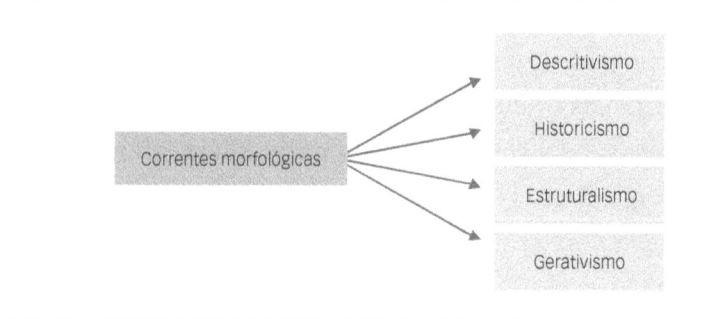

Correntes morfológicas:
- Descritivismo
- Historicismo
- Estruturalismo
- Gerativismo

O descritivismo é a corrente nocional que se volta para a descrição e a fixação de paradigmas. Os gregos, seus maiores representantes, relacionavam a lógica e a linguagem e buscavam fixar paradigmas de regularidade e irregularidade.

Por sua vez, o historicismo, no século XIX, comparava as línguas na busca de uma considerada básica. Seus estudos analisavam as línguas que tinham origem no latim, e assim surgiu o interesse pelas estruturas superficial e interna da palavra, tais como raiz, radical, tema e morfe. Com isso, criou-se a filologia romântica, que deu grande impulso nos estudos linguísticos com a abordagem diacrônica*.

O estruturalismo, no século XX, teve seu início com os estudos de um importante linguista suíço, Ferdinand de Saussure (1857-1913), considerado o fundador da linguística como ciência moderna. Ele entendia o estudo da língua por si só como um sistema fechado, sem interferência do exterior, não havendo necessidade de relacioná-la ao seu uso. Para Saussure (2006), a língua é um sistema de signos, unidades constituídas de um significante e um significado (imagem acústica + conceito). Assim, os elementos da língua adquirem valor à medida que se põem a outros. Com isso, a parte conceitual do valor é formada por relações e diferenças com os demais termos da língua.

De acordo com o autor (Saussure, 2006), o importante não é o som, mas a distinção fônica, que permite a diferenciação das palavras. Por exemplo, a ideia que se tem de um pato não está ligada à sequência de letras $p + a + t + o$.

---

* Evolução dos fenômenos ao longo do tempo.

Figura 1.3 – Distinção fônica

O significante *p-a-t-o* só se relaciona com o seu significado porque um grupo social, em comum acordo, definiu tal relação. Portanto, qualquer outra organização de letras poderia representar um pato sem nenhum problema, se assim ficasse acordado (Figura 1.4).

Figura 1.4 – Significado para Saussure

E isso se daria com qualquer outro animal, ou seja, o pato poderia ser denominado *gato, cachorro, dog...*

Com isso, percebemos que o significante (imagem acústica) e um significado (conceito) não possuem relação sem que haja uma convenção social para isso. O caráter social atribuído à língua é constituído pela comunidade linguística e historicamente modificado por esta. O valor de um signo é, portanto, determinado pelo contexto e pelas relações com outros signos.

Assim, volta-se à teoria do valor linguístico e à relação dos componentes do signo, como fonemas, morfemas, vocábulos, frases e demais estruturas da língua. Comprova-se, desse modo, que a unidade mínima de significado passa a ser o morfema, seus padrões de combinação e os aspectos concretos e abstratos da palavra. Portanto, para os estruturalistas, as palavras são organizadas a partir dos morfemas lexicais e gramaticais.

Na mesma época, surgiu, nos Estados Unidos, o estruturalismo norte-americano, de acordo com o qual o morfema também é o centro dos estudos morfológicos. Leonard Bloomfield (1887-1949) e Edward Sapir (1884-1939) analisaram o fenômeno linguístico com uma visão utilitarista e chegaram ao conceito de morfema. De acordo com Rocha (1998), a escola estruturalista teve dois focos: um foi a identificação dos morfemas, e o outro, a sua classificação.

Nas figuras a seguir (1.5 e 1.6), observe alguns conceitos estruturalistas.

Figura 1.5 – Dupla articulação da linguagem: fonologia e morfologia

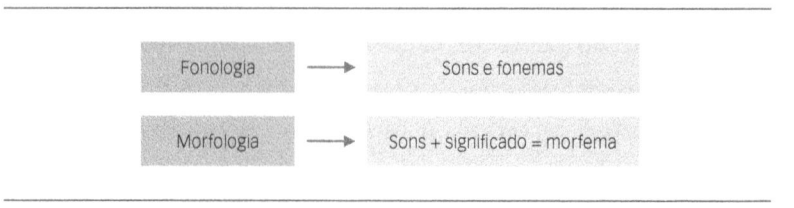

- Fonologia → Sons e fonemas
- Morfologia → Sons + significado = morfema

A morfologia descreve como os morfemas (itens) se organizam (arranjos), sendo que há formas subjacentes às quais se aplica algum processo, obtendo como resultado outra forma (Toledo, 2022).

Figura 1.6 – Dupla articulação da linguagem

- Item → Morfemas
- Arranjo → Organização
- Processo → Organização

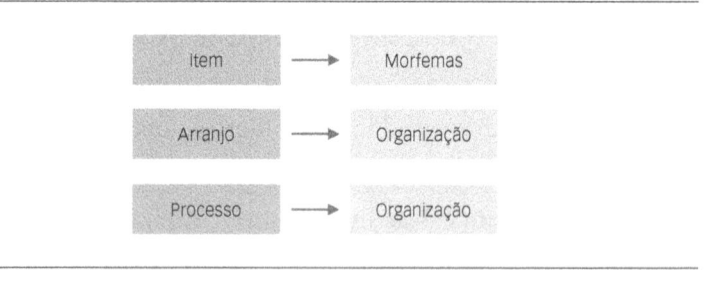

O gerativismo foi iniciado nos anos 1950, com o linguista, professor e ativista político norte-americano Noam Chomsky, que desenvolveu uma teoria que revolucionou o estudo da linguística. Ele buscou explicar a linguagem humana como um processo mental modular. Com inspiração no racionalismo e na tradição lógica, sua teoria explica que a gramática não tem a função de impor regras. Pelo contrário, por meio da dedução, chegar-se-ia à sintaxe, ou seja, aos elementos de uma frase e suas relações. Assim, para ele, as frases teriam um nível de autonomia e de centralidade que explicaria a linguagem.

A geração de frases embasa a teoria da gramática gerativa, segundo a qual, a partir de um número limitado de regras, pode-se gerar um número infinito de sequências. Isto é, a língua seria um grupo imensurável de frases que podem ser elaboradas independentemente do falante já as ter ouvido.

Chomsky acreditava que os seres humanos teriam estruturas ou mecanismos linguísticos inatos, os quais, quando acionados, desenvolveriam a linguagem. Assim, todos os seres humanos teriam a mesma dotação linguística, e todas as línguas apresentariam características comuns.

Para ele, existem a competência e o desempenho linguístico. A competência é inata, enquanto o desempenho diz respeito à maneira como se utilizam os conhecimentos linguísticos, sendo este o verdadeiro objeto de estudo. Nessa abordagem, a unidade de estudo não é a forma concreta da palavra, mas sim a representação do conhecimento lexical, por meio de regras que determinam objetos morfológicos.

Os linguistas gerativistas se preocupavam em explicitar a competência de um falante nativo em relação ao léxico de sua língua, ou melhor, a capacidade de "formar novas palavras, de rejeitar outras, de estabelecer relações entre itens lexicais, de reconhecer a estrutura de um vocábulo" (Rocha, 1998, p. 30).

A sintaxe, no início da teoria, tinha centralidade nessa corrente, e a palavra era o objeto de estudo, não o morfema. Logo, a linguagem é vista como um órgão do pensamento, uma mutação genética, que possibilita ao indivíduo uma organização mental, não sendo, portanto, um instrumento de comunicação social.

> **Importante**
>
> + **Sintaxe:** "Parte da gramática que trata da disposição das palavras na frase, da relação entre essas palavras, bem como das combinações e das relações lógicas das frases no enunciado" (Sintaxe, 2022).

Ter a palavra como centro do processo, ou seja, como unidade básica, é um conceito que surgiu na antiga Grécia e se estendeu até o século XIX.

> **Curiosidade**
>
> Aristóteles foi o primeiro a apresentar as partes do discurso: substantivo, verbo e partículas, e o primeiro a falar acerca da estrutura da oração – sujeito (nome) e predicado (verbo) (Rocha, 1998).

Como crítica às ideias gerativista, surgiu a **abordagem funcionalista**, que apresentou suas primeiras ideias ao Círculo Linguístico de Praga. O foco dessa abordagem é a relação entre as estruturas gramaticais da língua e os diferentes contextos comunicativos. A gramática é vista como algo a ser adaptado pelos falantes da língua. Assim, os funcionalistas começavam seus estudos por unidades, do menor para o maior.

> **Curiosidade**
>
> O Círculo Linguístico de Praga (CLP), ou Escola de Praga, fundado em 1926, foi formado por um grupo de críticos literários e linguistas que desenvolveram métodos de estudos semióticos e de análise estruturalista entre os anos 1928 e 1939.

O Círculo Linguístico de Praga teve entre seus principais participantes o russo Roman Osipovich Jakobson (1896-1982), que foi professor de Joaquim Mattoso Camara Jr. (1904-1970), linguista, pesquisador e professor brasileiro, também formado em Arquitetura e Direito.

> **Curiosidade**
>
> Roman Jakobson propôs a teoria do sistema de comunicação com seis componentes estruturais que realizam seis respectivas funções:
> 1. Emissor: função emotiva ou expressiva.
> 2. Receptor: função conativa ou apelativa.
> 3. Código: função metalinguística.
> 4. Mensagem: função poética.
> 5. Canal: função fática.
> 6. Referente: função referencial ou denotativa.

Mattoso Camara Jr. foi um grande escritor sobre os estudos da língua. Entre suas obras, destacam-se *Princípios de linguística geral*, publicada em 1942 – primeiro livro sobre o assunto em língua portuguesa –, além de *Problemas de linguística descritiva*, *Estrutura da língua portuguesa* e *Dicionário de linguística e gramática*, entre várias outras.

Morfologia distribuída

Em 1993, dois linguistas e pesquisadores americanos, Moris Halle e Alec Marantz, publicaram o artigo intitulado "Morphology and the Pieces of Inflection" ("Morfologia e as partes de inflexão", em tradução livre), que contribuiu para a discussão da gramática distribuída, também conhecida pela sigla DM (*distributed morphology*). Ela tem como base a sintaxe, também denominada *morfologia distribuída*, segundo a qual um único mecanismo sintático é responsável pela formação de palavras e sentenças complexas. Nessa visão, o morfema é considerado a unidade básica de significação.

Podemos perceber a oscilação entre a palavra e os elementos constituintes da palavra como objeto de estudo da morfologia. A figura a seguir apresenta, em síntese*, essa questão.

---

* O esquema elaborado serve somente para o esclarecimento das unidades mínimas de significação, visto que a morfologia distribuída faz parte da teoria gerativa.

FIGURA 1.7 – UNIDADES MÍNIMAS DE SIGNIFICAÇÃO

Unidades mínimas de significação		
Estruturalismo	→	Morfema
Gerativismo	→	Conhecimento lexical
Funcionalista	→	Estruturas gramaticais + contextos comunicativos
Distribuída	→	Morfema

Gramáticas

Retomando as concepções de gramática e reorganizando-as, para um maior entendimento, de acordo com Costa (2021, p. 117):

> *A gramática regula a língua estabelecendo padrões tanto na escrita quanto na fala de um idioma, principalmente para sua preservação. Nela, encontramos as regras e as normas do uso formal da língua. Todavia, não há somente uma forma de se utilizar a fala, já que há elementos de variações e diferentes visões de uso. Portanto, há também diferentes gramáticas da Língua Portuguesa.*

Buscamos em Travaglia (2006) três classificações de gramática: normativa, descritiva e internalizada.

A primeira delas, a **normativa** (prescritiva ou tradicional), volta-se para a língua culta padrão e entende a gramática como um conjunto de regras válidas para o bom uso da língua. Nessa perspectiva, a norma culta é buscada desconsiderando-se as variedades linguísticas. Trata-se da concepção utilizada no ensino da língua na educação formal.

A segunda, descritiva, considera as variações linguísticas e os contextos de sua ocorrência. Tem a gramática como foco, bem como a descrição da estrutura e do funcionamento da língua. É utilizada para análises da teoria e como método pelos pesquisadores linguistas. Não há uma concepção de certo ou errado, mas, sim, diferenças no funcionamento da língua em suas variantes.

A terceira vertente, internalizada, considera a gramática do usuário da língua e estuda os conhecimentos implícitos adquiridos naturalmente no contato com a língua materna.

A gramática normativa é a apregoada pela NGB e, assim, priorizada no ensino. Ela trabalha com a língua culta (padrão). Muitos estudiosos, gramáticos e linguistas tutelam a utilização da gramática normativa, e isso já é realizado há muito tempo. Eles defendem o ensino do correto uso da língua, o que seria apropriado se considerássemos que aprender não significa padronizar seu uso ou trabalhar com a norma pela norma ou, mesmo, desmerecer as variações linguísticas (o preconceito linguístico).

Bechara (1985) questiona a formação poliglota da língua portuguesa de forma que o aluno possa optar pelo registro adequado a cada situação comunicativa. Com isso, para ele, a metodologia de ensino tradicional deveria ser repensada, todavia contemplando o conteúdo necessário para a formação de pessoas que tenham domínio da língua e com condições de adequá-la a diferentes situações de uso.

Cabe aqui citar Suassuna (1995), que nos alerta sobre os problemas do ensino da gramática normativa. De acordo com a escritora, ela tem uma visão purista, preconceituosa e excludente da língua; seu ensino é metalinguístico; as definições são precárias, circulares e pouco explícitas; além disso, ela realiza a análise pela análise, levando à reprodução; não pondera sobre as situações concretas de interação; não considera diferentes usos; a língua é vista estaticamente e não considera a diversidade.

Dessa forma, cabe a você, estudante ou professor da Língua Portuguesa, refletir sobre a real necessidade do domínio da norma e a efetivação de seu uso.

Tradicionalmente, a gramática normativa é dividida em três partes básicas: fonologia, morfologia e sintaxe (Figura 1.8).

FIGURA 1.8 – DIVISÃO DA GRAMÁTICA NORMATIVA

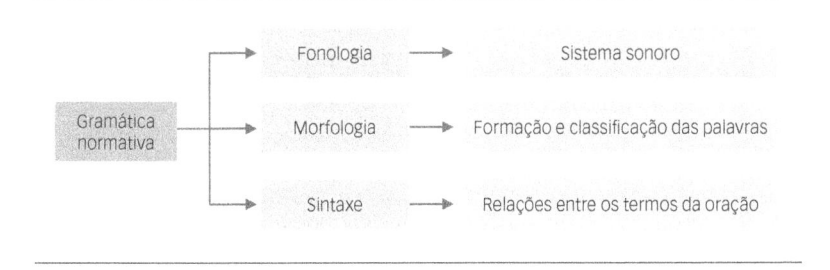

Gramática normativa		
→	Fonologia →	Sistema sonoro
→	Morfologia →	Formação e classificação das palavras
→	Sintaxe →	Relações entre os termos da oração

Na fonologia, a ortoépia analisa a pronúncia das palavras; a prosódia, a acentuação, bem como a ortografia, isto é, como as palavras precisam ser escritas.

Na morfologia, analisa-se a estrutura de formação e a composição dos termos, a flexão que eles podem ter e a classificação das palavras em classes, como já discutido nesta obra.

Na sintaxe, avaliam-se as organizações das frases, das orações e dos períodos, os termos que formam as orações, a regência e a concordância dos nomes e dos verbos e a colocação dos pronomes em relação aos verbos.

Alguns gramáticos acrescentam a semântica, que estuda o significado da palavra, e a estilística, vinculada ao estilo do processo de expressão, à função expressiva.

1.3.1 A tipologia morfológica de Schleicher

August Schleicher nasceu em Meiningen, na Turíngia (Alemanha), em 19 de fevereiro de 1821 e faleceu em Jena, no mesmo país, no dia 6 de dezembro de 1868. Ele foi um teólogo e filósofo alemão que estudou linguística na Universidade de Bonn. Especializou-se em gramática comparativa das línguas indo-europeias. Schleicher classificou as línguas por meio das árvores genealógicas, estudo que comunga com as ciências naturais, difundidas pelas discussões darwinianas do século XIX.

A árvore genealógica é utilizada para ilustrar grupos linguísticos. Os galhos se referem às línguas que dão origem a outras em seus ramos. A língua portuguesa é resultado da língua falada no Império Romano, o latim vulgar.

Observe, na Figura 1.9, a seguir, um exemplo de árvore genealógica do português.

Figura 1.9 – Árvore genealógica

- Português
- Galego
- Castelhano
- Romance Galego-Português
- Ibero-Romance Ocidental
- Ibero-Romance Central
- Ibero-Romance Meridional
- Ibero-Romance Setentrional
- Latim da România Ocidental
- Latim da România Oriental
- Latim arcaico

shin88/Shutterstock

Podemos observar, pela árvore genealógica, que as línguas se multiplicam, formando famílias. Para Schleicher, a língua é um organismo vivo que nasce, desenvolve-se e morre. O autor chega a denominar seu estudo como "estudo da vida da língua".

Schleicher buscou uma língua ancestral, a protolíngua ou língua-mãe, da qual derivaria uma língua ou uma família linguística. Para ele, as línguas são organismos da natureza. Nunca foram dirigidas pela vontade do homem, pelo contrário, elas se levantaram e se desenvolveram de acordo com leis definidas, da mesma forma que envelheceram e morreram. Também, estão sujeitas a uma série de fenômenos que abraçamos sob o nome de *vida* (Paixão de Souza, 2010).

Para Schleicher, a vida da língua teria um primeiro estágio, denominado *pré-histórico*; um segundo, chamado de *histórico*; e, em seguida, vem seu declínio, com a morte. A língua teria, igualmente, nascimento, desenvolvimento e morte. Com esse princípio, ele classificou algumas línguas como mais desenvolvidas que outras. As línguas como o chinês e siamês, por exemplo, seriam mais primitivas por serem monossilábicas, enquanto as línguas indo-europeias estariam em um estágio mais elevado por serem flexionáveis, possuindo afixos com mais de um significado. Tal teoria sofreu críticas em virtude do preconceito em relação a algumas línguas consideradas mais primitivas.

É interessante saber que as línguas indo-europeias, denominadas *proto-indo-european* (PIE), descenderam do tronco comum indo-europeu e foram utilizadas nas regiões europeias e asiáticas entre 4.500 e 2.500 AEC.

Acompanhe, na Figura 1.10, a seguir, a família linguística indo-europeia.

FIGURA 1.10 – FAMÍLIA LINGUÍSTICA INDO-EUROPEIA

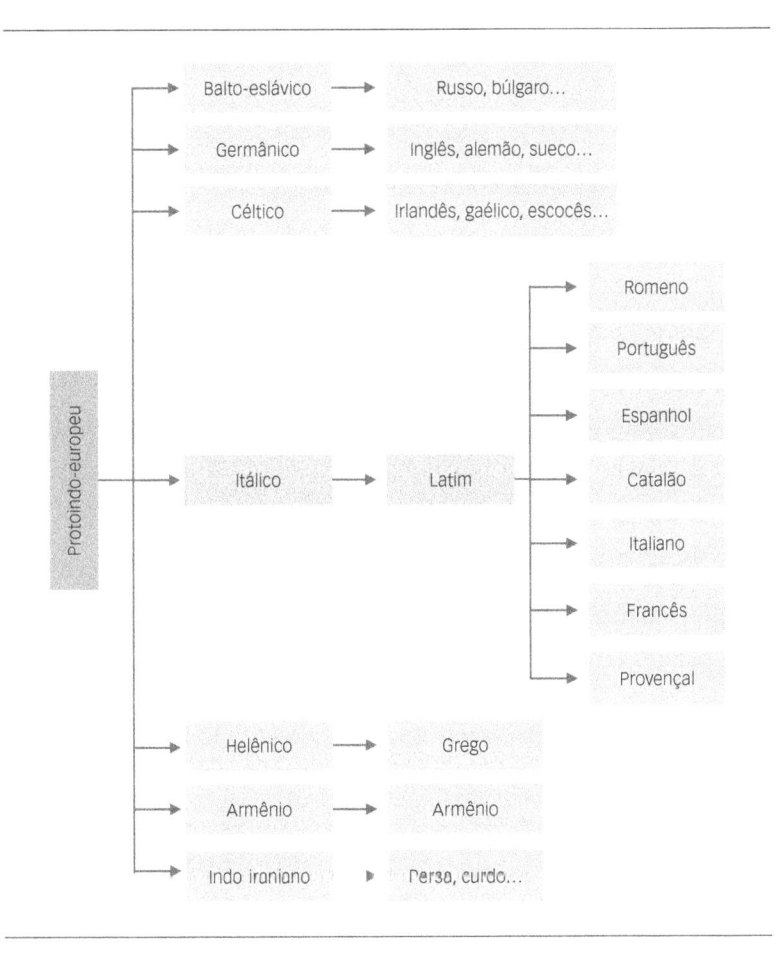

```
                    ┌─► Balto-eslávico ──► Russo, búlgaro...
                    ├─► Germânico ──────► Inglês, alemão, sueco...
                    ├─► Céltico ────────► Irlandês, gaélico, escocês...
                    │                                    ┌─► Romeno
                    │                                    ├─► Português
Protoindo-europeu ──┤                                    ├─► Espanhol
                    ├─► Itálico ──► Latim ───────────────┼─► Catalão
                    │                                    ├─► Italiano
                    │                                    ├─► Francês
                    │                                    └─► Provençal
                    ├─► Helênico ──────► Grego
                    ├─► Armênio ───────► Armênio
                    └─► Indo iraniano ─► Persa, curdo...
```

FONTE: Elaborada com base em K.riák, 2007.

August Schleicher reconstruiu, em 1868, um vocabulário da língua indo-europeia e escreveu uma fábula no idioma, com o título "A ovelha e os cavalos".

> Indicação cultural
>
> AVENTURAS NO CONHECIMENTO. Escute a língua que nossos ancestrais falavam há 6 mil anos. 30 set. 2013. Disponível em: <https://www.aventurasnoconhecimento.com.br/2013/09/escute-lingua-que-nossos-ancestrais.html>. Acesso em: 1º mar. 2022.
>
> O linguista e arqueólogo Andrew Bird publicou, na revista *Archaelogy*, as conclusões de suas pesquisas mais atuais no formato de uma leitura dramática da fábula de Schleicher. Acesse o *link* indicado para ouvir a língua que nossos ancestrais falavam.

Para Schleicher, são três as classificações morfológicas da língua: isolantes, ou monossilábicas; aglutinantes; e flexionais ou fusionastes (Pria, 2006).

- **Isolantes**: São línguas que não possuem flexão. As palavras são raízes e não são segmentadas, e as informações gramaticais são expressas por palavras invariáveis. São monossilábicas porque só possuem radicais. Como exemplo, podemos citar o chinês, o vietnamita, o anamês (Vietnã), o siamês (Tailândia) e o birmanês (Myanmar, no Leste Asiático).
- **Aglutinantes**: São línguas que usam afixos em uma raiz. As palavras são compostas por morfes, que representam

um morfema. Exemplos: turco, japonês, finlandês, tatar (Tartaristão, na Rússia), basco (comunidades autônomas de Navarra, ao norte da Espanha) e húngaro.
* Flexionais: Línguas nas quais uma raiz se combina com elementos gramaticais indicadores de sua função, e os morfemas são representados por afixos, um para cada significado gramatical; um afixo pode possuir mais de um significado. Por exemplo, o russo, o latim e o grego antigo.

De acordo com Mendonça (2014), Schleicher relacionou o ciclo de vida de uma língua à classificação morfológica. Na primeira etapa, denominada *pré-histórica* pelo pesquisador, as línguas estariam no estágio mais básico, o isolante. Em seguida, passariam para o estágio aglutinante, e, com seu desenvolvimento, para o flexional, que seria o ponto máximo antes do declínio e da morte de uma língua. Tal teoria é contestada pelo viés de uma visão eurocêntrica: em primeiro lugar, porque valoriza algumas línguas flexionais mais do que outras; em segundo lugar, porque coexistem línguas isolantes, aglutinantes e flexionais sem uma relação de superioridade entre elas.

No entanto, não existe nenhuma língua puramente isolante, aglutinante ou flexional. O linguista Wilhelm von Humboldt (1767-1835), considerado o primeiro a identificar a linguagem como um sistema de regras, acrescentou um quarto grupo de línguas: polissindéticas ou incorporantes. Considerando esse grupo, uma palavra pode ser formada por uma série de morfemas independentes, fazendo grande uso de afixos. Ao concentrar no interior da unidade lexical muitos morfemas, condensa-se em uma única palavra as informações que equivaleriam a uma frase.

Linguistas a categorizam como uma tipologia independente, por apresentar traços flexionais e aglutinantes. Como exemplo, podemos citar as línguas *inuit* (esquimó), *inuktitut* (Irlanda), as línguas paleo-siberianas e muitas línguas ameríndias, até o tupinambá (tupi antigo).

Para ampliarmos nosso entendimento, vamos estudar um discípulo de Schleicher, o linguista alemão Johannes Schmidt (1843-1901), que desenvolveu a teoria da onda, demonstrando a influência que as línguas têm umas sobre as outras e provando que elas se relacionam e compartilham características. Esse linguista vê a língua como um fenômeno social, sugerindo uma representação em círculos no lugar de árvores.

Observe, na Figura 1.11, a seguir, o esquema criado por Bloomfield (1914) para a teoria das ondas.

FIGURA 1.11 – TEORIA DAS ONDAS

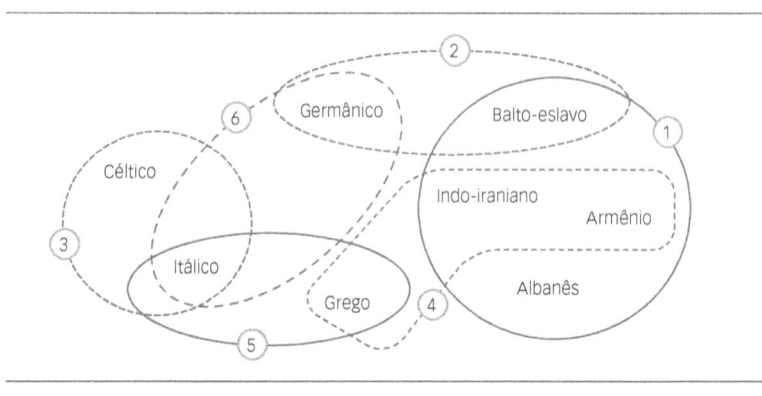

FONTE: K.riák, 2007, tradução nossa.

Para Schmidt, as mudanças linguísticas vão além de um processo natural. Devido à influência de seus usuários, tais mudanças são mais subjetivas e internas e ocorrem nas áreas política, social, religiosa etc.

Comparando os dois pensamentos, podemos concluir que, para Schleicher, a língua independe dos falantes, diferentemente de Schmidt, que a vê como um processo social.

umpontoquatro
Morfema: unidade mínima de significação

A morfologia tem como objeto de estudo a estrutura interna dos vocábulos, os quais são formados por unidades linguísticas indivisíveis providas de significado e que os integram ou alteram seu significado. Tais vocábulos são designados *morfemas* ou *elementos mórficos*.

De acordo com Rosa (2018), na definição clássica, o morfema é como um "átomo" de som e significado, ou seja, um signo mínimo. Sendo assim, a morfologia corresponde ao estudo desses átomos (a alomorfia) e suas combinações. Os morfemas são compostos por fonemas, os menores elementos sonoros de uma língua, representados na escrita por meio de sinais denominados *letras* e graficamente indicados entre duas barras inclinadas – traços oblíquos (Figura 1.12).

FIGURA 1.12 – FONEMA I

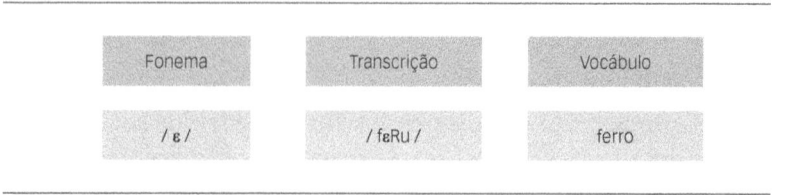

Fonema	Transcrição	Vocábulo
/ ɛ /	/ fɛRu /	ferro

Na linguagem oral, as palavras distinguem seus significados pelos fonemas. Veja que, com a mudança do primeiro fonema das palavras a seguir, seus significados também se modificam:

jato	gato	fato	nato	bato
pato	tato	rato	mato	cato

Os fonemas representam o som, e as letras, a grafia. É comum haver uma coincidência entre ambos (Figura 1.13).

FIGURA 1.13 – FONEMA II

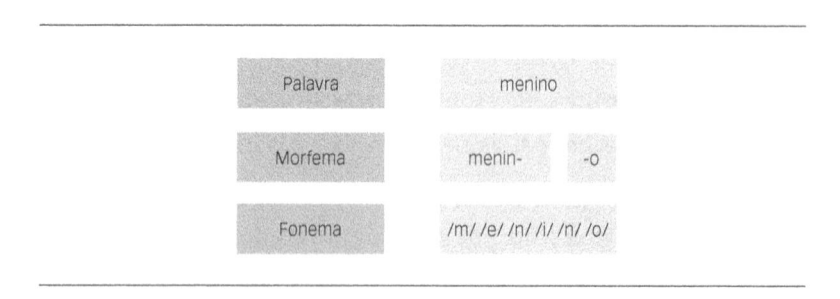

Palavra	menino	
Morfema	menin-	-o
Fonema	/m/ /e/ /n/ /i/ /n/ /o/	

Para exemplificar, leia o poema "O menino azul", de Cecília Meireles:

> (...) O menino quer um burrinho
> que saiba inventar histórias bonitas
> com pessoas e bichos
> e com barquinhos no mar (...)
> (Educlub, 2022, grifo nosso).

Observe as palavras destacadas na poesia. Nela, há outras coincidências entre os morfemas e fonemas (Figura 1.14).

FIGURA 1.14 – MORFEMA E FONEMAS

| menino | bonitas | mar |

Há também algumas palavras em que não há tal relação (Figura 1.15).

FIGURA 1.15 – MORFEMAS E FONEMAS

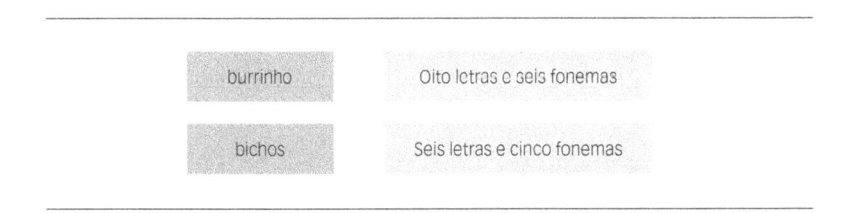

| burrinho | Oito letras e seis fonemas |
| bichos | Seis letras e cinco fonemas |

Não devemos confundir fonemas com letras. Os fonemas referem-se aos sons das sílabas, enquanto as letras são a representação gráfica dos fonemas. Os morfemas podem ser constituídos de um só fonema ou sílaba, como em é, há, mar, giz, Sol, luz, pé.

> **Importante**
> - **Fonemas e sílabas**: componentes fonológicos.
> - **Morfemas**: componentes morfológicos.

No entanto, nem sempre existe uma correspondência. Observe a poesia de Adriano Espínola, "Táxi":

> (...) E largar, sim, largar
> no primeiro cruzamento que houver,
> com um propósito de mim para comigo,
> aquele menino do Prefect,
> olhando,
> sem nada entender,
> um Táxi veloz que passa... (...)
> (Espínola, 2022).

Observe os termos *táxi* e *houver* na figura a seguir.

Figura 1.16 – Palavras, letras e fonemas

Palavra	Letras	Fonemas	Pronúncia
táxi	quatro	cinco	taksi
houver	seis	cinco	ouver

Pode acontecer de um mesmo fonema ser representado por diversas letras. É o caso do fonema /z/.

Vamos analisar o poema de Michel F. M., "Meu pai dizia":

> (...) Ouvimos os murmúrios, aprendemos os martírios,
> Sentimos o perfume mergulhando sobre os lírios,
> E no final da trilha te sobraram dois destinos,
> Ou o asilo ou o exílio, mas eu prefiro o Sol Divino (...)
> (Michel, 2022).

Observe, no último verso, os vocábulos *asilo* e *exílio*, nos quais o *s* tem som de /z/ (Figura 1.17).

FIGURA 1.17 – "S" COM SOM DE "Z"

asilo = a/z/ilo   exílio = e/z/ílio

Há, também, uma letra com mais de um fonema, a exemplo do *x*, como mostrado nos fragmentos a seguir da Norma Regulamentadora N. 7 (NR-7): "(...) estabelecer parâmetros básicos para a realização de exames médicos ocupacionais. (...) Esse texto foi deliberado durante a 14ª Reunião Ordinária da CTPP (...). A proposta, incluindo o texto da norma e seus cinco anexos (...)" (Brasil, 2020, grifo nosso).

Observe os termos que constam na Figura 1.18.

Figura 1.18 – Sons do "x"

| exame = /z/ | texto = /s/ | anexo = /ks/ | enxame = /ch/ |

Para identificar um morfema, é importante lembrar que ele é uma unidade significativa, isto é, carrega um sentido. Também podemos fazer a comutação das palavras trocando um segmento de um vocábulo para perceber a significação dos termos, como pode ser observado na Figura 1.19.

Figura 1.19 – Comutação

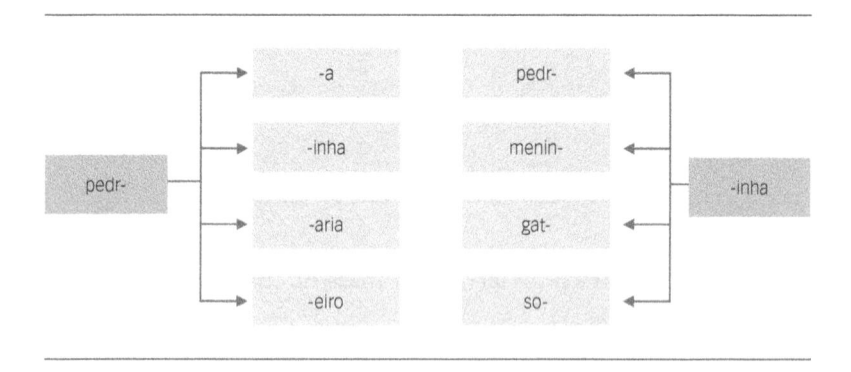

pedr- → -a, -inha, -aria, -eiro

pedr-, menin-, gat-, so- ← -inha

Analise como é relativamente fácil conhecer os morfemas; obviamente, não funciona para todos eles, alguns sofrem modificações.

Os morfemas possuem um significante, que é sua estrutura fônica, e um significado, noção gramatical acrescentado ao lexema (morfema lexical). Vejamos suas organizações na figura a seguir.

FIGURA 1.20 – SIGNIFICANTE E SIGNIFICADO

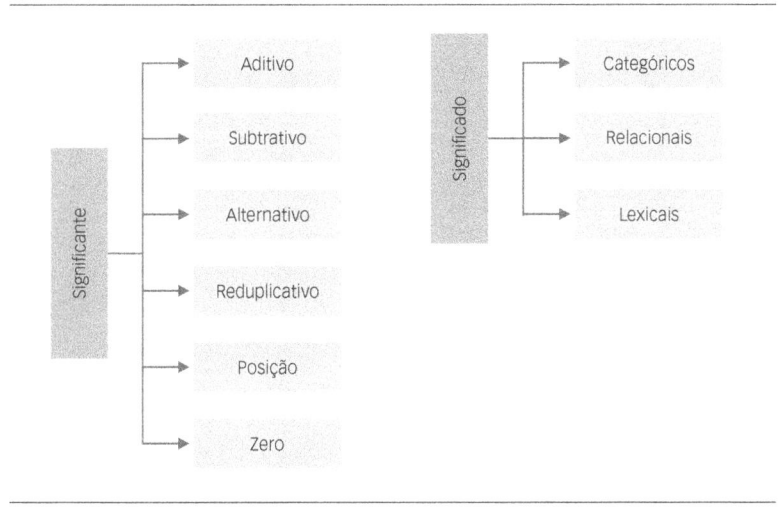

Significante:
- Aditivo
- Subtrativo
- Alternativo
- Reduplicativo
- Posição
- Zero

Significado:
- Categóricos
- Relacionais
- Lexicais

FONTE: Elaborado com base em Saussure, 2006.

Importante

Para Saussure (2006), o signo linguístico corresponde à soma de significante + significado (Figura 1.21).
* **Significado:** conceito, representação mental.
* **Significante:** imagem acústica ou ótica.

FIGURA 1.21 – SIGNO, SIGNIFICADO, SIGNIFICANTE

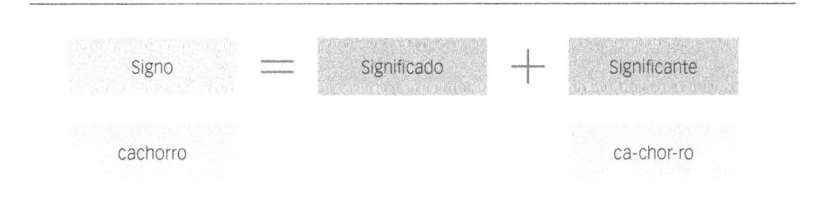

Signo	=	Significado	+	Significante
cachorro				ca-chor-ro

FONTE: Elaborado com base em Saussure, 2006.

Veja, na Figura 1.22, a organização dos morfemas.

FIGURA 1.22 – ORGANIZAÇÃO DOS MORFEMAS

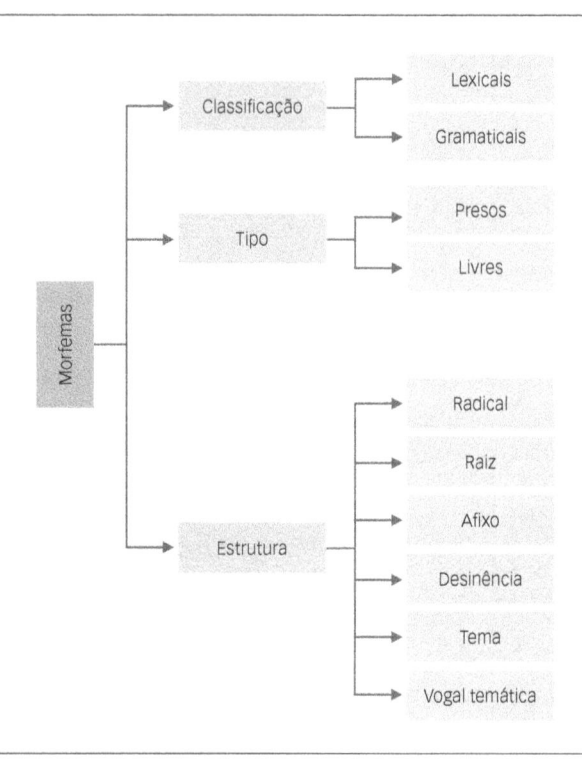

```
Morfemas
├── Classificação
│   ├── Lexicais
│   └── Gramaticais
├── Tipo
│   ├── Presos
│   └── Livres
└── Estrutura
    ├── Radical
    ├── Raiz
    ├── Afixo
    ├── Desinência
    ├── Tema
    └── Vogal temática
```

Ao longo desta obra, estudaremos cada um dos itens apresentados nesse esquema.

É importante ressaltar que o morfema é representado por uma ou mais formas, podendo haver variações formais. Assim, a morfe diz respeito à realização concreta, isto é, à representação gráfica de um morfema e quando há mais de um morfe para o mesmo morfema.

umpontocinco
Os alomorfes

Alomorfia é uma metamorfose, ou seja, trata-se da passagem de uma forma para outra sem mudança de valor ou significado. Isso também se dá quando o morfema é representado por mais de uma morfe.

> Curiosidade
> + *Állos* = outro.
> + *Morphé* = forma.

Em outras palavras, a alomorfia consiste em um fenômeno linguístico de mudança na forma de um morfema. Assim, os morfemas são concretizados pela morfe, mas não há uma morfe para cada morfema (Figura 1.23).

FIGURA 1.23 – MORFEMA E MORFE

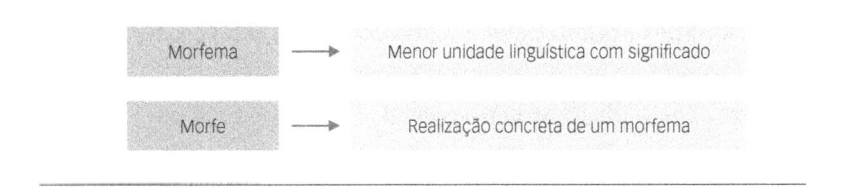

Morfema	→	Menor unidade linguística com significado
Morfe	→	Realização concreta de um morfema

De acordo com Monteiro (2002, p. 14): "A realização de um morfema se denomina de morfe e quando há mais de uma, já podemos adiantar que constituem alomorfes". Na alomorfia, há uma diferença de significante, e não de significado. Acompanhe, na Figura 1.24, morfes diferentes com os mesmos valores significativos.

FIGURA 1.24 – ALOMORFIA

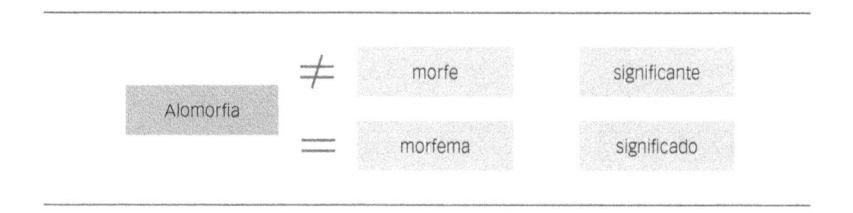

Alomorfia ≠ morfe / significante
Alomorfia = morfema / significado

FONTE: Elaborado com base em Monteiro, 2002.

Os alomorfes podem acontecer na raiz, no prefixo ou sufixo, na vogal temática ou na desinência verbal.

+ **Alomorfia na raiz:** A raiz (ou radical primário) é irredutível e carrega a base de significação da palavra. É o elemento comum em uma mesma família de palavras (Figura 1.25).

FIGURA 1.25 – RAIZ E ALOMORFE I

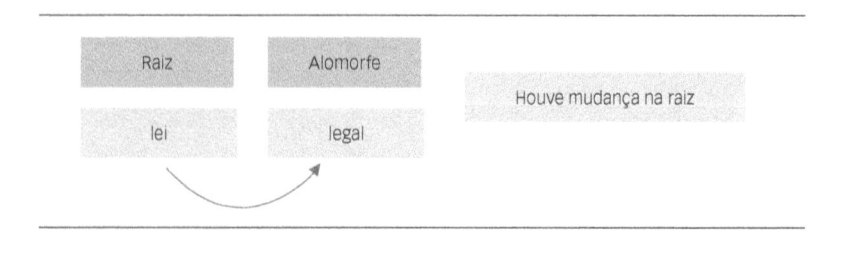

Raiz: lei
Alomorfe: legal
Houve mudança na raiz

Veja outro exemplo na Figura 1.26.

FIGURA 1.26 – VISITAÇÃO NOTURNA

Programação
18h00 – Visita às dependências da vinícola (caves e linha de produção) com degustação de quatro produtos, incluindo um vinho diretamente das barricas de carvalho. 20h30 – Jantar com menu especial.

Datas
As visitações noturnas estarão disponíveis a partir da segunda semana de março. Em breve, divulgaremos novas datas para agendamento.

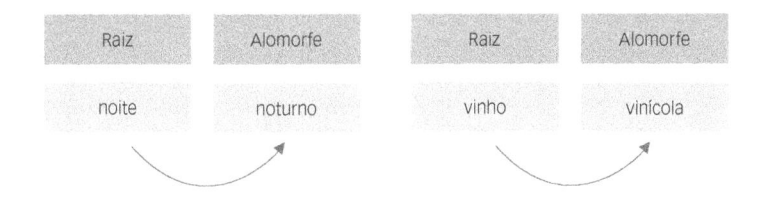

Raiz	Alomorfe	Raiz	Alomorfe
noite	noturno	vinho	vinícola

FONTE: Elaborada com base em Casa Valduga, 2022.

Segue outro exemplo (Figura 1.27):

"(...) Em caprinos, a coloração da conjuntiva tem menor intensidade e o preenchimento capilar é mais demorado do que nos ovinos" (Embrapa, 2022, grifo nosso).

Figura 1.27 – Raiz e alomorfe II

Raiz	Alomorfe	Raiz	Alomorfe
cabelo	capilar	cabra	caprino

- **Alomorfia no prefixo**: O prefixo é um tipo de morfema e afixo que forma uma palavra quando colocado na frente do radical. A alomorfia acontece quando um mesmo prefixo tem a mesma função, como apresentado nos termos *infeliz* e *ilimitada* na tirinha a seguir (Figura 1.28).

Figura 1.28 – A invenção da alegria

A INVENÇÃO DA ALEGRIA

Entre os fingidos, a moda é fingir que ninguém finge.

Mas você acredita na alegria... uma atitude infeliz de sua parte.

Pois saiba que minha vontade de construir um mundo melhor é ilimitada.

Ilimitadas são suas limitações para isto, meu caro.

André Dahmer / www.malvados.com.br

Figura 1.29 – Alomorfia no prefixo

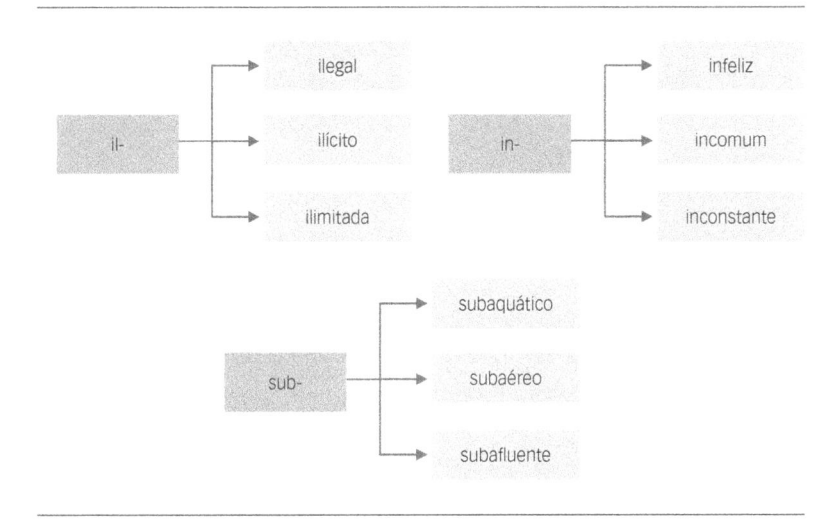

il- → ilegal, ilícito, ilimitada

in- → infeliz, incomum, inconstante

sub- → subaquático, subaéreo, subafluente

- **Alomorfia no sufixo:** O sufixo é um afixo que se agrega a um radical e forma uma nova palavra flexionada ou derivada, conforme pode ser observado na seguinte propaganda:

> "UMA BRINCADEIRA QUE NÃO ACABA NUNCA! Esse livrinho de desenhos é sensacional para a criançada. Feito em material durável e colorido, o livrinho infinito é feito para suprir as necessidades de pais e crianças, estimulando a criatividade e a coordenação motora" (Mercadolivre, 2022, grifo nosso).

FIGURA 1.30 – ALOMORFIA NO SUFIXO

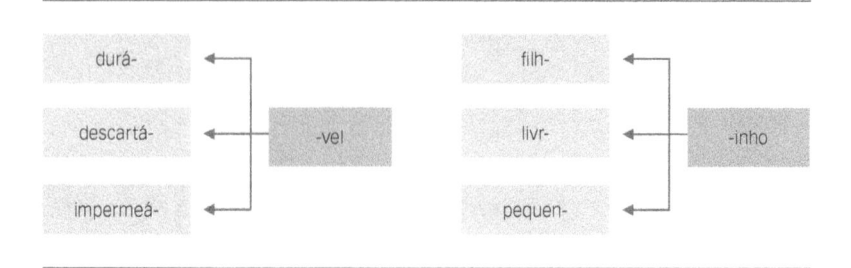

```
durá- ←┐                filh- ←┐
descartá- ←── -vel      livr- ←── -inho
impermeá- ←┘            pequen- ←┘
```

- **Alomorfia na vogal temática:** A vogal temática é um morfema cuja função é ligar o radical às desinências, formando o tema (Figura 1.31).

FIGURA 1.31 – ALOMORFIA NA VOGAL TEMÁTICA

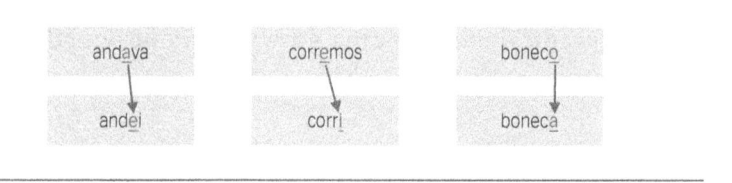

```
andava      corremos     boneco
andei       corri        boneca
```

- **Alomorfia na desinência nominal:** Morfema adicionado aos nomes, ou seja, substantivos e adjetivos, e serve para indicar as flexões nominais de gênero e número. O melhor exemplo desse caso são as palavras *avó* e *avô* (Figura 1.32).

Figura 1.32 – Alomorfia na desinência nominal

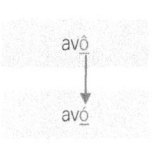

avô
↓
avó

- Alomorfia desinência verbal: Ocorre com morfemas indicativos de modo e tempo ou de número e pessoa (Figura 1.33).

Figura 1.33 – Alomorfia na desinência verbal

cantaremos
↓
cantará

A alomorfia condicionada apresenta aglutinação de fonemas e, com isso, mudança fonética ou morfofonêmica, que consiste na relação entre a morfologia e a fonologia e envolve as variações fonológicas dentro dos morfemas, comumente em diferentes funções.

Existe alomorfia condicionada fonologicamente em quase todos os elementos morfológicos: prefixos, sufixos, vogais temáticas, desinências verbais, desinências nominais e radicais.

FIGURA 1.34 – ALOMORFIA DE PREFIXO

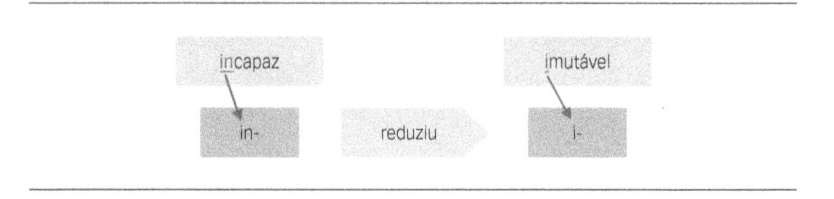

```
    incapaz                    imutável
      ↑                           ↑
     in-      reduziu             i-
```

FIGURA 1.35 – ALOMORFIA DE SUFIXO

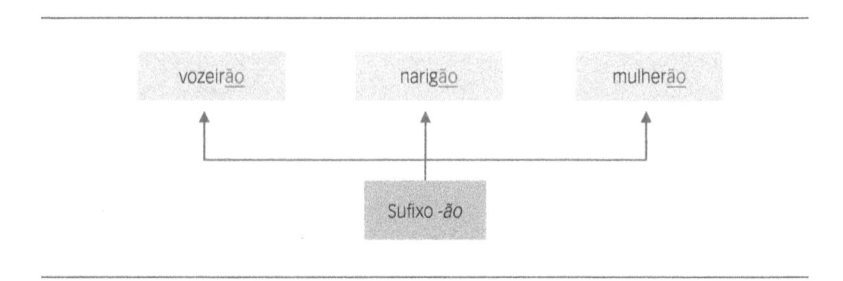

```
   vozeirão      narigão       mulherão
      ↑             ↑              ↑
            Sufixo -ão
```

FIGURA 1.36 – ALOMORFIA DE VOGAL TEMÁTICA

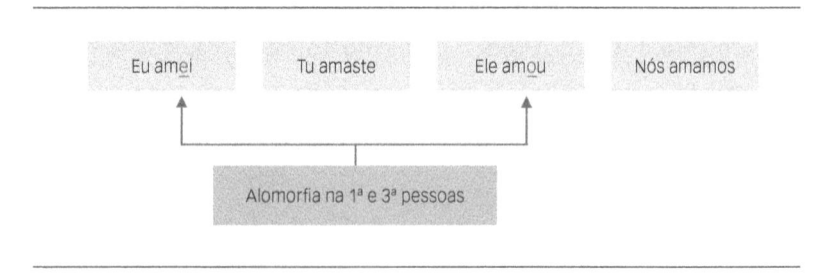

```
   Eu amei     Tu amaste    Ele amou     Nós amamos
      ↑                         ↑
         Alomorfia na 1ª e 3ª pessoas
```

Como na poesia de Vinicius de Moraes, "Como dizia o Poeta":

> (...) Porque a vida só se dá
> Pra quem se deu
> Pra quem amou, pra quem chorou
> Pra quem sofreu (...).
> (Pensador, 2022).

FIGURA 1.37 – ALOMORFIA NA DESINÊNCIA VERBAL

Eu amava | Tu amavas | Ele amava | Nós amávamos | Vós amáveis

A desinência *va* muda para *ve*

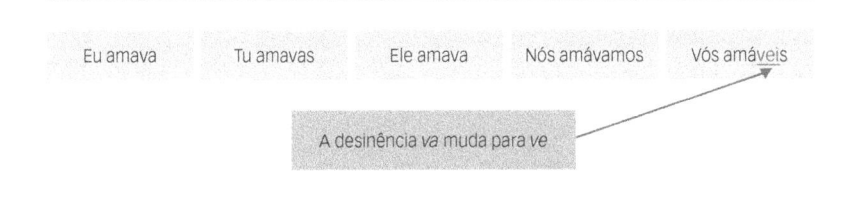

FIGURA 1.38 – ALOMORFIA NA DESINÊNCIA NOMINAL

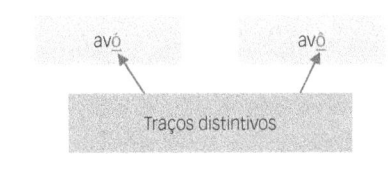

avó   avô

Traços distintivos

FIGURA 1.39 – ALOMORFIA NO RADICAL

diz   diga   direi

Alterações no radical

> **Curiosidade**
>
> Na fonologia, acontece um fenômeno igual, a alofonia. Ela ocorre quando um fonema possui dois sons diferentes.

umpontoseis
Processos morfológicos de adição, reduplicação, alternância e subtração

Os processos morfológicos (Figura 1.40) são combinações de diferentes elementos mórficos que produzem um novo signo linguístico. Tais associações manifestam-se sob a forma de adição, reduplicação, alternância e subtração.

FIGURA 1.40 – PROCESSOS MORFOLÓGICOS

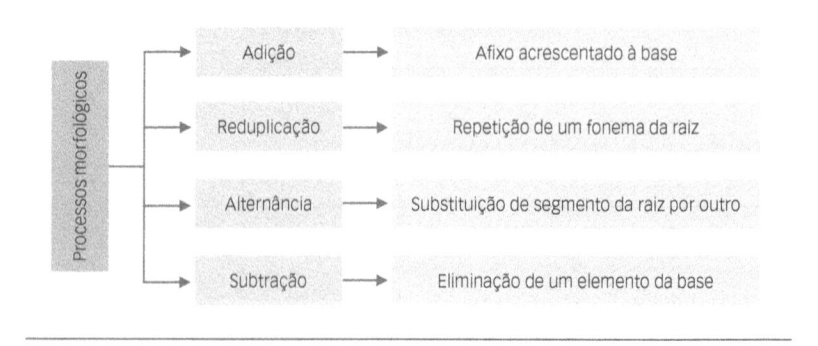

Processos morfológicos		
	Adição →	Afixo acrescentado à base
	Reduplicação →	Repetição de um fonema da raiz
	Alternância →	Substituição de segmento da raiz por outro
	Subtração →	Eliminação de um elemento da base

O processo de adição, como o próprio nome sugere, acontece quando um ou mais morfemas, também denominados *afixos*, são acrescidos à base, que pode ser uma raiz (radical primário). O radical primário não contém elementos secundários como os prefixos e sufixos. As desinências verbais podem ser consideradas morfemas aditivos.

Vamos analisar cada um dos casos de forma mais particular. Os morfemas podem ser classificados quanto ao significante em: aditivos, circunfixos, descontínuos, reduplicativos, cumulativos, de posição, subtrativos e alternativos.

+ Aditivos: Como já informado, acrescentam um segmento mórfico ao radical (morfema lexical). Eles são: prefixos, sufixos, infixos, circunfixos, descontínuos e reduplicativos.

Os prefixos vêm antepostos à base lexical, conforme pode ser visto na imagem a seguir (Figura 1.41).

FIGURA 1.41 – PLACA DECORATIVA

Assédio sexual é crime

Observe que o termo *moral* pode apresentar vários prefixos (Figura 1.42).

FIGURA 1.42 – ADITIVO PREFIXAL

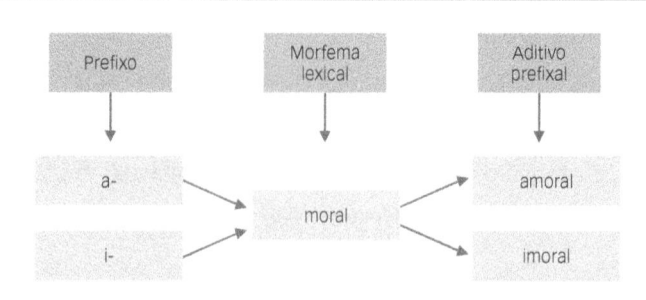

```
  Prefixo          Morfema          Aditivo
                   lexical          prefixal
     │                │                │
     ▼                ▼                ▼
    a-                              amoral
                    moral
    i-                              imoral
```

Já os sufixos são interfixos e desinências e surgem pospostos à base lexical. Por sua vez, os interfixos unem a raiz a um sufixo ou dois radicais de um composto. A esse respeito, a título de exemplo, leia, a seguir, a tirinha sobre a reforma ortográfica (Figura 1.43).

FIGURA 1.43 – TIRINHA SOBRE A REFORMA ORTOGRÁFICA

VEJA que o Vândalo, cachorrinho da tirinha, usa o termo *feiura*, no qual o afixo é inserido entre a raiz e o sufixo (Figura 1.44).

Figura 1.44 – Infixo

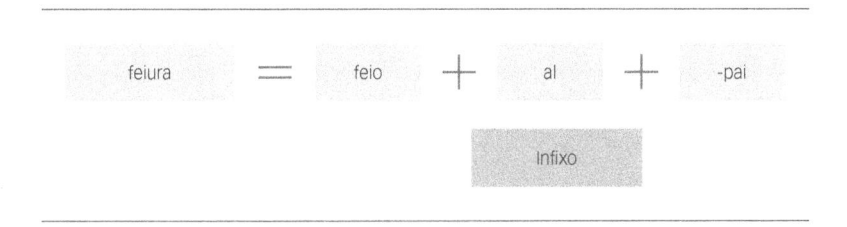

feiura = feio + al + -pai

Infixo

Por fim, os infixos se referem à intercalação no interior da base lexical.

Figura 1.45 – Aditivo sufixal

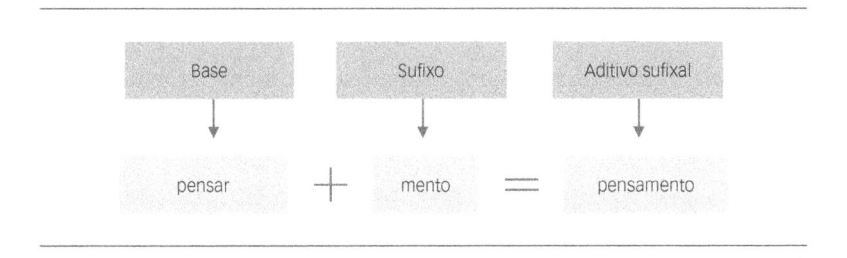

Base + Sufixo = Aditivo sufixal

pensar + mento = pensamento

- **Circunfixos**: São os parassintéticos, antepostos e pospostos concomitantemente à base lexical, como expresso no poema "Nascimento: o exílio", de Ariano Suassuna:

> [...] Aqui, o Lodo mancha o Gato Pardo:
> A Lua esverdeada sai do Mangue
> E apodrece, no medo, o Desbarato.
> (Suassuna, citado por Fuks, 2022).

FIGURA 1.46 – CIRCUNFIXOS

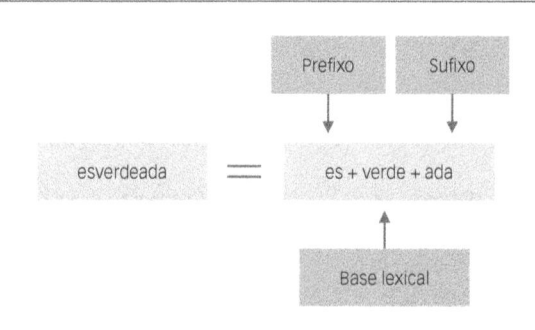

esverdeada = es + verde + ada
- Prefixo
- Sufixo
- Base lexical

- **Descontínuos**: Ocorre fragmentação pela intercalação de outro morfema, como acontece nas mesóclises (verbos no futuro). Como exemplo, leia o poema presente na Figura 1.47.

FIGURA 1.47 – POEMA

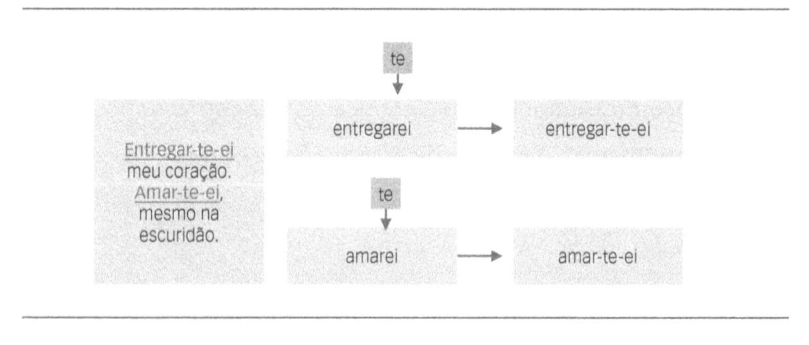

Entregar-te-ei meu coração.
Amar-te-ei, mesmo na escuridão.

entregarei → entregar-te-ei (te)
amarei → amar-te-ei (te)

- **Reduplicativos:** Repetição da parte inicial da base do lexema. Ou seja, trata-se da repetição de fonemas na raiz, sendo comum em onomatopeias e em apelidos (Figura 1.48).

FIGURA 1.48 – REDUPLICATIVOS

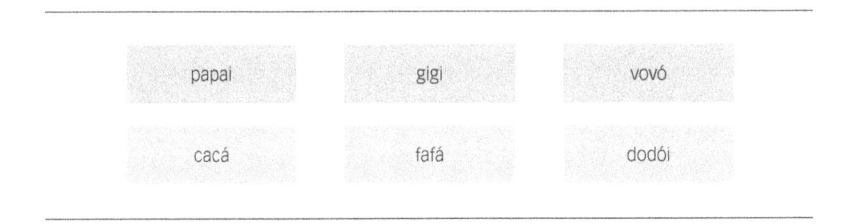

papai	gigi	vovó
cacá	fafá	dodói

- **Cumulativos:** Acontecem quando um morfe apresenta mais de um significado (Figura 1.49).

FIGURA 1.49 – CUMULATIVOS

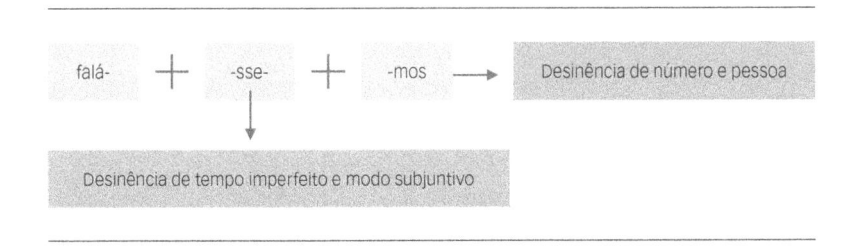

falá- + -sse- + -mos → Desinência de número e pessoa

↓

Desinência de tempo imperfeito e modo subjuntivo

Podemos perceber que o morfema *-mos* (desinência) acumula dois valores, de número e de pessoa.

- **De posição:** Diferencia-se dos outros processos, pois não constitui acréscimo ou subtração de morfemas. Ele se relaciona com a disposição do morfema na oração. Acontece quando a mudança da posição do morfema produz significado diferente da palavra. Ou seja, existe uma relação direta com a sintaxe (Figura 1.50).

FIGURA 1.50 – SLOGAN

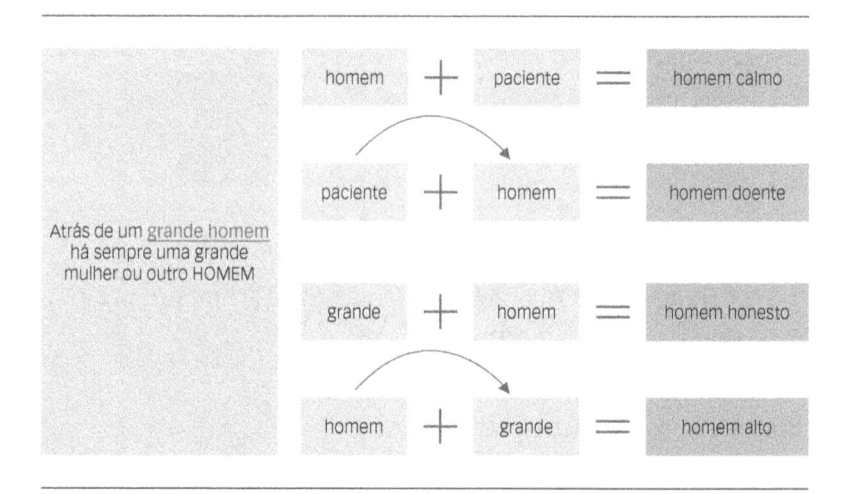

Atrás de um grande homem
há sempre uma grande
mulher ou outro HOMEM

homem	+	paciente	=	homem calmo
paciente	+	homem	=	homem doente
grande	+	homem	=	homem honesto
homem	+	grande	=	homem alto

FONTE: Elaborada com base em Julio, 2013.

> **Curiosidade**
>
> A transfixação ocorre quando se acrescentam afixos (prefixo, infixo, sufixo), de forma descontínua, em mais de um ponto da raiz, dividindo-a. Contudo, não ocorre na língua portuguesa.

- **Subtrativos:** Morfemas que suprem um fonema do radical, dando novo sentido ao vocábulo (Figura 1.51).

FIGURA 1.51 – MORFEMAS SUBTRATIVOS

| réu | ré~~u~~ | = | ré |
| órfão | órfã~~o~~ | = | órfã |

- **Alternativo**: Incidem na substituição de fonema do radical, que passa a apresentar duas ou mais formas alternantes, resultando no morfema.

Os morfemas alternativos vocálicos acontecem com: /ê/–/é/; /õ/–/ó/ e indicam o masculino ou feminino, o plural ou singular (Figura 1.52).

FIGURA 1.52 – RECEITA DE MACARRÃO CARBONARA

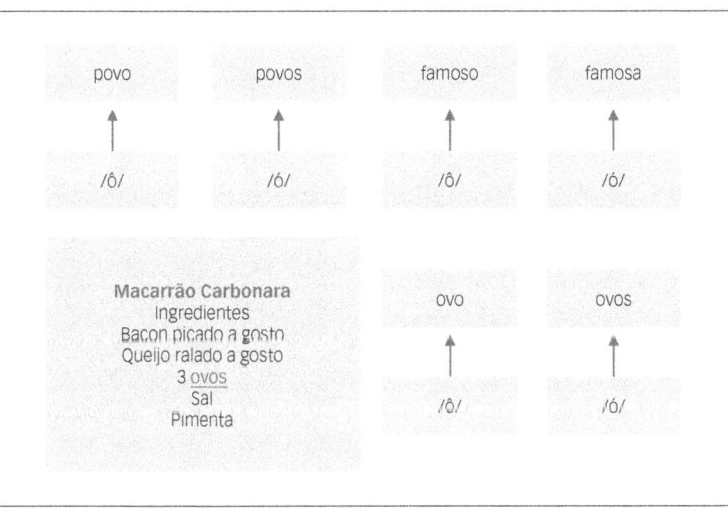

povo	povos	famoso	famosa
↑	↑	↑	↑
/ô/	/ó/	/ô/	/ó/

Macarrão Carbonara
Ingredientes
Bacon picado a gosto
Queijo ralado a gosto
3 ovos
Sal
Pimenta

ovo	ovos
↑	↑
/ô/	/ó/

FONTE: Elaborada com base em Guia da Semana, 2022.

Os morfemas /ê/–/i/; /ô/–/u/ determinam a distinção entre os pronomes (Figura 1.53).

FIGURA 1.53 – DISTINÇÃO ENTRE OS PRONOMES

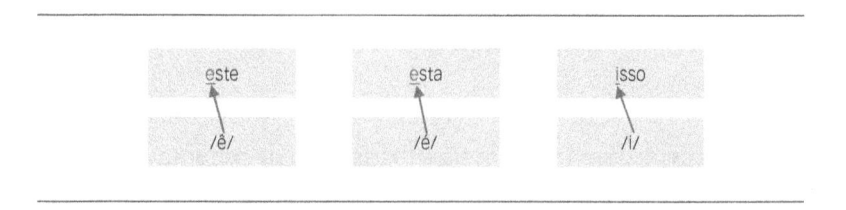

este	esta	isso
/ê/	/é/	/i/

Já /i/–/ê/; /u/–/ô/; /i/–/é/; /u/–/ó/ são vistos em alguns verbos da terceira conjunção (Figura 1.54).

FIGURA 1.54 – FIRO/FERES

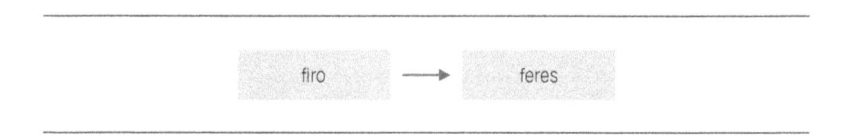

firo ⟶ feres

Como você deve ter notado, vários são os casos e as denominações. Contudo, tranquilize-se em relação a isso. A ideia é que os conceitos sejam postos e você saiba onde buscá-los em caso de dúvidas. Ao final deste livro, há um glossário com a explicação de cada classificação exposta.

Síntese

Neste capítulo, fundamentamos as análises que faremos nos próximos capítulos, devido à importância de conhecer, mesmo que brevemente, a morfologia desde sua origem, além de seu objeto do estudo, da tipologia morfológica de Schleicher, dos morfemas, da alomorfia e dos processos morfológicos de nossa língua.

Indicações culturais

CHARLES Darwin e a árvore da vida. BBC. Disponível em: <http://www.ciencias.seed.pr.gov.br/modules/video/showVideo.php?video=17497>. Acesso em: 2 mar. 2022.

Neste capítulo, estudamos a classificação das línguas, por August Schleicher, que teve base nas discussões de Darwin. Dessa forma, recomendamos que você assista ao documentário *Charles Darwin e a árvore da vida*, produzido pela BBC. O documentário apresenta a teoria de Darwin e seus estudos sobre a natureza

DARWIN, C. A origem das espécies e a seleção natural. Tradução de Soraya Freitas. São Paulo: Madras, 2011.

Para completar sua formação interdisciplinar, indicamos a leitura sobre as ideias darwinistas. Com a leitura desse livro, você poderá entender melhor as ideias de August Schleicher sobre a seleção natural, realizando uma analogia entre as ideias desse autor e a contestação de Darwin sobre uma extinção considerável das formas menos bem organizadas.

Atividades de autoavaliação

1. A Nomenclatura Gramatical Brasileira (NGB) foi homologada em 1959. A data de sua homologação representa um problema em relação ao ensino da língua nas escolas. Qual seria ele?
   a. Anacronias.
   b. Sincronias.
   c. Morfemas.
   d. Vocábulos.
   e. Palavras.

2. A morfologia estuda a forma, mas, em relação ao real objeto de análise, existem oscilações entre os teóricos e suas escolas. Todavia, de forma direta, podemos afirmar que o objeto de estudo da morfologia é a(o):
   a. Palavra.
   b. Vocábulo.
   c. Morfema.
   d. Léxico.
   e. Termo.

3. Schleicher considerava a língua como um organismo vivo, que nasce, desenvolve-se e morre, chegando a denominar seu estudo como "estudo da vida da língua". Ele desenvolveu classificações morfológicas da língua, tais como: isolantes, aglutinantes e flexionais. A língua portuguesa está no grupo das flexionais. A esse respeito, marque a alternativa que justifica tal enquadramento:

a. Na língua portuguesa, as palavras não possuem flexão, são compostas por morfes e as informações gramaticais são expressas por palavras invariáveis.
b. Na língua portuguesa, as palavras usam afixos em uma raiz e são compostas por morfes.
c. Na língua portuguesa, as palavras possuem uma raiz que combina com elementos gramaticais indicadores de sua função.
d. Na língua portuguesa, uma raiz se combina com palavras invariáveis segmentadas.
e. Na língua portuguesa, uma raiz se combina com palavras variáveis segmentadas.

4. O fenômeno linguístico no qual há mudança na forma de um morfema é denominado:
a. Morfema.
b. Morfe.
c. Alomorfia.
d. Alofonia.
e. Fonema.

5. Os morfemas podem apresentar mais de um significado, como no caso dos morfes verbais, que acumulam a informação de número e pessoa. Qual é a determinação desses morfemas?
a. Aditivos.
b. Descontínuos.
c. Reduplicativos.
d. Cumulativos.
e. Repetitivos.

Atividades de aprendizagem

Questões para reflexão

1. Reflita sobre em que medida o estudo da morfologia é importante para o uso da língua. Além disso, considerando o histórico evolutivo da língua portuguesa, você acredita que a língua permanecerá evoluindo?
2. Para você, qual seria o verdadeiro objeto de estudo da morfologia? Ainda, qual é sua visão sobre a Nomenclatura Gramatical Brasileira (NGB)?

Atividade aplicada: prática

1. Durante uma semana, faça pesquisas na internet sobre as manchetes publicadas em diversos jornais. Sua tarefa será analisar morfemas que aparecem nas manchetes e identificar os processos morfológicos de adição, reduplicação, alternância e subtração. Elabore um fichamento com as suas anotações.

um	Introdução à morfologia
# **dois**	**Os morfemas**
três	Processos morfológicos de formação de palavras
quatro	Morfologia e os processos de derivação
cinco	Estruturas morfológicas
seis	Formação dos morfemas flexionais e derivacionais

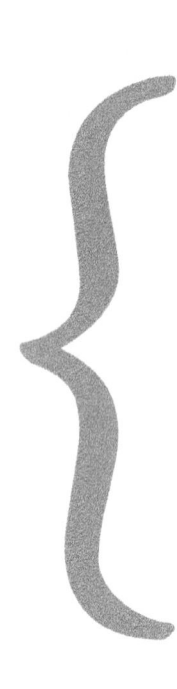

{

> *A palavra "propósito", em latim, carrega o significado de "aquilo que eu coloco adiante". O que estou buscando.*
> *Uma vida com propósito é aquela em que eu entenda as razões pelas quais faço o que faço e pelas quais claramente deixo de fazer o que não faço.*
> (Cortella, 2016, p. 7)

❰ NESTE CAPÍTULO, DAREMOS continuidade aos nossos estudos, tendo como foco a apresentação e a conceituação dos morfemas, em especial, o morfema zero e suas situações de aparecimento. Para isso, buscamos o que os principais estudiosos da língua definem como *palavra* e *morfema*, bem como os sentidos lexical e gramatical e os diferentes tipos de morfemas.

Abordaremos, também, a definição de como as línguas restringem suas combinações de morfemas, além dos elementos básicos de significação e daqueles que a modificam. Vamos conceituar o mecanismo básico da morfologia lexical – a derivação – e seus processos, assim como os conceitos de formas livres e formas presas. Para finalizar, apresentamos brevemente os processos de formação de palavras e a morfologia flexional.

O estudo morfológico é centrado no morfema. De forma bastante simplificada, podemos dizer que os morfemas estão relacionados com o estudo da segmentação das palavras em unidades constitutivas mínimas. Existem, portanto, duas categorias: morfemas e palavras.

No entanto, é muito difícil definir o termo *palavra*. No tópico seguinte, vamos descobrir o que dizem os estudiosos da língua em relação a essa definição.

doispontoum
A palavra

No início do século XX, houve vários questionamentos sobre a noção de palavra, e o principal deles foi a falta de uniformidade de critérios para sua definição.

Bloomfield define a palavra de acordo com o critério da autonomia sintática. Para ele, a palavra é uma forma livre capaz de construir um enunciado por si só. De acordo com o linguista, a palavra é um traço vocal recorrente que tem significado, e quando privada da representação escrita, é meramente um dispositivo externo que repete imperfeitamente o discurso de uma comunidade (Bloomfield, citado por Sapucahy, 1997). Mattoso Camara Jr. (1997) tem semelhante entendimento do ponto de vista semântico. Para ele, as palavras são termos munidos de significação externa centralizada no radical.

No entanto, de acordo com Schick (1960, citado por Lopes, 1977, p. 166), "a palavra não é autônoma do ponto de vista semântico, nem do ponto de vista fonético-fonológico, nem do ponto de vista morfossintático". Ele entende que a palavra, para ter sentido, deve estar em uma cadeia falada contínua. Em relação à sonoridade, Lopes (1977) nos lembra dos demarcadores unívocos com *me, se, o, lhe, a*, que são palavras, mas não gozam de autonomia prosódica.

Alguns autores renomeiam a designação de *palavra*. Para Bernard Pottier (1985), um termo é palavra quando é unidade mínima constituída e é léxico quando é memorizado. Segundo o autor, a palavra tradicional é um lexema* memorizado. Já Sapucahy (1997) denomina a palavra de *vocábulo formal* (Sapucahy, 1997, p. 93). Para Mattoso Camara Jr. (1969, p. 37), *vocábulo formal* é a forma livre a que se chega "quando não é possível nova divisão em duas ou mais formas livres" e que "se individualiza em função de um significado específico que lhe é atribuído na língua" (Camara Jr., 1969, p. 34).

---

* Lexema é a unidade de base do léxico, podendo ser morfema, palavra ou locução.

Donadel (2013, p. 12) entende a palavra "com um artefato cultural e objeto de acordo tácito entre aqueles que a usam, podendo, como tal, ser considerada adequada ou inadequada, certa ou errada, conforme se (des)cumpra esse acordo". A autora também escreve sobre o conflito relacionado ao seu entendimento, sendo a palavra "uma unidade isolada na escrita por espaços em branco" (Donadel, 2013, p. 33), além da ideia de que "uma palavra é um conjunto de fonemas que expressam relação de acento" (Donadel, 2013, p. 33). A confusão se dá, de acordo com a autora, por não haver coincidência entre tais colocações. Donadel (2013) também questiona a variação existente entre as palavras escrita e falada (Figura 2.1).

FIGURA 2.1 – RELAÇÃO ENTRE LÍNGUA, FALA E ESCRITA

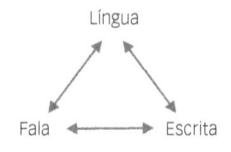

```
              Língua
             ↗     ↖
            ↙       ↘
      Fala  ←———→  Escrita
```

FONTE: Donadel, 2013, p. 35.

Existe uma inter-relação entre a língua, a fala e a escrita, na qual "uma palavra da língua é uma palavra da fala e da escrita" (Donadel, 2013, p. 36). Dessa forma, as palavras são separadas por espaços na escrita, o que, muitas vezes, não acontece na fala.

doispontodois
O morfema

Assim como quanto ao termo *palavra*, o conceito de morfema tem variações de acordo com o modelo de análise utilizado. Todavia, há concordância em relação à ideia da seguinte definição: morfema é a forma mínima dotada de significação. A esse respeito, vamos transitar por algumas definições dadas por estudiosos da língua.

Mathews (1974, p. 119, tradução nossa) define classicamente os morfemas como "formas mínimas dotadas de significação". Gonçalves e Almeida (2008, p. 28-29, grifo do original) citam a definição de morfema na visão de vários estudiosos:

a. Bloomfield (1933, p. 120): "*O morfema é uma forma mínima recorrente (dotada de significado) que não pode ser analisada em formas recorrentes menores, sem prejuízo da significação*";
b. Nida (1949, p. 259): "*Formas que possuem distintividade semântica correspondem a morfemas*";
c. Togeby (1965, p. 39): "*Morfema designa o elemento fundamental e mínimo da linguística de conteúdo*";
d. Langacker (1977, p. 71): "*Um morfema tem um significado claro e constante em todos os seus usos, embora seja relativamente fácil encontrar exceções*";

e. *Hjelmslev (1963, p. 231):* **"Apesar de o morfema corresponder ao plano do conteúdo, há casos em que elementos formais, apesar de vazios de significação, levam a morfemas por apresentarem uma clara função morfológica"**;

f. *Crystal (1985, p. 175):* **"Como todas as noções -êmicas, morfemas são unidades abstratas, realizadas por unidades discretas, conhecidas como morfes (...). Providas de significado ou de função, tais unidades (...)"**;

g. *Jensen (1991, p. 5):* **"Morfemas contribuem com algum tipo de significado – ou, pelo menos, função – nas palavras das quais são constituintes"**.

Com isso, os autores mostram que há unanimidade nas características do morfema. Resumindo, podemos afirmar que os **morfemas** são as unidades internas de significação que formam as **palavras**.

Uma palavra ou uma frase, quando possuem significado, são denominadas *definição lexical*, e seu campo contempla o conjunto de palavras que pertencem a uma mesma área do conhecimento, as quais estão relacionadas por afinidades conceituais.

Importante

- Léxico: "Conjunto total das palavras com características sintáticas de que dispõe determinado idioma; composição lexical" (Léxico, 2022).

A significação lexical é conhecida como a definição presente nos dicionários, bem como significado semântico, significado denotativo ou significado central. Ela é descrita expondo as características ou os traços distintivos de objetos, pessoas, personagens, espaços ou coisas.

As palavras podem ser classificadas como lexicais ou gramaticais. As primeiras estão associadas a objetos, eventos, fatos, fenômenos e processos e apresentam um conteúdo mais nocional. Já as gramaticais se voltam para o funcionamento da língua e seu sentido depende da cominatória em que encontram.

O sentido lexical é básico e repete-se nos elementos de um mesmo padrão como responsável pela significação não gramatical contida na raiz do vocábulo. A Figura 2.2 traz um exemplo.

FIGURA 2.2 – SENTIDO LEXICAL

| flor | floral | floração | floricultura | florido |

Observe que todas as palavras têm uma parte comum – *flor* – e outras partes que variam em cada termo.

Por sua vez, o sentido gramatical é responsável pelas funções gramaticais do vocábulo e diferencia os membros por meio dos elementos mórficos de flexões (singular, plural, masculino, feminino), além dos tempos verbais (Figura 2.3).

FIGURA 2.3 – SENTIDO GRAMATICAL

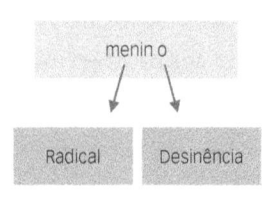

```
           menin o
           ↙    ↘
      Radical   Desinência
```

Do ponto de vista funcional, os morfemas se organizam da forma exposta na Figura 2.4.

FIGURA 2.4 – MORFEMAS: PONTO DE VISTA FUNCIONAL

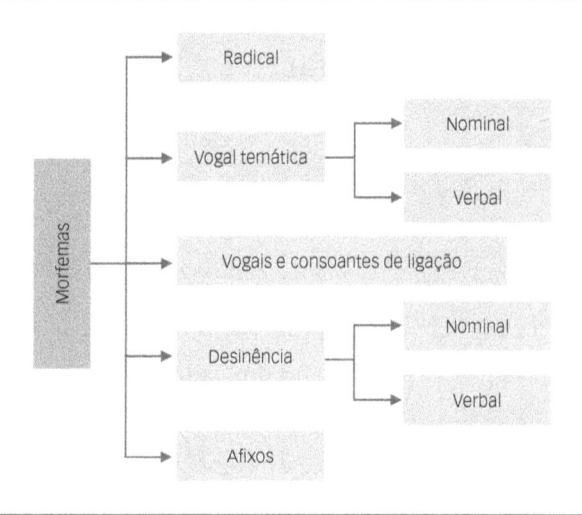

```
                 → Radical
                 
                                      → Nominal
                 → Vogal temática →
                                      → Verbal
Morfemas →
                 → Vogais e consoantes de ligação
                 
                                   → Nominal
                 → Desinência →
                                   → Verbal
                 
                 → Afixos
```

Perceba que o radical possui a significação da palavra, enquanto as vogais temáticas podem ser nominais ou verbais. Ao se somar radical e vogais temáticas, tem-se o tema. As desinências também são divididas em nominais e verbais, e os afixos, que se unem ao radical, modificam o sentido da palavra.

Os morfemas podem ser classificados de acordo com seus aspectos formais e seus significantes da forma apresentada na figura a seguir.

FIGURA 2.5 – MORFEMAS: ASPECTO FORMAL

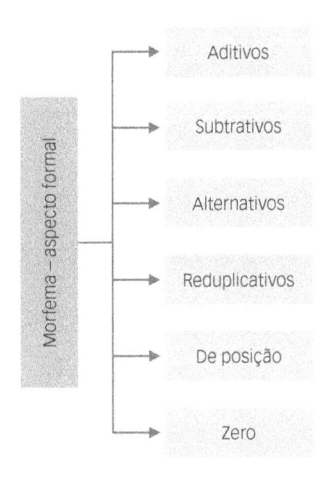

```
Morfema – aspecto formal
├── Aditivos
├── Subtrativos
├── Alternativos
├── Reduplicativos
├── De posição
└── Zero
```

Os morfemas aditivos conectam-se a um núcleo, como afixos, vogais temáticas e desinências; os subtrativos suprimem um elemento fônico; os alternativos substituem um fonema do radical; os reduplicativos duplicam o radical em uma sílaba que a ele se antepõe; já nos morfemas de posição, o significado muda, a depender da posição dos elementos em questão; por fim, o morfema zero representa a ausência de um morfema. Todos eles serão estudados nos próximos capítulos.

Quanto ao significado, isto é, ao sentido dos morfemas e às funções que eles exercem na palavra, há os morfemas **lexicais** e os **gramaticais**, também denominados *gramemas*, que se dividem em: flexionais; classificatórios e relacionais. Para melhor visualização, observe o esquema a seguir (Figura 2.6).

FIGURA 2.6 – MORFEMAS QUANTO AO SIGNIFICADO

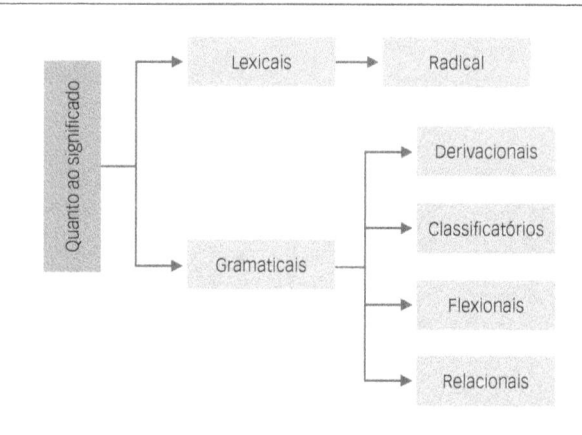

```
                              ┌──► Lexicais ──► Radical
Quanto ao significado ────────┤
                              │                 ┌──► Derivacionais
                              │                 │
                              └──► Gramaticais ─┼──► Classificatórios
                                                │
                                                ├──► Flexionais
                                                │
                                                └──► Relacionais
```

Os morfemas **lexicais** são portadores de significação básica do vocábulo; os **gramaticais** são responsáveis pelas funções gramaticais do vocábulo; os **derivacionais** representam os afixos acoplados aos radicais que formam as novas palavras; os **classificatórios** dizem respeito às vogais temáticas que implantam e definem a estrutura dos vocábulos em nomes e verbos; os **flexionais** são as desinências verbais e nominais, que não formam palavras novas e se referem a tempo, modo, número, pessoa nos verbos, gênero e número nos nomes; e, por fim, os **relacionais** indicam as relações gramaticais e sua função é conectar palavras e/ou orações – razão por que se diferenciam dos derivacionais –, subdividindo-se em preposições, conjunções, verbos auxiliares e pronomes relativos.

Em relação à forma, os morfemas podem ser livres, presos ou dependentes. Os morfemas livres dividem-se em lexicais e gramaticais, e os presos, em derivacionais e flexionais.

Nesse sentido, os morfemas lexicais estão atrelados à significação básica do vocábulo; os gramaticais são responsáveis pelas funções gramaticais dos vocábulos; os derivacionais formam palavras pelos afixos; os flexionais agregam as flexões de gênero, número, modo, tempo e pessoa; e os dependentes estão ligados a outro morfema para completar o seu sentido.

FIGURA 2.7 – MORFEMAS: FORMA

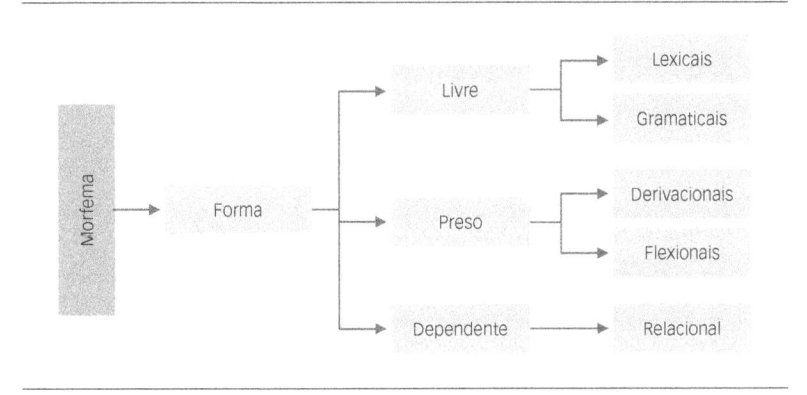

```
                              ┌─► Lexicais
                    ┌─► Livre ─┤
                    │         └─► Gramaticais
                    │
Morfema ─► Forma ───┤         ┌─► Derivacionais
                    ├─► Preso ─┤
                    │         └─► Flexionais
                    │
                    └─► Dependente ──► Relacional
```

Como podemos perceber, o morfema é a base do estudo da formação das palavras em suas unidades menores de significação.

2.2.1 O morfema zero: situação de aparecimento

Na matemática, o zero é um algarismo que representa um número nulo. Na realidade, esse número desempenha um papel importante na adição aos números inteiros, aos números reais. Ao se acrescentar um zero depois de um número, ele é multiplicado por dez. Ou sejam a nulidade do número não constitui necessariamente a ausência de significado. Isso também ocorre na morfologia, sendo a ausência de uma desinência denominada *morfema zero*. O morfema zero é representado pelo símbolo gráfico Ø.

Como já vimos, os morfemas são concretizados pela morfe. Todavia, não há uma morfe para cada morfema – caso haja, denominamos *alomorfia*. Também pode ocorrer de não haver morfe para o morfema, isto é, existe um significado, mas ele não está expresso. Neste caso, ele é denominado *morfema zero*, *morfema latente* ou *morfema fantasma*. Assim, o morfema zero indica a ausência de um segmento que representa determinadas noções. Ele pode estar relacionada ao gênero, ao número ou ao tempo de uma palavra.

De acordo com Kehdi (2007), três condições devem ser satisfeitas para que ocorra o morfema zero:

I. o morfema zero deve corresponder a um espaço vazio;
II. tal espaço vazio deve se opor a um ou mais segmentos;
III. a noção expressa pelo morfema zero deve ser inerente à classe gramatical do vocábulo examinado.

Por *espaço vazio* entende-se a possibilidade de se colocar um morfema nele, o qual deve ter uma noção de oposição relacionada à classe de palavra a que pertence. A esse respeito, vamos analisar um trecho da Nota Técnica n. 55, da Agência Nacional de Vigilância Sanitária:

> 2. São consideradas *lágrimas artificias e lubrificantes oftálmicos, produtos contendo emolientes, usualmente polímeros solúveis em água (por exemplo, derivados de celulose, dextrano 70,* gelatina, *poliois, álcool polivinílico ou povidona), aplicados topicamente no* olho *para proteger e lubrificar a superfície* mucosa, *aliviando a irritação, ardor e secura dos olhos. Produtos oftálmicos contendo associações entre emolientes e substâncias farmacologicamente ativas ou substâncias farmacologicamente ativas isoladas permanecem enquadrados em suas categorias atuais.* (Anvisa, 2015, grifo nosso)

Temos um exemplo de morfema zero na palavra *gelatina*, que está no singular, ou seja, significa uma gelatina só (Figura 2.8). Nós sabemos disso e não há necessidade de nenhuma marca para indicar tal situação. O mesmo acontece com os vocábulos *olho* e *mucosa*.

FIGURA 2.8 – MORFEMA ZERO I

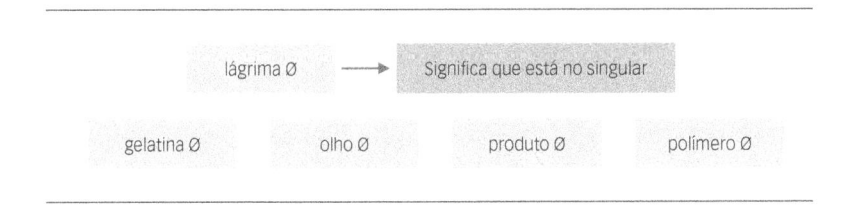

lágrima Ø	→	Significa que está no singular

| gelatina Ø | olho Ø | produto Ø | polímero Ø |

Assim, o morfema zero será observado se houver uma comparação ou oposição entre duas formas linguísticas. A categoria singular só existe por haver um par opositivo, o plural, como exposto a seguir (Figura 2.9).

Figura 2.9 – Morfema zero II

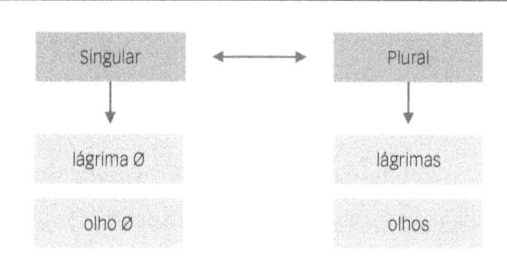

```
        Singular    ←——→    Plural
           ↓                   ↓
        lágrima Ø           lágrimas
         olho Ø              olhos
```

Você deve ter percebido que o morfema zero existe mesmo que não seja expresso. Ou seja, ele está ausente, mas há uma indicação de função ou significação. Dessa forma, ele é denominado *ausência significativa*.

Podemos facilmente perceber que o plural, na língua portuguesa, é marcado pelo morfema *-s*. O uso do plural incide, por norma, na adição da letra *s* no final de uma palavra na sua forma singular, principalmente quando é terminada por uma vogal. Veja os exemplos que aparecem no poema de "Mar português", de Fernando Pessoa (Figura 2.10).

FIGURA 2.10 – Poema "Mar português", de Fernando Pessoa (1922)

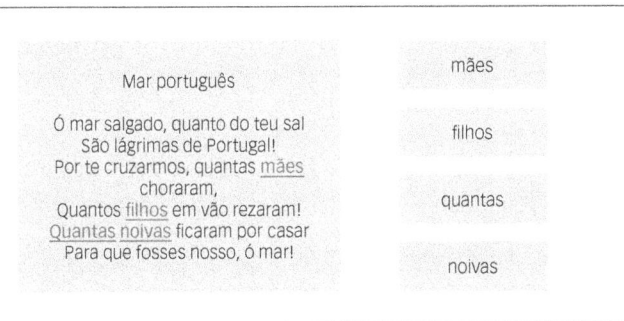

Mar português

Ó mar salgado, quanto do teu sal
São lágrimas de Portugal!
Por te cruzarmos, quantas mães
    choraram,
Quantos filhos em vão rezaram!
Quantas noivas ficaram por casar
Para que fosses nosso, ó mar!

mães

filhos

quantas

noivas

FONTE: Elaborada com base em Pessoa, 2022.

Todavia, há algumas palavras em que o -s não indica plural, tais como as expostas na Figura 2.11.

FIGURA 2.11 – Plurais

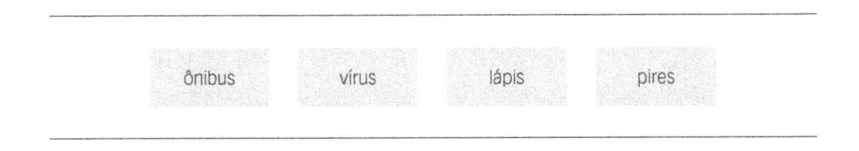

ônibus   vírus   lápis   pires

Nesse caso, o número é determinado pelo contexto, e o que determina isso é o uso de artigo ou pronome de acompanhamento. A esse respeito, verifique os exemplos a seguir (Figura 2.12).

Figura 2.12 – Palavras terminadas em "s"

| O ônibus = singular | O lápis = singular | O pires = singular |
| Os ônibus = plural | Os lápis = plural | Os pires = plural |

Curiosidade

Conforme Almeida (2008), as palavras indicativas de estado não são utilizadas no plural, tais como *fluidez*, *embriaguez* e *gravidez*.

Além da indicação de número singular, o morfema zero também indica a flexão de gênero masculino. O termo é masculino quando há ausência da desinência *a*, e feminino quando ocorre o acréscimo desse morfema flexional. Dessa forma, o que determina o masculino é a sua ausência.

Figura 2.13 – Marcas do feminino

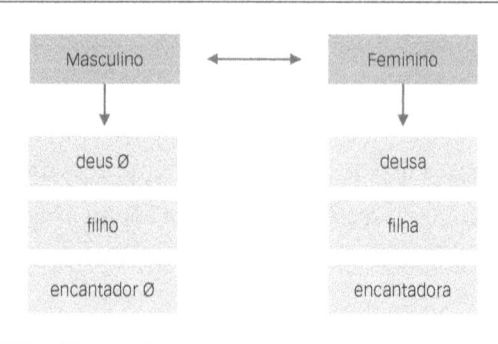

Masculino	Feminino
deus Ø	deusa
filho	filha
encantador Ø	encantadora

O morfema zero, da mesma forma, está implícito nas formas verbais e surge em oposição a outro morfema. Podemos observar isso nos verbos regulares, que aceitam sufixos flexionais de tempo-modo e número-pessoa. No entanto, tais flexões podem faltar em determinadas formas verbais, como mostrado nos exemplos a seguir (Figura 2.14).

Figura 2.14 – Morfema zero em verbos

nós	cruzarmos	eles	ficaram
ele	cruzar Ø	ele	ficara Ø
ele	cruza Ø	ele	fica Ø

De acordo com Camara Jr. (1975a), a forma verbal portuguesa é constituída da maneira apresentada na Figura 2.15.

Figura 2.15 – Forma verbal

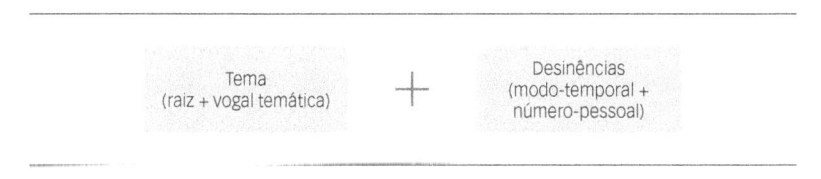

| Tema (raiz + vogal temática) | + | Desinências (modo-temporal + número-pessoal) |

FONTE: Elaborada com base em Camara Jr., 1975a.

Mesmo que não haja vogal temática em todas as formas verbais, podemos considerar a desinência modo-temporal como morfema zero para o indicativo do presente e para o pretérito perfeito até a segunda pessoa do plural, além de *-ra* para a terceira pessoa do plural. Vejamos o exemplo com o verbo *casar* (Figura 2.16).

FIGURA 2.16 – DESINÊNCIA MODO-TEMPORAL COMO MORFEMA ZERO

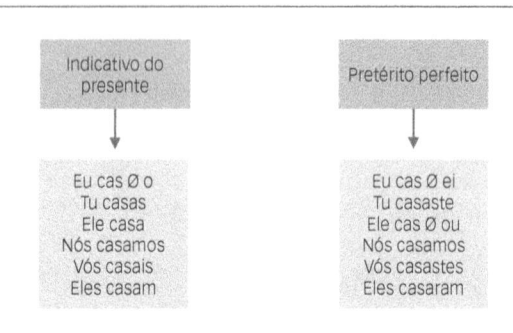

```
       Indicativo do                    Pretérito perfeito
        presente
           ↓                                    ↓
      Eu cas Ø o                         Eu cas Ø ei
      Tu casas                           Tu casaste
      Ele casa                           Ele cas Ø ou
      Nós casamos                        Nós casamos
      Vós casais                         Vós casastes
      Eles casam                         Eles casaram
```

Outro caso para ser estudado diz respeito às palavras formadas por derivação, que podem apresentar o morfema zero, a exemplo do verbo *flor* (Figura 2.17).

FIGURA 2.17 – MORFEMA ZERO E DERIVAÇÃO

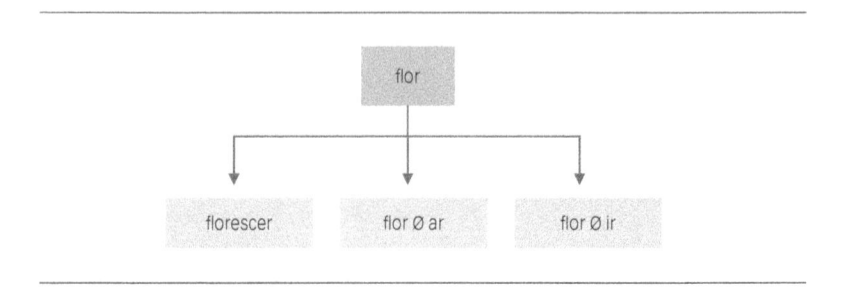

```
                    flor
          ┌──────────┼──────────┐
      florescer   flor Ø ar   flor Ø ir
```

De acordo com Monteiro (2002, p. 104), a derivação por sufixo zero ocorre sem nenhum morfema aditivo, isto é, o "termo primitivo pode até nem sofrer nenhum aumento em seu corpo fonológico".

Acompanhe, na Figura 2.18, a comparação realizada por Monteiro (2002).

FIGURA 2.18 – DERIVAÇÃO POR SUFIXO ZERO

flor + esc + er = florescer

FONTE: Elaborada com base em Monteiro, 2002.

Para os verbos *florar* e *florir*, não há segmento fônico assinalado como sufixo. De acordo com Monteiro (2002), tais verbos são derivados do termo *flor* e trazem a marca da derivação, o sufixo lexical. Dessa forma, há um morfema zero (Figura 2.19).

FIGURA 2.19 – SUFIXO LEXICAL I

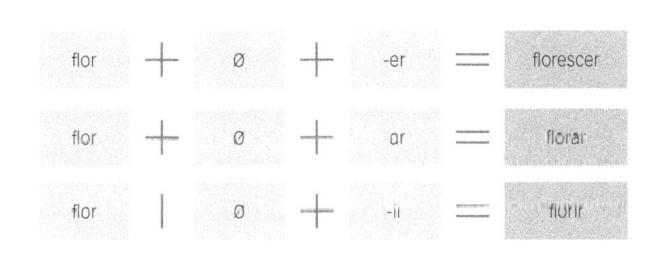

flor + ∅ + -er = florescer
flor + ∅ + ar = florar
flor + ∅ + -ii = florir

FONTE: Elaborada com base em Monteiro, 2002.

Observe ainda outro exemplo apresentado por Monteiro (2002).

FIGURA 2.20 – SUFIXO LEXICAL II

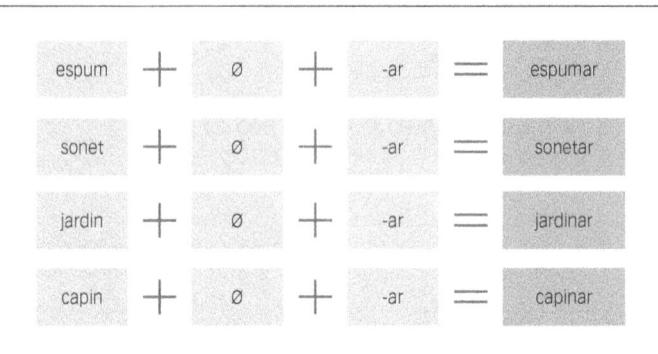

espum	+	∅	+	-ar	=	espumar
sonet	+	∅	+	-ar	=	sonetar
jardin	+	∅	+	-ar	=	jardinar
capin	+	∅	+	-ar	=	capinar

FONTE: Elaborada com base em Monteiro, 2002.

Os substantivos comuns de dois gêneros, que apresentam a mesma forma, não têm morfema para desinência. Isso porque o gênero é conhecido não pela mudança mórfica, mas pela composição dos termos que o acompanham (Figura 2.21).

FIGURA 2.21 – SUBSTANTIVOS COMUNS DE DOIS GÊNEROS

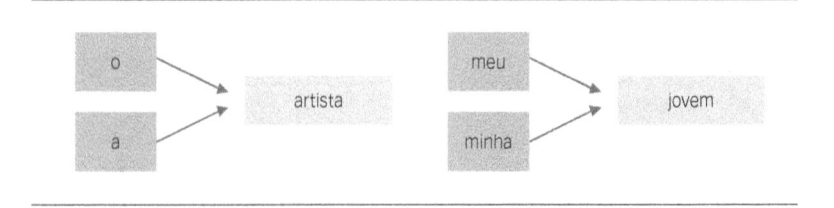

| o / a | → | artista |
| meu / minha | → | jovem |

> **Curiosidade**
>
> Em língua portuguesa, o gênero também é determinado para seres inanimados, como mar, céu, espelho, parede, lágrima. Essa consignação é gramatical e difere do conceito biológico que determina o masculino e o feminino relacionado ao sexo.

Nos casos em que o morfema desaparece durante uma derivação, ele é denominado *morfema fantasma* (Cagliari, 2002), por deixar um traço que serve para a aplicação morfofonológica.

> **Curiosidade**
>
> O termo *morfofonológica* é composto por: morfologia + fonologia. Dessa forma, a morfofonologia estuda simultaneamente as duas áreas.

2.2.2 A ordem dos morfemas: como as línguas restringem suas combinações de morfemas

A organização da morfologia conforme a Nomenclatura Gramatical Brasileira (NGB), de 1959, é apresentada na Figura 2.22, a seguir.

FIGURA 2.22 – MORFOLOGIA SEGUNDO A NGB

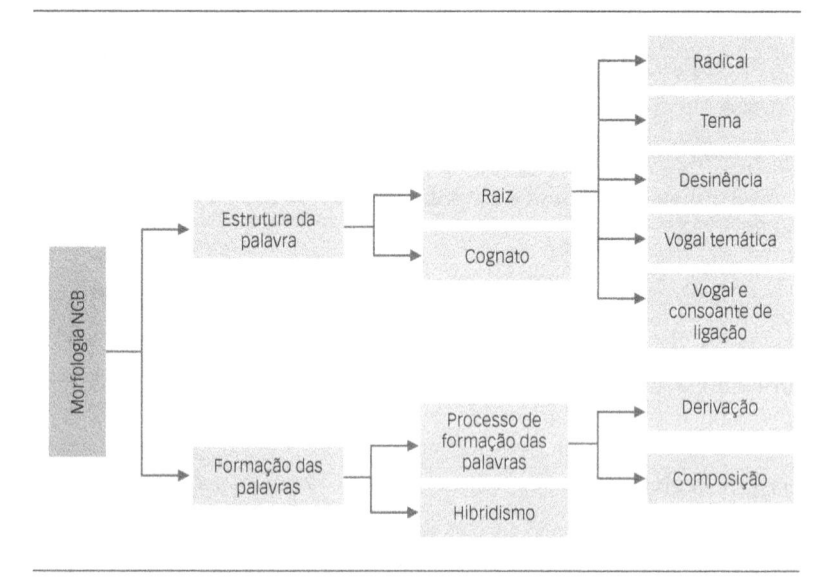

```
Morfologia NGB ──┬── Estrutura da palavra ──┬── Raiz ──┬── Radical
                 │                          │          ├── Tema
                 │                          │          ├── Desinência
                 │                          │          ├── Vogal temática
                 │                          │          └── Vogal e consoante de ligação
                 │                          └── Cognato
                 └── Formação das palavras ─┬── Processo de formação das palavras ──┬── Derivação
                                            │                                       └── Composição
                                            └── Hibridismo
```

FONTE: Elaborada com base em Brasil, 1959.

Os morfemas podem ser organizados de acordo com a sua significação, da forma mostrada na figura a seguir.

FIGURA 2.23 – ELEMENTOS BÁSICOS COM SIGNIFICAÇÃO

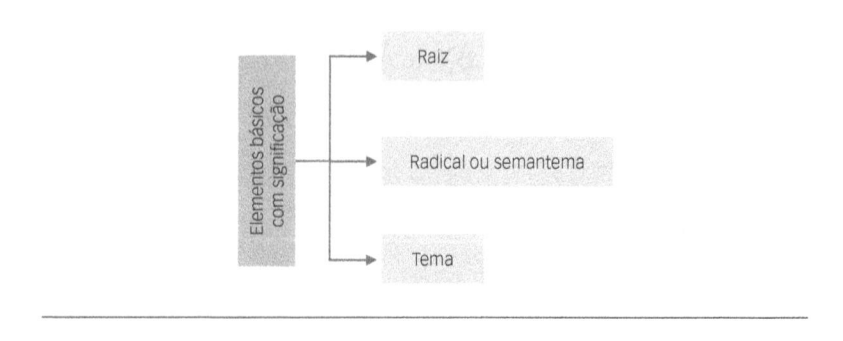

```
Elementos básicos com significação ──┬── Raiz
                                     ├── Radical ou semantema
                                     └── Tema
```

A raiz expressa a ideia central, enquanto o radical serve de base para o significado. Para Kehdi (2007, p. 27): "Raiz é a designação, vinculada à perspectiva diacrônica, para o elemento constituinte de palavra que contém o significado lexical básico, considerando as raízes da língua estudada. Ou seja, em comer o radical é *com-*, já a raiz é *ed-* do verbo latino *edĕre*".

A esse respeito, observe o esquema a seguir (Figura 2.24).

FIGURA 2.24 – RADICAL E RAIZ

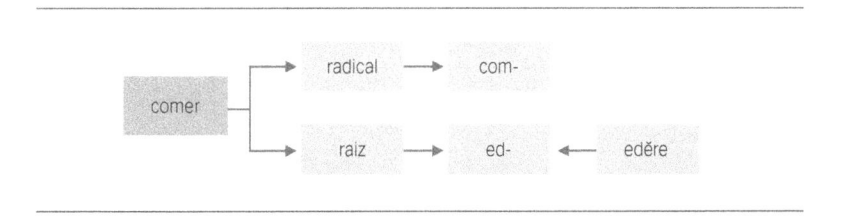

```
                    ┌─→ radical → com-
            comer ──┤
                    └─→ raiz    → ed-  ← edĕre
```

Kehdi (2007, p. 27) define radical como: "Designação, vinculada à perspectiva sincrônica, para o elemento constituinte de palavra que contém significado lexical básico, inclui a raiz e é comum às palavras de uma mesma família". Acompanhe o exemplo na Figura 2.25.

FIGURA 2.25 – RADICAL

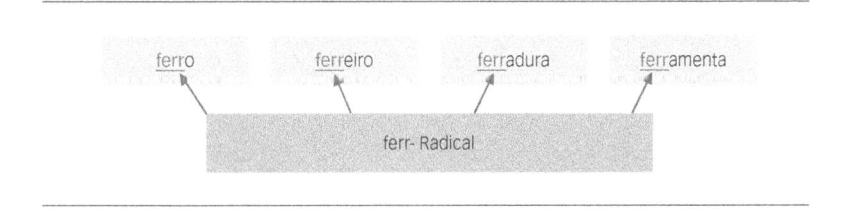

```
  ferro      ferreiro     ferradura    ferramenta
    ↑           ↑             ↑             ↑
    └───────────┴─ ferr- Radical ──────────┘
```

O tema corresponde ao radical somado à vogal temática. Agora, observe a Figura 2.26 e, na sequência, o esquema exposto na Figura 2.27.

FIGURA 2.26 – OUTUBRO ROSA

OUTUBRO ROSA
Mês de Prevenção ao Câncer de Mama

FONTE: Câmara de vereadores..., 2019.

FIGURA 2.27 – TEMA

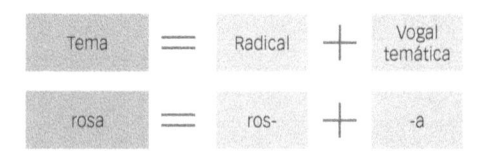

Tema	=	Radical	+	Vogal temática
rosa	=	ros-	+	-a

O Radical e o tema possuem sua subdivisão em afixos, desinências e vogal temática, como representado a seguir (Figura 2.28).

FIGURA 2.28 – ELEMENTOS QUE MODIFICAM A SIGNIFICAÇÃO DO RADICAL E DO TEMA

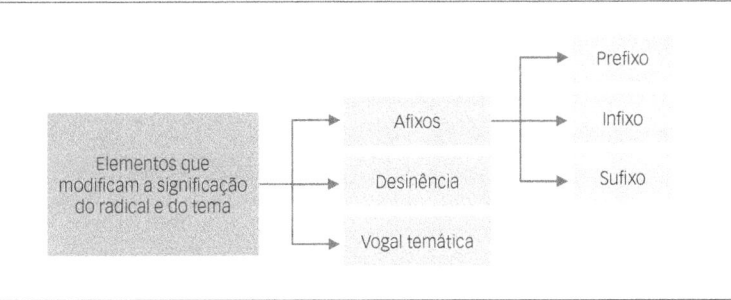

```
                                         ┌──► Prefixo
                        ┌──► Afixos ─────┼──► Infixo
Elementos que          │                  └──► Sufixo
modificam a significação├──► Desinência
do radical e do tema    │
                        └──► Vogal temática
```

Em certos casos, há necessidade de se estabelecer uma ligação entre o radical e as desinências, a fim de que a palavra possa ser pronunciada com maior facilidade. Esses casos são denominados *elementos eufônicos* e, ocasionalmente, estão relacionados com a fonologia. As vogais e consoantes de ligação têm essa função, ou seja, não alteram o sentido das palavras, somente fazem a ligação entre elas (Figura 2.31), como expresso em sua denominação.

FIGURA 2.29 – ELEMENTOS DE LIGAÇÃO

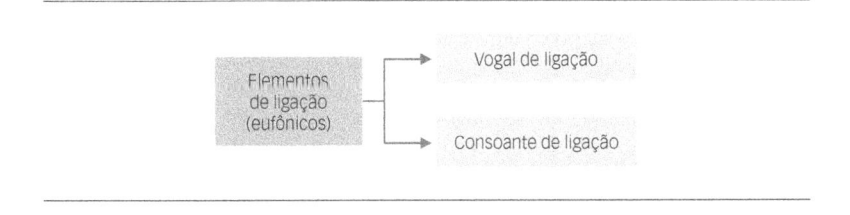

```
Elementos        ┌──► Vogal de ligação
de ligação      ─┤
(eufônicos)      └──► Consoante de ligação
```

Na língua portuguesa, a prefixação e a sufixação são os dois processos de combinação de morfemas mais conhecidos. Todavia, há alguns afixos que são acrescentados a unidades já sufixadas ou prefixadas (Maroneze, 2012). Neste caso, o radical é denominado *secundário*, como apresentado nos exemplos a seguir (Figura 2.30).

Figura 2.30 – Radical secundário

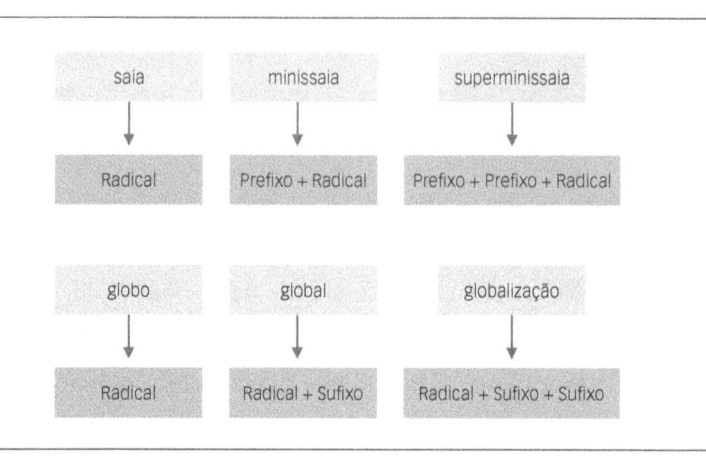

saia	minissaia	superminissaia
Radical	Prefixo + Radical	Prefixo + Prefixo + Radical

globo	global	globalização
Radical	Radical + Sufixo	Radical + Sufixo + Sufixo

Você deve ter percebido que a estrutura das palavras – vocábulos mórficos ou formais – é organizada em unidades mínimas de significação, os morfemas, mesmo que eles não estejam expressos.

doispontotrês
Morfologia lexical I: o mecanismo básico da morfologia lexical – a derivação

A língua portuguesa é composta pela combinação de morfemas. No entanto, essa combinação é realizada com algumas restrições, principalmente quando se refere à forma e à ordem de suas distribuições.

Sob essa ótica, a morfologia é categorizada em lexical e flexional, conforme apresentado na Figura 2.31.

FIGURA 2.31 – ORDEM DOS MORFEMAS

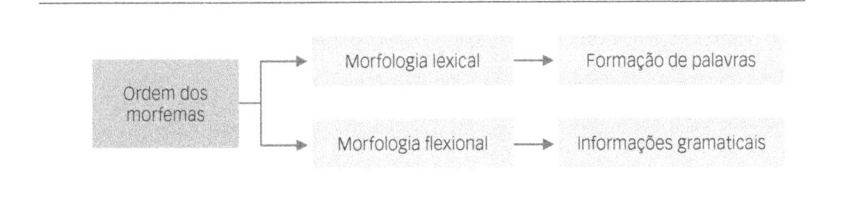

```
                    ┌─► Morfologia lexical   ──► Formação de palavras
Ordem dos  ─────────┤
morfemas            └─► Morfologia flexional ──► Informações gramaticais
```

Os morfemas lexicais são responsáveis pela significação da palavra. Levam em conta a função ou a significação que o morfema cumpre no conjunto do vocábulo, isto é, a sua significação externa. Trata-se das unidades que carregam a designação de seres, ações, conceitos, entre outros. Como já explicamos, o seu núcleo é o radical. Eles também são denominados *lexemas* ou *semantemas*, sendo que o lexema do vocábulo é o seu radical.

Acompanhe, na Figura 2.32, a organização do morfema lexical.

Figura 2.32 – Lexema e semantema

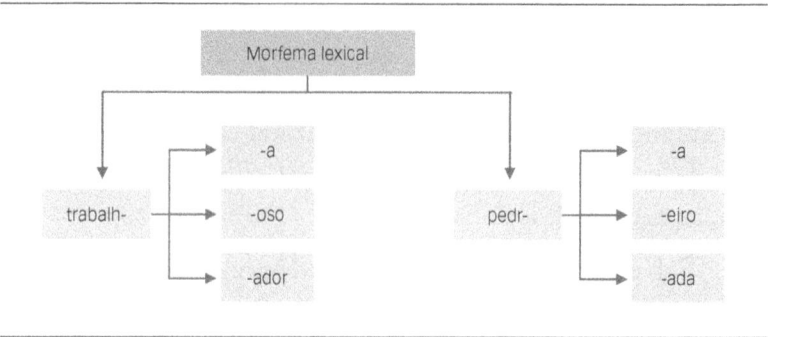

```
                    Morfema lexical
              ┌───────────┴───────────┐
              │                       │
         ┌──► -a                 ┌──► -a
  trabalh-──► -oso         pedr-─┼──► -eiro
         └──► -ador              └──► -ada
```

Importante

- **Lexema**: "Palavra ou parte da palavra que serve de base ao sentido por ela expresso" (Lexema, 2022).
- **Semantema**: "O elemento da palavra que tem significação externa; é a parte lexical da palavra" (Semantema, 2022).

Curiosidade

Palavras que apresentam a mesma origem etimológica são denominadas *cognatas*, por exemplo: ferro, ferreiro, ferragem, ferrugem.

Confira na figura a seguir como pode ser organizado o processo de derivação.

FIGURA 2.33 – TIPOS DE DERIVAÇÃO

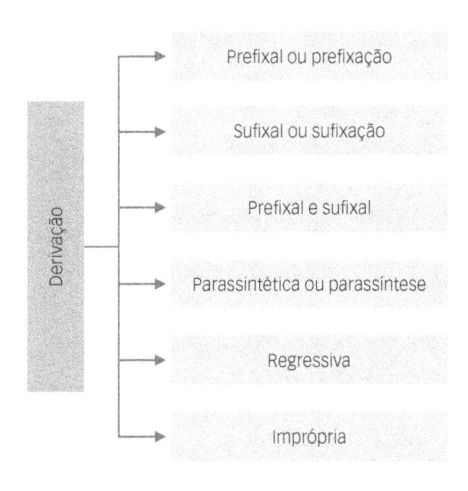

```
Derivação ├── Prefixal ou prefixação
          ├── Sufixal ou sufixação
          ├── Prefixal e sufixal
          ├── Parassintética ou parassíntese
          ├── Regressiva
          └── Imprópria
```

2.3.1 Processo de derivação

Os vocábulos podem ser primitivos ou derivados. As palavras que dão origem a outras são as primitivas, por terem sido as primeiras a existirem. A derivação é realizada pela junção de morfemas derivacionais (afixos) aos radicais das palavras primitivas.

Quando a palavra primitiva sofre algum tipo de modificação, surge uma nova palavra (Figura 2.34).

Figura 2.34 – Processo de derivação

Palavra primitiva
Algum tipo de modificação
Nova palavra

Portanto, a alteração sofrida por uma palavra já existente leva à criação de um novo termo.

2.3.2 Derivação prefixal

Para abordarmos a derivação prefixal, considere as palavras *infeliz* e *refazer*, ambas formadas pelo processo de prefixação. Acompanhe, na Figura 2.35, o processo de prefixação delas, com a inclusão de um prefixo na palavra primitiva.

Figura 2.35 – Prefixação com a inclusão de um prefixo na palavra primitiva

in- → -feliz → infeliz
in- → -grato → ingrato
re- → -fazer → refazer
re- → -ver → rever

2.3.3 Derivação sufixal

Para estudarmos a derivação sufixal, considere o termo *capitalismo*, que é formado pelo radical *capital* mais o Sufixo *–ismo*, e, portanto, trata-se de uma palavra formada por sufixação.

Observe, na Figura 2.36, o processo de sufixação com a inclusão de um sufixo na palavra primitiva.

FIGURA 2.36 – SUFIXAÇÃO COM A INCLUSÃO DE UM SUFIXO NA PALAVRA PRIMITIVA

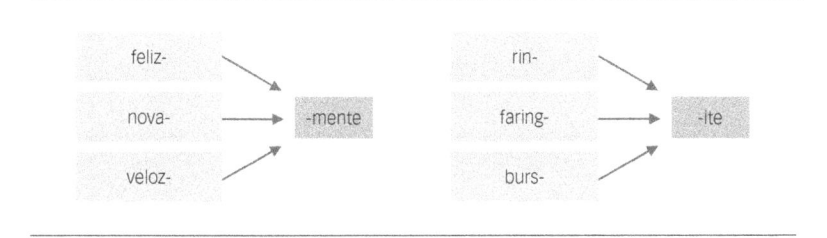

```
feliz-  ↘
nova-   →  -mente
veloz-  ↗

rin-     ↘
faring-  →  -ite
burs-    ↗
```

Importante

- **-mente**: indica circunstâncias, especialmente de modo.
- **-ite**: indica doença ou inflamação.

2.3.4 Sufixação e prefixação

A sufixação e a prefixação podem ocorrer ao mesmo tempo na palavra primitiva, mas não necessariamente de forma simultânea. A esse respeito, observe o esquema a seguir (Figura 2.37).

FIGURA 2.37 – PREFIXAÇÃO E SUFIXAÇÃO AO MESMO TEMPO

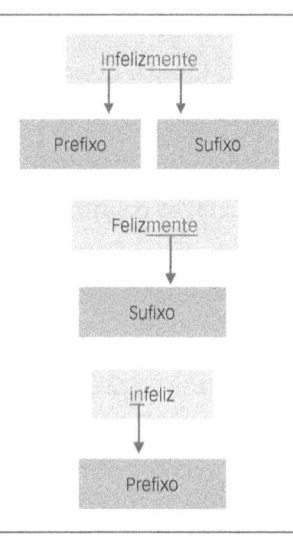

```
                infelizmente
                ↙       ↘
           Prefixo     Sufixo

                Felizmente
                    ↓
                  Sufixo

                  infeliz
                    ↓
                 Prefixo
```

Observe que pode acontecer o uso do Prefixo e do sufixo ao mesmo tempo, como também somente de um deles.

2.3.5 Derivação parassintética ou circunfixação

A derivação parassintética diz respeito à inclusão de um prefixo e de um sufixo simultaneamente na palavra primitiva (Figura 2.38).

FIGURA 2.38 – DERIVAÇÃO PARASSINTÉTICA I

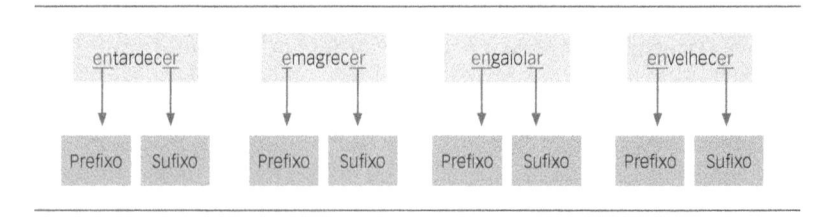

```
  entardecer        emagrecer        engaiolar        envelhecer
  ↙     ↘           ↙     ↘          ↙     ↘          ↙     ↘
Prefixo Sufixo   Prefixo Sufixo  Prefixo Sufixo   Prefixo Sufixo
```

Observe que não existe, por exemplo, o termo *entardecer* sem prefixo ou sem sufixo. Isso porque não existem as palavras *tardecer* ou *entarde*. Logo, os dois afixos se fazem necessários ao mesmo tempo.

Acompanhe agora, na Figura 2.39, outros exemplos.

FIGURA 2.39 – DERIVAÇÃO PARASSINTÉTICA II

	Prefixo	Radical	Sufixo
amaciar	a-	macio	-ar
amadurecer	a-	maduro	-ecer
descampado	des-	campo	-ado
esquentar	es-	quente	-ar
submarino	sub-	mar	-ino

2.3.6 Derivação regressiva

A derivação regressiva corresponde a uma forma de derivação que supre algumas das partes da palavra primitiva, gerando uma derivada. Observe alguns exemplos na Figura 2.40.

FIGURA 2.40 – DERIVAÇÃO REGRESSIVA

beijar	→	beija~~r~~	→	beija
debater	→	debate~~r~~	→	debate
perder	→	perde~~r~~	→	perde
português	→	portug~~uês~~	→	portuga
flamengo	→	~~fla~~mengo	→	mengo

> ### Curiosidade
> Quando a derivação regressiva forma um substantivo a partir de um verbo, ele é denominado substantivo *deverbal*.

2.3.7 Derivação imprópria

No processo de derivação imprópria, não há alteração da palavra primitiva, mas sim da classe gramatical à qual a palavra pertence. Consequentemente, ocorre mudança de sentido. Veja alguns exemplos:

- Ele tem um andar elegante. – Nesse caso, o verbo *andar* converte-se em substantivo: um *andar*.
- Os velhos têm mais experiência de vida. – Perceba que o adjetivo *velho* foi transformado em substantivo: os *velhos*.

- A professora fala muito baixo! – O adjetivo *baixo* foi transformado em advérbio: *muito baixo*.
- Ele ouviu o sim tão esperado da vida! – O advérbio *sim* foi modificado em substantivo: o *sim*.
- A casa fantasma assustou muita gente! – O substantivo *fantasma* foi transformado em adjetivo.
- Seja um aluno dez! – O numeral *dez* transforma-se em adjetivo.

> Curiosidade
>
> Alguns gramáticos denominam a derivação imprópria de *conversão*.

No âmbito da derivação sufixal, alguns sufixos auxiliam na formação dos graus diminutivo e aumentativo em sua forma sintética.

O grau diminutivo indica a configuração de menor, atribuindo a ideia de delicadeza, pequenez; também pode se referir a comedimento, cordialidade ou desdém.

Já o grau aumentativo, além de designar o tamanho aumentado, pode representar excesso, depreciação ou afeto. Confira, no Quadro 2.1, os sufixos mais utilizados.

Quadro 2.1 – Sufixos

Diminutivo		Aumentativo	
-acho	rio – riacho	-aço	amigo – amigaço
-inho	livro – livrinho	-anzil	corpo – corpanzil
-ote	caixa – caixote	-ão	boca – boqueirão
-ejo	lugar – lugarejo	-ázio	copo – copázio
-(z)inho	jardim – jardinzinho	-uça	dente – dentuça
-ebre	casa – casebre	-ona	amiga – amigona
-eta	sala – saleta	-arra	boca – bocarra
-isco	chuva – chuvisco	-orra	cabeça – cabeçorra

Podemos observar que o sufixo aumentativo *-ão* pode formar o aumentativo de classes diferentes de palavras (Figura 2.41).

Figura 2.41 – Sufixo aumentativo

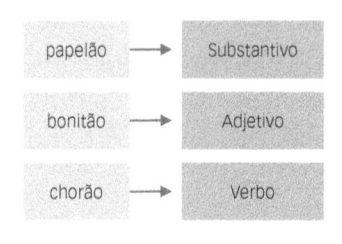

papelão	→	Substantivo
bonitão	→	Adjetivo
chorão	→	Verbo

É interessante notar que, no grau aumentativo, o gênero normal é o masculino (Figura 2.42).

FIGURA 2.42 – GÊNERO DO GRAU AUMENTATIVO I

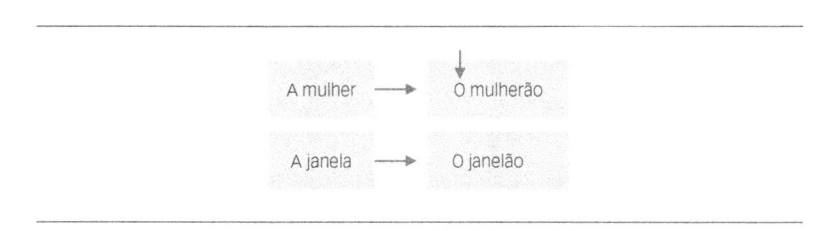

A mulher → O mulherão

A janela → O janelão

Somente os adjetivos são utilizados com o feminino, como é possível observar na Figura 2.43.

FIGURA 2.43 – GÊNERO DO GRAU AUMENTATIVO II

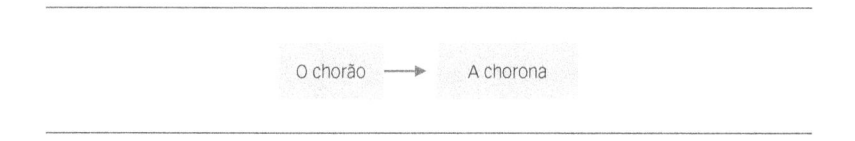

O chorão → A chorona

Pseudoprefixo ou prefixoide

Chama-se *pseudoprefixo, falso prefixo* ou *prefixoide* o termo que tem formato de prefixo, isto é, o prefixo que passa a se comportar como um vocábulo independente, com significado. Cunha e Cintra (2017) chamam esse processo de *recomposição*. Ou seja, eles continuam sendo prefixos, mas têm independência, uma vez que contam com características tanto de radicais como de afixos.

A esse respeito, observe a Figura 2.44.

Figura 2.44 – Pseudoprefixo

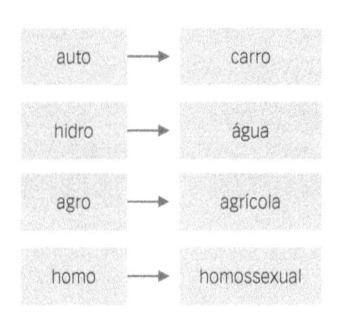

auto → carro

hidro → água

agro → agrícola

homo → homossexual

O fenômeno do pseudoprefixo ocorre no processo de gramaticalização*, no qual as propriedades de uma unidade linguística se alteram, e esta passa a integrar uma nova categoria.

doispontoquatro
Morfologia lexical II: conceitos de formas livres e formas presas

Os morfemas podem ser distinguidos quanto à sua forma em morfemas livres, presos ou dependentes. As formas livres são autônomas, podem aparecer sozinhas e expressar ideias. As formas presas, pelo contrário, só têm funcionalidade ou valor ao serem

---

* Ver Capítulo 6 desta obra.

combinadas com outras formas (livres ou presas). Já as dependentes não são livres nem presas.

Nesse sentido, podemos reforçar os conceitos de palavra e vocábulo. Ao se considerar que as palavras apresentam significado isoladas, nem todo vocábulo seria uma palavra, como é o caso dos artigos e das preposições. Estes seriam vocábulos, mas não palavras (Figura 2.45).

FIGURA 2.45 – PALAVRA E VOCÁBULO

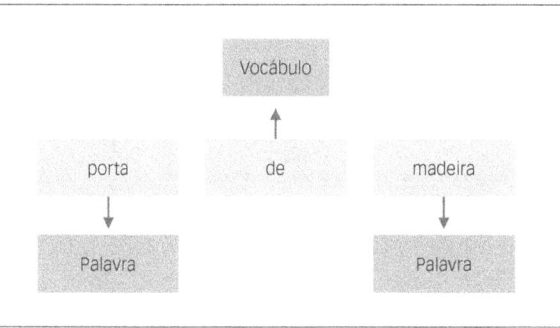

```
                    Vocábulo
                       ↑
     porta            de           madeira
       ↓                              ↓
    Palavra                        Palavra
```

A distinção entre formas livres e presas foi apresentada na obra de Bloomfield (1961, p. 160, tradução nossa): "Uma forma linguística que nunca é dita sozinha é uma forma presa; todas as outras (como, por exemplo, João correu ou correr ou correndo) são formas livres". Todavia, Camara Jr. (1989, p. 88) acrescenta outra forma, a dependente, que "nos leva a ampliar a classificação de Bloomfield com uma categoria de formas, que não são livres, mas também não são presas, senão apenas dependentes daquelas a que se adjungem nas frases".

A esse respeito, observe, na Figura 2.46, a organização dos morfemas livres e presos.

FIGURA 2.46 – MORFEMAS LIVRES E PRESOS

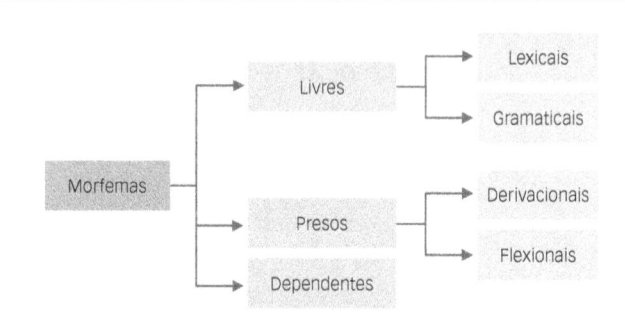

```
                        ┌──► Lexicais
          ┌──► Livres ──┤
          │             └──► Gramaticais
Morfemas ─┤
          │             ┌──► Derivacionais
          ├──► Presos ──┤
          │             └──► Flexionais
          └──► Dependentes
```

2.4.1 Formas livres

As formas livres são morfemas que têm significado completo. Podem transmitir sozinhas um conceito e, assim, constituir um enunciado. Elas podem ser lidas, escritas e ditas isoladamente e serem entendidas. Nessa perspectiva, veja a imagem a seguir (Figura 2.47).

Figura 2.47 – Formas fixas

São bons exemplos de formas fixas os avisos:
Silêncio!
Perigo!
Atenção!
Pare!
Siga!

Quando as formas livres não podem ser divididas, são denominadas *formas livres mínimas*, como apresentado na Figura 2.48.

Figura 2.48 – Formas livres e mínimas

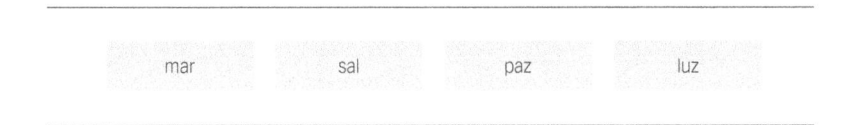

| mar | sal | paz | luz |

Os morfemas livres podem ser de natureza lexical, pertencentes às classes abertas, como substantivos, verbos e adjetivos, ou de natureza gramatical (também chamados de *funcionais*), a exemplo de preposições, pronomes, conjunções e determinantes. Os morfemas livres subdividem-se conforme mostra a Figura 2.49.

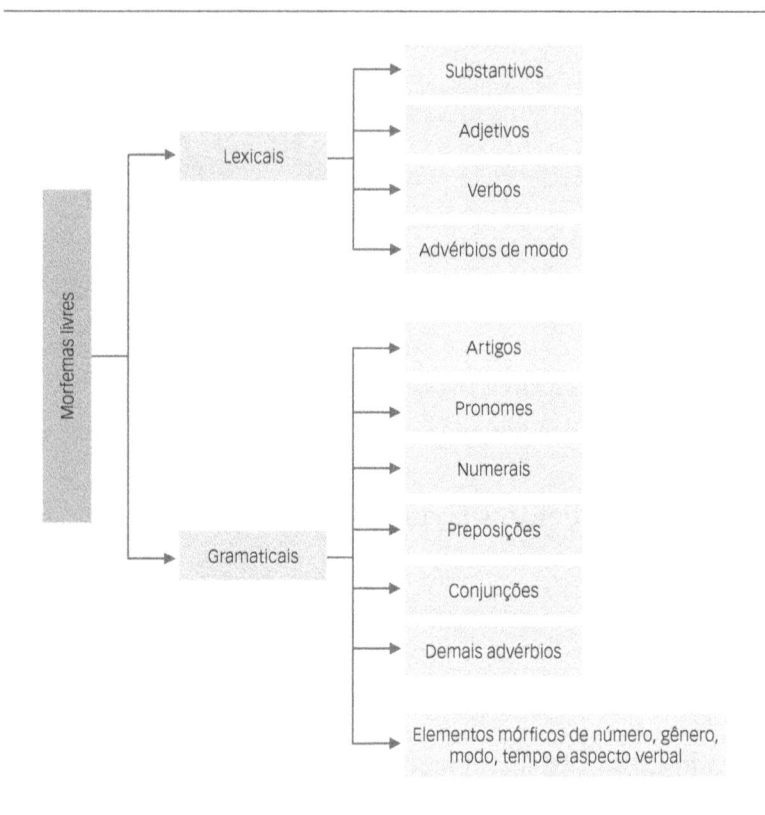

FIGURA 2.49 – CLASSIFICAÇÃO DOS MORFEMAS LIVRES

```
                         ┌─► Substantivos
                         │
             ┌─ Lexicais ─┼─► Adjetivos
             │           │
             │           ├─► Verbos
             │           │
             │           └─► Advérbios de modo
Morfemas livres ─┤
             │               ┌─► Artigos
             │               │
             │               ├─► Pronomes
             │               │
             │               ├─► Numerais
             │               │
             └─ Gramaticais ─┼─► Preposições
                             │
                             ├─► Conjunções
                             │
                             ├─► Demais advérbios
                             │
                             └─► Elementos mórficos de número, gênero,
                                 modo, tempo e aspecto verbal
```

2.4.2 Formas presas

As formas presas aparecem ligadas a outras e por estas são condicionadas, isto é, não funcionam sem uma ligação com outras formas, como afixos, desinências e radicais.

Os morfemas presos podem ser derivacionais ou flexionais, como apresentado na Figura 2.50.

FIGURA 2.50 – MORFEMAS PRESOS

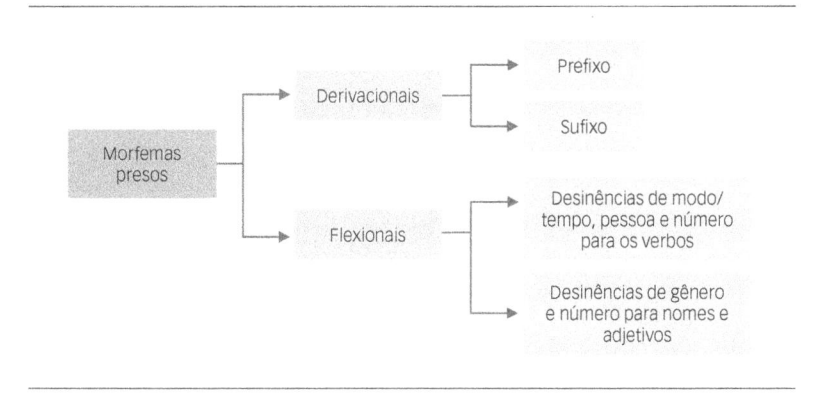

```
                              ┌──► Prefixo
              ┌─► Derivacionais ┤
              │               └──► Sufixo
Morfemas presos ┤
              │               ┌──► Desinências de modo/
              └─► Flexionais  ┤     tempo, pessoa e número
                              │     para os verbos
                              │
                              └──► Desinências de gênero
                                    e número para nomes e
                                    adjetivos
```

+ **Derivacionais:** Formam novas palavras; são afixos, como prefixos ou sufixos (Figura 2.51).

FIGURA 2.51 – SUFIXO

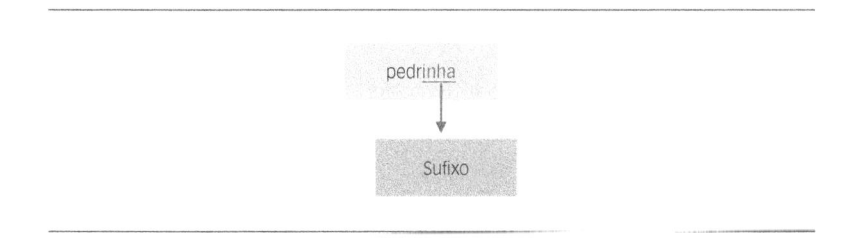

```
         pedrinha
            │
            ▼
          Sufixo
```

+ **Flexionais:** Indicam as categorias gramaticais da língua, flexionando as palavras em gênero, número, modo, tempo, pessoa e aspecto (Figuras 2.52 e 2.53).

FIGURA 2.52 – PREFIXO

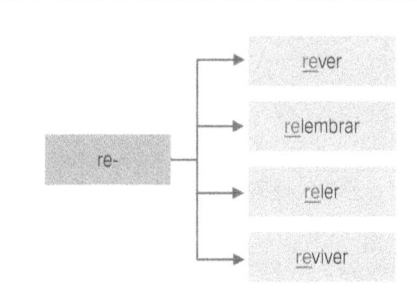

```
         ┌──► rever
         │
         ├──► relembrar
  re- ───┤
         ├──► reler
         │
         └──► reviver
```

FIGURA 2.53 – FLEXÕES I

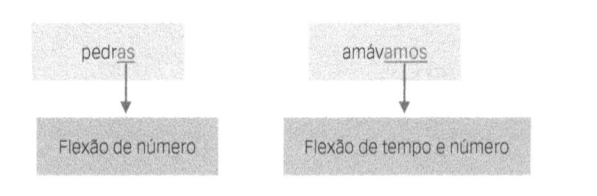

```
   pedras              amávamos
     │                    │
Flexão de número   Flexão de tempo e número
```

2.4.3 Formas dependentes

As formas dependentes são vocábulos, ou seja, elas não funcionam como enunciados, embora ajudem na construção sintática. É o caso de preposições e artigos, que precisam estar ligados à outra palavra que não aquela que os condiciona. Elas foram adicionadas à gramática da língua portuguesa pelo linguista Mattoso Camara Jr. (1997). De acordo com ele, as formas livres e dependentes coincidem com os vocábulos.

Figura 2.54 – Formas dependentes

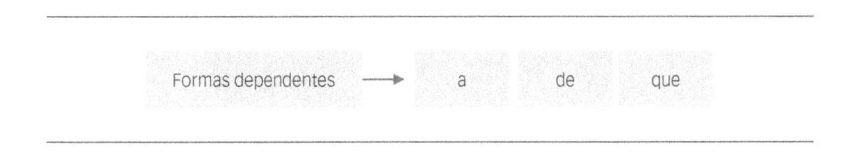

Formas dependentes → a   de   que

As formas dependentes relacionais ligam os vocábulos e não estão presas. É o caso de preposições, conjunções, artigos e pronomes relativos (Figura 2.55).

Figura 2.55 – Forma dependente relacional I

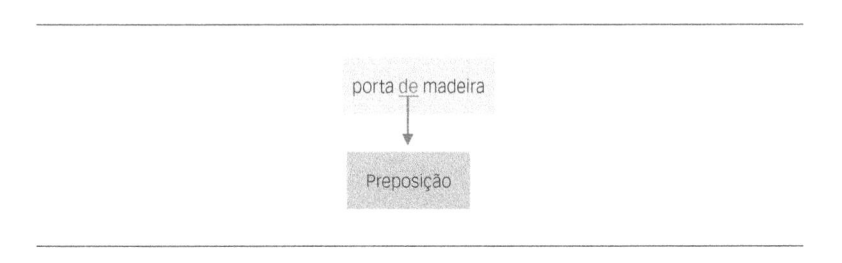

porta de madeira
         ↓
     Preposição

Outros exemplos se apresentam na Figura 2.56.

FIGURA 2.56 – FORMA DEPENDENTE RELACIONAL II

Sol luz paz	→	Forma livre, indivisível					
desleal	→	des-	Forma presa	-leal	Forma livre		
beija-flor	→	beija-	Forma livre	-flor	Forma livre		
couve-flor	→	couve-	Forma livre	-flor	Forma livre		
pé-de-moleque	→	pé-	Forma livre	-de-	Forma dependente	-moleque	Forma livre

Dessa maneira, podemos concluir que as formas livres são as que produzem um enunciado. Já as formas presas necessitam de outros morfemas para constituírem significação. Por fim, as formas dependentes precisam de outros vocábulos.

doispontocinco
Morfologia flexional: processos de formação de palavras com base na morfologia flexional

A morfologia flexional, também denominada *gramatical*, estuda as flexões das palavras, isto é, as relações entre as diferentes formas de uma mesma palavra. Assim, ela se ocupa da modificação de uma palavra em contextos gramaticais distintos, além de analisar a variação morfossintática, possibilitando a relação sintática e justificando a realização de uma concordância.

> **Importante**
>
> O caráter morfossintático está relacionado ao fator morfológico da flexão somado à função (fator sintático).

Por meio do processo de afixação e mudança de vogal, a morfologia flexional ajuda a determinar a categoria gramatical em que o morfema se inclui. Assim, um sufixo pode ser adicionado a um radical e, com isso, atribui-se uma propriedade gramatical ao termo. Por exemplo, as palavras variáveis, como substantivos, adjetivos, verbos e pronomes, aceitam a flexão de gênero, número, pessoa, tempo e modo. A esse respeito, analise os exemplos expostos na Figura 2.57.

FIGURA 2.57 – FLEXÕES II

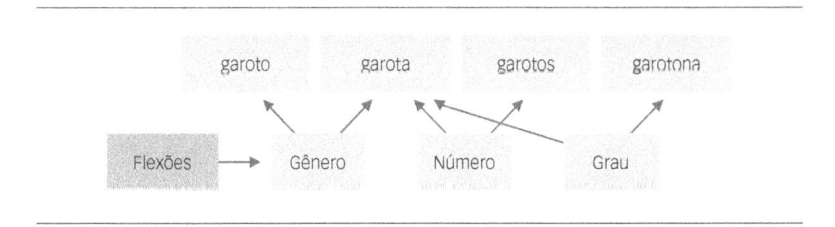

| Flexões | → | Gênero | Número | Grau |

garoto — Gênero
garota — Gênero
garotos — Número
garotona — Grau

É importante observar que a morfologia flexional não altera a categoria gramatical de uma palavra, tampouco seu significado básico. Pelo contrário, ela adiciona particularidades ou realça algum aspecto.

Os morfemas flexionais ou desinências podem ser nominais ou verbais, como demonstrado na Figura 2.58, que traz um exemplo de desinência nominal, e na Figura 2.59, que apresenta um exemplo de desinência verbal.

FIGURA 2.58 – DESINÊNCIA VERBAL I

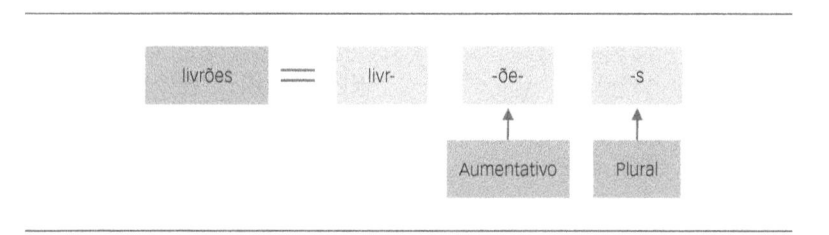

livrões = livr- -õe- (Aumentativo) -s (Plural)

FIGURA 2.59 – DESINÊNCIA VERBAL II

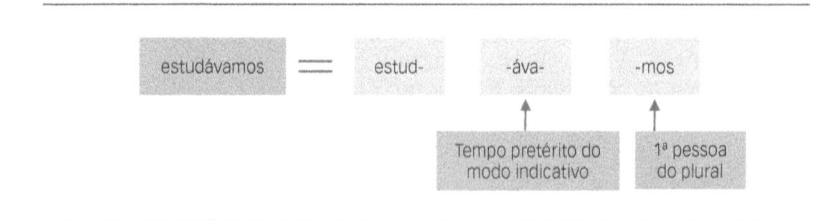

estudávamos = estud- -áva- (Tempo pretérito do modo indicativo) -mos (1ª pessoa do plural)

Portanto, de todo o exposto, tem-se o observado na Figura 2.60.

FIGURA 2.60 – MORFEMA LEXICAL, CLASSIFICATÓRIO E FLEXIONAL

Morfema lexical Radical	Morfema classificatório Vogal temática	Morfema flexional Desinência modo-temporal	Morfema flexional Desinência número-pessoal
Am-	-a-	-va-	-s
Am-	-a-	-va-	(Ø)
Am-	-a-	(Ø)	(Ø)

Síntese

Neste capítulo, estudamos o morfema, o morfema zero e suas situações de aparecimento. Discutimos sobre a definição de como as línguas restringem suas combinações de morfemas e explicamos as conceituações do mecanismo básico da morfologia lexical e das formas livres e presas. Para finalizar, analisamos a morfologia flexional.

Indicações culturais

MUSEU DA LÍNGUA PORTUGUESA. Cadernos educativos. Disponível em: <https://www.museudalinguaportuguesa.org.br/estacao-educativo/cadernos-educativos/>. Acesso em: 3 mar. 2022.

O Museu da Língua Portuguesa tem o objetivo de valorizar e celebrar a diversidade da língua portuguesa, aproximando-a dos falantes nativos em todo o mundo. Na página indicada, recomendamos a visita ao caderno "Mundo Língua Palavra", que traz informações interessantes da nossa língua.

CONHECENDO Museus – Episódio 33: Museu da Língua Portuguesa. 2013. Disponível em: <https://www.youtube.com/watch?v=8omHcbwdUaU>. Acesso em: 3 mar. 2022.

Saiba mais sobre o Museu da Língua Portuguesa assistindo ao vídeo indicado.

Atividades de autoavaliação

1. Analise as asserções a seguir, que trazem a definição de palavra:
I. Traço vocal recorrente que tem significado.
II. Dispositivo meramente externo.
III. Forma livre capaz de construir um enunciado.
IV. Traço vocal recorrente que não tem significado.

Agora, marque a alternativa correta:

a. Somente as asserções I, II e III são verdadeiras.
b. Somente as asserções I, II, IV são verdadeiras.

c. Nenhuma das asserções é verdadeira.
d. Todas as asserções são verdadeiras.
e. Somente a asserção I é verdadeira.

2. As palavras podem ser classificadas como lexicais ou gramaticais. As lexicais têm significado independente, e as gramaticais indicam flexão, pessoa e tempo verbal. Analise a palavra *mar* e marque a alternativa correta em relação à sua classificação:
   a. É um morfema lexical, porque deriva de *maresia*.
   b. É um morfema lexical, porque é uma unidade de significação.
   c. É um morfema gramatical, porque não tem radical.
   d. É um morfema gramatical, porque deriva de *maremoto*.
   e. É um morfema redacional, porque tem radical.

3. O morfema zero corresponde à ausência de uma marca de oposição gramatical em referência a outro termo. Ele indica a ausência de um segmento que representa determinadas noções e pode estar relacionado ao gênero, ao número ou ao tempo de uma palavra. A esse respeito, marque a alternativa em que a palavra apresenta morfema zero:
   a. Lágrimas.
   b. Mares.
   c. Óculos.
   d. Deusas.
   e. Autoras.

4. A morfologia estuda a estrutura, a formação e a classificação das palavras. Ela pode ser lexical, quando estuda a formação de palavras, ou flexional, quando apresenta informações gramaticais. Marque a alternativa correta em relação às classificações apresentadas:

a. Saúde – saudação = morfologia flexional.
b. Cachorro – cachorros = morfologia lexical.
c. Trabalho – trabalhador = morfologia lexical.
d. Trabalho – trabalhos = morfologia lexical.
e. Globo – global = morfologia flexional.

5. Na morfologia, as formas livres são as que podem constituir, isoladas, um enunciado suficiente para informação; já as formas presas não são suficientes sozinhas, pois precisam estar ligadas a outras. Nessa ótica, marque a alternativa que apresenta somente formas livres:

a. Fazer, refazer, ré.
b. Feliz, felizmente, infeliz.
c. Disposto, predisposto, indisposto.
d. Mar, maré, remanso.
e. Fazer, feliz, mar.

Atividades de aprendizagem

Questões para reflexão

1. Na sua opinião, qual é a importância de conhecer os sentidos lexicais e gramaticais dos morfemas?
2. Em relação à Nomenclatura Gramatical Brasileira (NGB), por que você acredita que os estudos não se voltam para o morfema?

Atividade aplicada: prática

1. Faça uma pesquisa em rótulos de produtos com o objetivo de analisar as palavras formadas por prefixação ou sufixação. Compare suas conclusões com as informações apresentadas neste capítulo. Você poderá elaborar um fichamento em que faça constar sua comparação.

um	Introdução à morfologia
dois	Os morfemas
# **três**	**Processos morfológicos de formação de palavras**
quatro	Morfologia e os processos de derivação
cinco	Estruturas morfológicas
seis	Formação dos morfemas flexionais e derivacionais

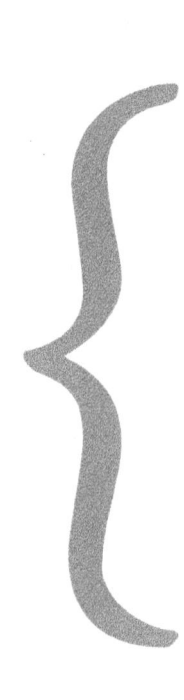

{

> *Não é casual que em latim as palavras "saber" e "sabor" tenham a mesma origem. Sapore, em latim, significa tanto "saber" quanto "sabor".*
> *Não por acaso, os lusitanos, quando apreciam um prato, dizem: "Isso me sabe bem".*
>
> (Cortella, 2016, p. 22)

❡ EXISTEM DISTINTOS PROCESSOS de combinação de morfemas para formar novas palavras, e os principais processos de formação são a derivação e a composição. Este capítulo tem como objetivo apresentar as contribuições da morfologia para a formação de palavras. Para isso, faremos a conceituação das estruturas morfológicas e o reconhecimento de alguns processos, como a composição, a justaposição e a aglutinação.

A ideia principal é que você, leitor e estudante, possa conhecer melhor o processo morfológico de formação de palavras e, com isso, transitar com maior tranquilidade pela disposição lexical da língua

Vamos começar nossos estudos perguntando: Quantas palavras há na língua portuguesa?

trêspontoum
Quantas palavras há na língua portuguesa?

Não há como saber a quantidade de palavras que existem em nossa língua. É impossível fazer essa contagem por conta da variabilidade da língua. Muitas palavras são criadas diariamente e alguns conceitos são utilizados em diferentes áreas – por isso, não há como ter um controle. Também não existem nenhum instituto regulador oficial que determine essa quantidade. Resta, assim, a possibilidade de pesquisar em um dicionário quantos vocábulos são disponibilizados. Todavia, a resposta não seria exata.

Para termos uma ideia, o Grande Dicionário Houaiss tem em sua versão digital mais de 236.000 palavras. O Dicionário Michaelis traz aproximadamente 167 mil verbetes, 350 mil acepções, 27 mil expressões e 47 mil exemplos e abonações, de acordo com informação do seu *site* (Michaelis, 2022).

Uma resposta fundamentada é fornecida pelo Vocabulário Ortográfico da Língua Portuguesa (Volp), disponibilizado no *site* da Academia Brasileira de Letras (ABL). Em sua sexta edição, de 2021, tem 382.000 entradas registradas.

Não há dúvidas de que o número de palavras é imenso, e aqui caberia uma nova pergunta: Como as palavras se formam? Isso nos leva à temática deste capítulo: a formação de palavras. A resposta a essa pergunta pode ser obtida com mais segurança.

As palavras são formadas basicamente por dois processos morfológicos: derivação e composição, embora haja outras formas, como abreviação, reduplicação, lexicalização de siglas e onomatopeias. Na Figura 3.1, observe os processos morfológicos de formação de palavras mais comuns.

FIGURA 3.1 – PROCESSOS MORFOLÓGICOS DE FORMAÇÃO DE PALAVRAS

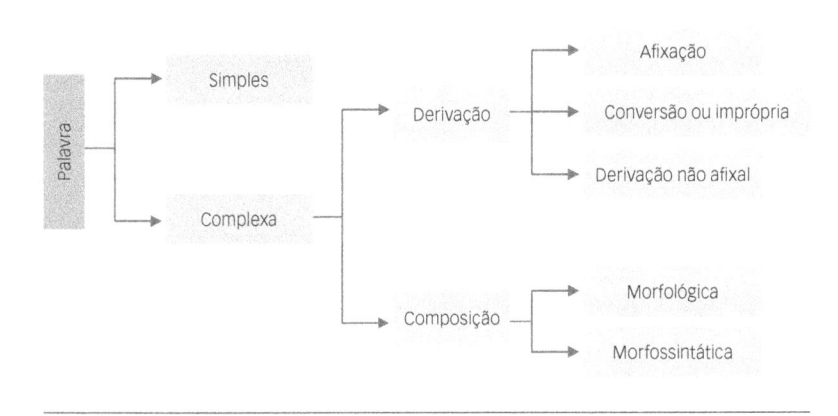

```
                                                    ┌─► Afixação
                    ┌─► Simples                     │
                    │              ┌─► Derivação ───┼─► Conversão ou imprópria
Palavra ────────────┤              │                │
                    │              │                └─► Derivação não afixal
                    └─► Complexa ──┤
                                   │                ┌─► Morfológica
                                   └─► Composição ──┤
                                                    └─► Morfossintática
```

Para conhecermos a formação das palavras, devemos dominar suas estrutura. É o que faremos a seguir.

trêspontodois
Desinências verbais: as estruturas morfológicas de formação das palavras

Uma palavra é estruturada por radical, vogal temática, afixos e desinências. As desinências verbais correspondem às terminações dos verbos que têm como função estabelecer o modo, o tempo, o número e a pessoa do verbo. Observe, a seguir, um exemplo com o verbo *estudar* (Figura 3.2).

FIGURA 3.2 – DESINÊNCIA CUMULATIVA DE MODO E TEMPO

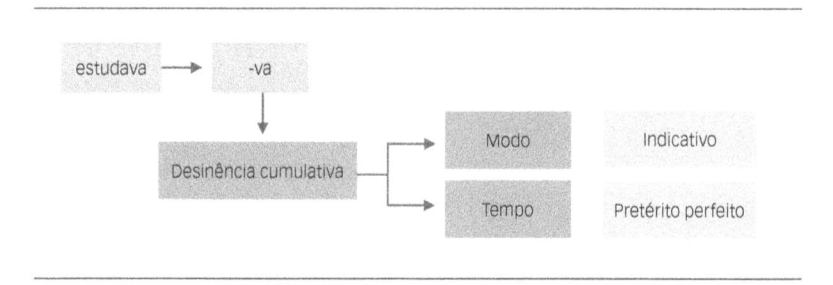

```
estudava → -va
            ↓
     Desinência cumulativa ┬→ Modo    Indicativo
                           └→ Tempo   Pretérito perfeito
```

Repare que, no vocábulo *estudava*, a desinência *-va* é cumulativa, isso porque reúne as flexões de modo e tempo. O mesmo acontece com número e pessoa em alguns casos (Figura 3.3).

FIGURA 3.3 – DESINÊNCIA CUMULATIVA DE NÚMERO E PESSOA

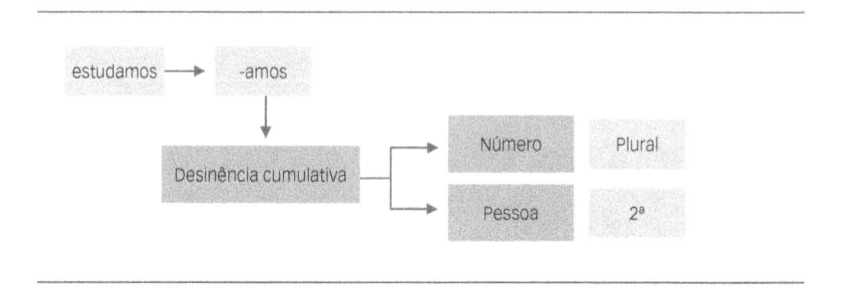

```
estudamos → -amos
             ↓
     Desinência cumulativa ┬→ Número   Plural
                           └→ Pessoa   2ª
```

As desinências também indicam as formas nominais, como pode ser visto na Figura 3.4.

FIGURA 3.4 – DESINÊNCIA INDICATIVA DE FORMAS NOMINAIS

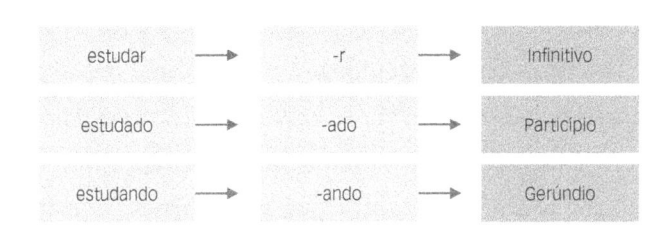

estudar →	-r →	Infinitivo
estudado →	-ado →	Particípio
estudando →	-ando →	Gerúndio

Mattoso Camara Jr. (1975a) postulava que, na língua portuguesa, os morfemas flexionais são os sufixos (afixos pospostos ao radical), que, para ele, representam pequenas formas presas posicionadas ao final do vocábulo.

No entanto, as desinências são diferentes dos sufixos derivacionais porque não criam palavras, somente flexionam as que já existem. Observe a comparação que apresentamos na Figura 3.5.

FIGURA 3.5 – DESINÊNCIAS E SUFIXOS

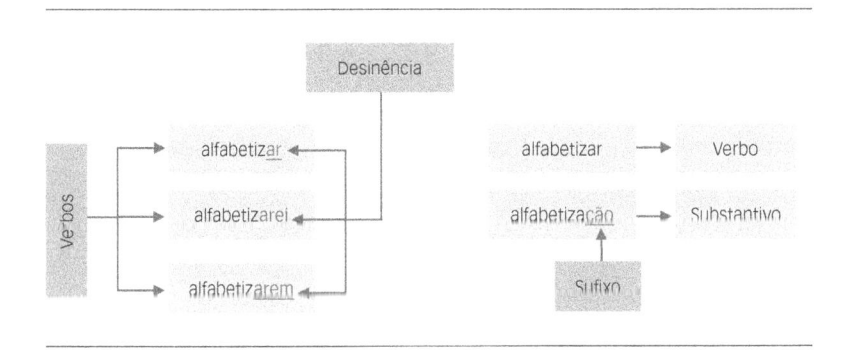

Verbos	Desinência		Sufixo	
→ alfabetiz<u>ar</u> ←		alfabetizar	→	Verbo
→ alfabetiz<u>arei</u> ←		alfabetiza<u>ção</u>	→	Substantivo
→ alfabetiz<u>arem</u> ←				

Perceba que o vocábulo *alfabetizar*, quando recebe diferentes desinências, sofre mudanças de modo, tempo e pessoa, mas continua sendo verbo, ou seja, não há a criação de nova palavra. Por sua vez, quando acrescentamos um sufixo, como no caso de *alfabetização*, o verbo transforma-se em um substantivo. Isso reforça o aspecto já dito de que as desinências não criam palavras novas.

Outro ponto importante é que as desinências são aplicáveis a todos os vocábulos variáveis. Conseguimos empregar o plural na maioria dos substantivos, por exemplo, ou mudar a maioria dos verbos para o pretérito, havendo pouquíssimas exceções. A esse respeito, analise os exemplos a seguir (Figura 3.6).

Figura 3.6 – Desinências de plural

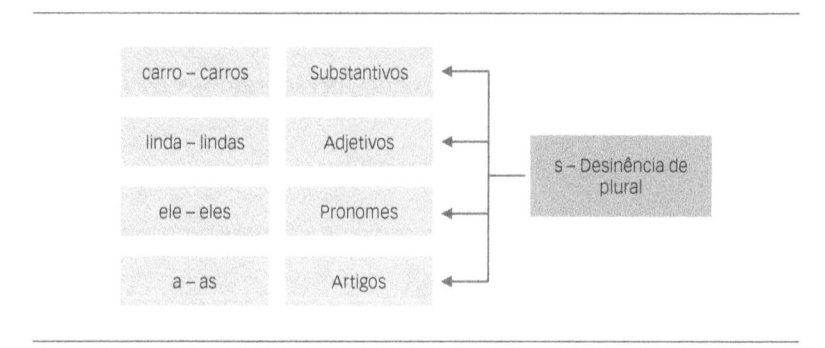

carro – carros	Substantivos	
linda – lindas	Adjetivos	s – Desinência de plural
ele – eles	Pronomes	
a – as	Artigos	

Assim, com as desinências verbais, é possível elaborar um esquema de conjugação para a maioria dos verbos (Figura 3.7).

Figura 3.7 – Desinência modo-temporal

Desinência modo-temporal		
Modo	Tempo	Desinências
Indicativo	Pretérito perfeito	-va, -ve, -ia, -ie
	Pretérito mais que perfeito	-ra, -re
	Futuro do presente	-ra, -re
	Futuro do pretérito	-ria, -rie
Subjuntivo	Presente	-e, -a
	Pretérito imperfeito	-sse
	Futuro	-r
Imperativo	Negativo	-e
	Afirmativo	-a
Infinitivo	Pessoal	-r

Uma síntese do exposto pode ser observada na Figura 3.8.

Figura 3.8 – Síntese conceitual

Morfemas Elementos mórficos que formam palavras	Radical Dá sentido e significado à palavra	Vogal temática Junta-se ao radical
Desinências Indicam derivação de número e gênero	Vogal e consoante de ligação Auxiliam a pronúncia	Afixo Formação das palavras; prefixo e sufixo

trêspontotrês
A formação de palavras: primeiras considerações

A língua é um processo vivo, isto é, modifica-se e amplia o número de palavras constantemente. Entretanto, isso não teria como acontecer de forma descontrolada, pois ocorreria uma sobrecarga de novas palavras, o que tornaria o sistema de comunicação inviável.

Por isso, há uma normatização para a formação de palavras, a fim de que tal processo seja captado e utilizado por todos os usuários da língua. Basicamente, os elementos formativos das palavras são: raiz, radical, afixo, desinência, vogal temática, vogal e consoante de ligação, que se combinam entre si e dão origem a unidades lexicais complexas. Logo, as palavras se formam por meio de diferentes processos, sendo os mais comuns a derivação e a composição, como analisado nesta obra.

A caracterização dos processos de palavras apresenta três tipos de operação, como exposto na Figura 3.9, a seguir.

FIGURA 3.9 – TIPOS DE OPERAÇÃO

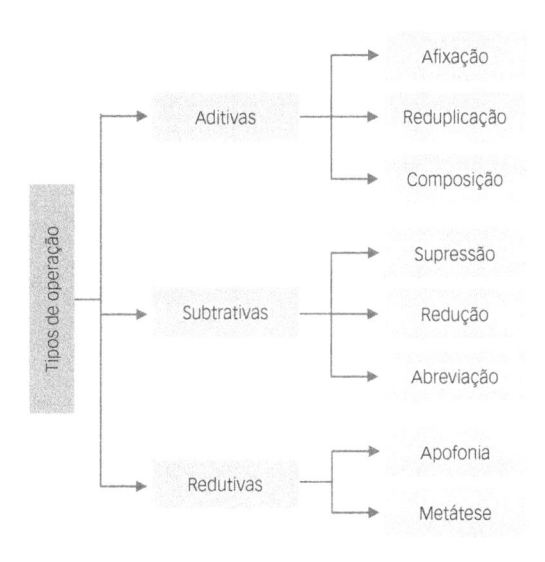

```
                                    ┌──► Afixação
                    ┌── Aditivas ───┼──► Reduplicação
                    │               └──► Composição
                    │
                    │                   ┌──► Supressão
Tipos de operação ──┼── Subtrativas ────┼──► Redução
                    │                   └──► Abreviação
                    │
                    │                   ┌──► Apofonia
                    └── Redutivas ──────┤
                                        └──► Metátese
```

FONTE: Elaborada com base em Anderson, 1985.

    O tipo de operação aditivo utiliza-se dos processos de afixação para a formação de novas palavras por meio de afixos como prefixação, sufixação, circunfixação ou parassíntese e infixação.

    Por sua vez, a reduplicação é um processo morfológico pelo qual o radical de uma palavra (ou parte dela) é repetido de forma exata ou com pequena modificação.

    Já a composição consiste em um processo que associa um radical a outro(s) radical(is) ou a uma ou mais palavras.

    Ainda, o tipo de operação redutivo recorre à diminuição do termo por supressão, redução ou abreviação. Assim, com o apagamento de parte da palavra primitiva, gera-se uma derivada.

As operações de modificação acontecem por apofonia, mudança da estrutura fônica da raiz, alternância da qualidade ou quantidade de vogais, consoantes, acento ou tom. Já a metátese estuda a transposição de sons dentro de um vocábulo. Todos os tópicos anteriores apresentados são estudados pela linguística.

Dessa forma, percebemos que há vários processos de formação de palavras. Diante do exposto, na Figura 3.10 podemos visualizar suas categorias.

FIGURA 3.10 – FORMAÇÃO DE PALAVRAS

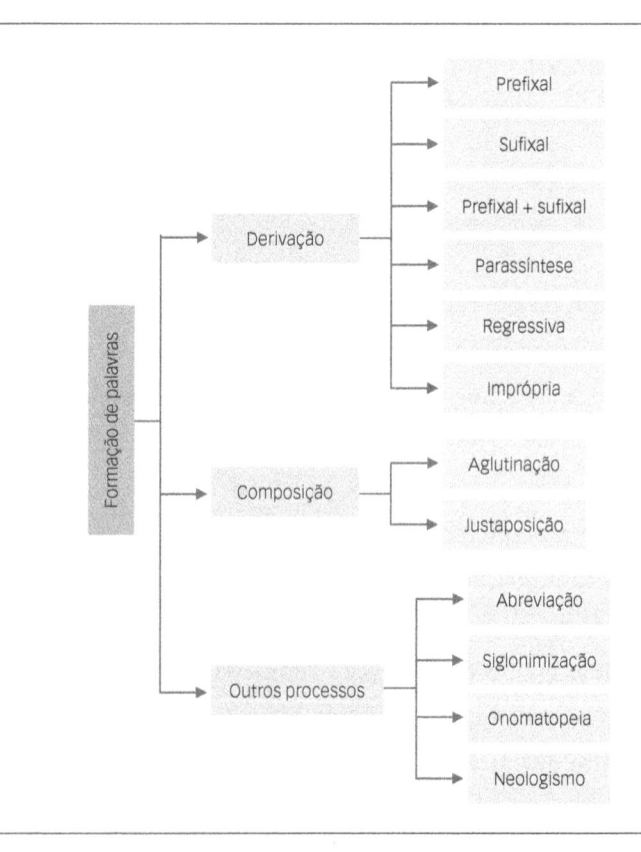

- Formação de palavras
  - Derivação
    - Prefixal
    - Sufixal
    - Prefixal + sufixal
    - Parassíntese
    - Regressiva
    - Imprópria
  - Composição
    - Aglutinação
    - Justaposição
  - Outros processos
    - Abreviação
    - Siglonimização
    - Onomatopeia
    - Neologismo

A composição e a derivação serão estudadas em capítulos próprios. Portanto, neste capítulo, vamos nos ocupar de alguns casos especiais.

3.3.1 Neologismo

Os morfemas que compõem o termo neologismo são apresentados na Figura 3.11, a seguir.

Figura 3.11 – Neologismo

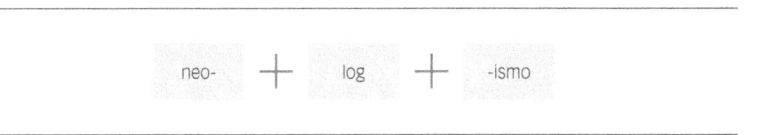

neo- + log + -ismo

Do grego *neo*, que significa "novo", somado a *léxi*, que é uma palavra, com o sufixo *ismo*. Assim, neologismo significa uma nova palavra, conforme o Dicionário Michaelis: "1 Palavra de criação recente com recursos da própria língua ou adaptada de outra: *Deletar é um neologismo cuja origem é o verbo inglês destaque*. 2 Palavra antiga tomada com sentido novo" (Neologismo, 2022).

Portanto, no processo de formação de palavras, o neologismo se refere à criação de termos novos (sintáticos) ou à elaboração de outro significado para termos já existentes (semânticos). Pode proceder de estrangeirismos, modismos ou até mesmo de gírias. Além disso, é classificado em transitório, permanente ou momentâneo (Figura 3.12).

Figura 3.12 – Classificação dos neologismos

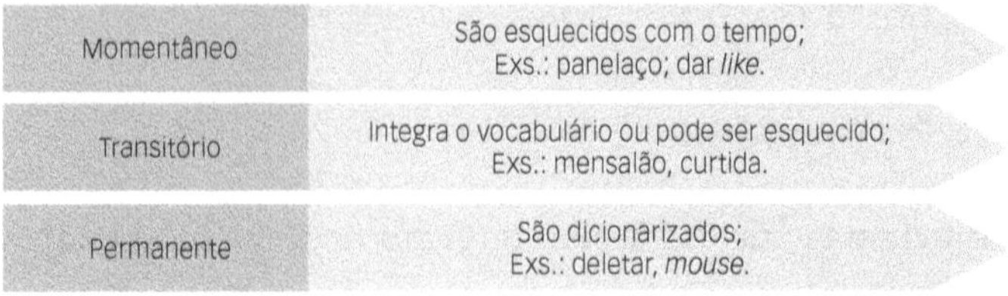

Tipo	Descrição
Momentâneo	São esquecidos com o tempo; Exs.: panelaço; dar *like*.
Transitório	Integra o vocabulário ou pode ser esquecido; Exs.: mensalão, curtida.
Permanente	São dicionarizados; Exs.: deletar, *mouse*.

A seguir, vamos categorizar os diferentes tipos de neologismos.

- **Neologismo semântico**: Ocorre quando se dá outro significado para um termo já existente. Também é denominado *incompleto*. Exemplos:
  - Por falta de condições financeira, ele fez um **gato** para ter luz!
  - Quando soube do ocorrido, ele virou um **bicho**!

Nesses exemplos, há utilização de termos já conhecidos, mas com um novo sentido.

- **Neologismo sintático**: Refere-se à criação de palavras por meio de composição ou derivação e recorre a elementos que já existem, mas com novo significado.

Considere a expressão *dar bolo*, ela representa uma forma de neologismo sintático, ganhando um significado específico de enganar, furar, não comparecer, omitir-se, deixar de ir, faltar, entre outros.

- **Neologismo literário:** Ocorre quando as palavras ganham nova vida por autores literários, poetas e compositores. Nesse caso, a linguagem é um componente estético, e não puramente linguístico.

Em seu poema "Neologismo", Manuel Bandeira (2022) cria um interessante neologismo pela junção de *te adorar* com *Teodora*, criando um significado novo para exprimir seus sentimentos, além de trabalhar com a sonoridade da língua.

O paraibano Ariano Suassuna, nascido em 1927, foi outro escritor que utilizou muitos neologismos em suas obras para expressar sua interação com a cultura popular e a influência social da Região Nordeste (Oliveira; Aragão, 2018).

Observe, a seguir, alguns dos neologismos utilizados pelo escritor em uma de suas mais famosas obras, a *Farsa da boa preguiça* (Oliveira; Aragão, 2018):

- **Demorosa:** ato de demorar.
- **É quebranto!:** sentimento ou sensação de fraqueza física ou espiritual.
- Ela fica logo **azeitada:** ato de irritar-se.
- **Futucar:** o mesmo que tocar.

- **Neologismo científico ou técnico:** Diz respeito a termos criados de acordo com invenções, descobertas, atividades tecnológicas ou equipamentos apresentados na sociedade que ainda não possuem denominação. Observe, na Figura 3.13, alguns termos comuns que tiveram origem em palavras estrangeiras (estrangeirismos).

Figura 3.13 – Termos científicos ou tecnológcos

Estrangeirismo e aportuguesamento

O estrangeirismo acontece quando utilizamos palavras de outras línguas. Algumas são usadas originalmente ou de forma aportuguesada, com adaptação mórfica e fonológica, isto é, adequações à língua portuguesa. Observe alguns exemplos no Quadro 3.1.

Quadro 3.1 – Diferença entre estrangeirismo e aportuguesamento

Estrangeirismo	Aportuguesamento
ticket	tíquete
stress	estresse
abat-jour	abajur
ballet	balé
crochet	crochê
soutien	sutiã
shampoo	xampu

* Neologismo popular: Refere-se a palavras criadas na comunicação coloquial ou na informalidade (Figura 3.14).

FIGURA 3.14 – NEOLOGISMO POPULAR

Vamos para o meu apê!

Sextou!

* Neologismo fonológico: Tem como base a oralidade e a informalidade (Figura 3.15).

FIGURA 3.15 – NEOLOGISMO FONOLÓGICO

Sexxxxtou! Miga! Amore! Oi, thurminha! Fala, galera!

* Neologismo lexical: Corresponde à criação de nova palavra, geralmente por falta de um termo específico. Há, neste caso, empréstimo de termo estrangeiros (Figura 3.16).

Figura 3.16 – Neologismo lexical

| deletar | internetês | clicar | marqueteiro | on-line |
| hamburgueria | blogueiro | futebolista | delivery | |

Curiosidade

O estrangeirismo é uma forma de neologismo, pois se trata da criação de novas palavras, na língua portuguesa, baseada em termos estrangeiros incorporados à língua.

- Neologismo de combinação: Ocorre quando há ajuste de partes de duas ou mais palavras e, com isso, cria-se uma nova, por meio de um processo chamado de *combinação*. A esse respeito, observe os exemplos a seguir (Figura 3.17).

Figura 3.17 – Neologismo de combinação

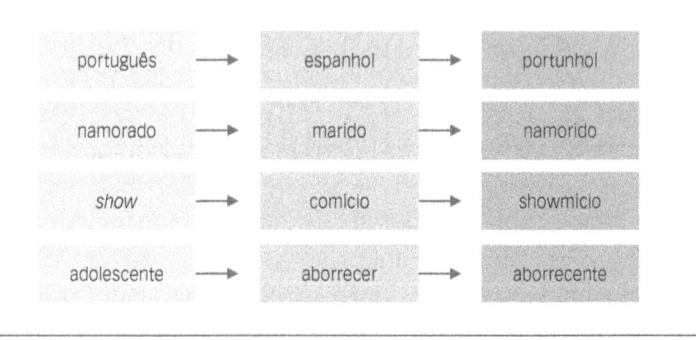

português →	espanhol →	portunhol
namorado →	marido →	namorido
show →	comício →	showmício
adolescente →	aborrecer →	aborrecente

3.3.2 Hibridismo

O hibridismo consiste na formação de palavras por composição, mas com termos oriundos de idiomas diferentes. Observe alguns exemplos na Figura 3.18.

FIGURA 3.18 – HIBRIDISMO

Latim	+	Grego		
sócio-		-logia	=	sociologia
romano-		-ista	=	romanista
alti-		-metro	=	altímetro

Grego	+	Latim		
auto-		-clave	=	autoclave
ando-		-venoso	=	endovenoso

Árabe	+	Grego		
álcali-		-oide	=	alcaloide
álcool-		-metro	=	alcoômetro

Latim	+	Grego	+	Francês		
bi-		ciclo-		-eta	=	bicicleta

3.3.3 Onomatopeia

Por *onomatopeia* entende-se o processo de formação de palavras que simulam sons e ruídos. As onomatopeias fazem parte das figuras de linguagem (de palavras) com a mesma função. Diz-se que são puras (Figura 3.19) quando se aproximam dos sons e ruídos que representam:

Figura 3.19 – Onomatopeias puras

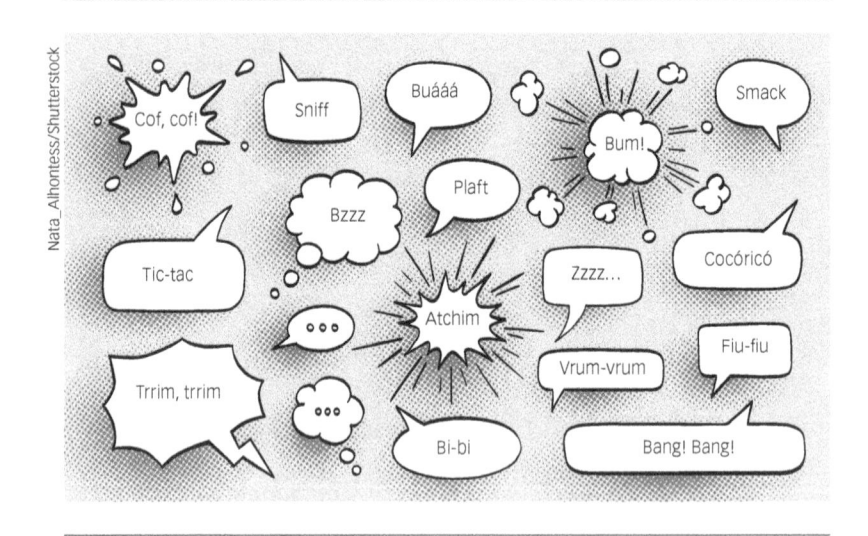

Também podem ser vocalizadas, quando adicionadas na norma culta, caracterizando um som específico (Figura 3.20).

FIGURA 3.20 – ONOMATOPEIAS VOCALIZADAS

Cigarra: canta
Cobra: sibila
Elefante: brame
Galinha: cacareja

Galo: canta
Gato: mia
Grilo: canta
Inseto: zumbe

Burro: zurra
Cachorro: late
Camelo: blatera
Cavalo: relincha

Observe, também, alguns exemplos de onomatopeias na língua inglesa (Figura 3.21).

FIGURA 3.21 – ONOMATOPEIAS NA LÍNGUA INGLESA

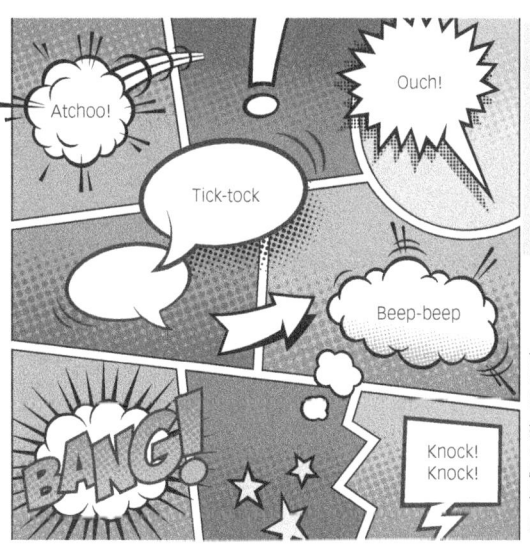

Curiosidade
Onomatopeias em inglês:

Ai! ⟶ Ouch!
Atchim! ⟶ Atchoo!
Bi-bi ⟶ Beep-beep
Tic-tac ⟶ Tick-tock
Toc-toc ⟶ Knock

Atchoo!
Tick-tock
Ouch!
Beep-beep
BANG!
Knock! Knock!

Fourleaflover/Shutterstock

> **Curiosidade**
> - **Onomatopoese**: criação de novas palavras com imitação de sons.
> - **Mimologia**: figura de linguagem que reproduz sons por meio de fonemas.

Veja o uso de onomatopeias em um trecho do poema "O relógio", de Vinicius de Moraes:

> Passa, tempo, tic-tac
> Tic-tac, passa, hora
> Chega logo, tic-tac
> (Moraes, 1970).

3.3.4 Intensificação

Algumas palavras novas são criadas por meio do alargamento do sufixo verbal. Trata-se de um processo estilístico que, na maioria das vezes, ocorre pelo uso do sufixo *-izar*, como nos exemplos a seguir (Figura 3.22).

Figura 3.22 – Intensificação

obstar	obstaculizar
iniciar	inicializar
protocolar	protocolizar
culpar	culpabilizar

3.3.5 Redução ou abreviação

Quando uma palavra é muito longa, usamos uma forma reduzida. Tal redução pode se dar de diferentes formas, tais como abreviatura, abreviação e derivação siglada.

A **abreviatura** é utilizada para o encurtamento da palavra. Frequentemente termina com um ponto-final na escrita, o que indica sua redução. Para sua realização, usa-se a primeira sílaba da palavra com a primeira letra da segunda sílaba, se for uma consoante, conforme pode ser observado nas figuras 3.23 e 3.24.

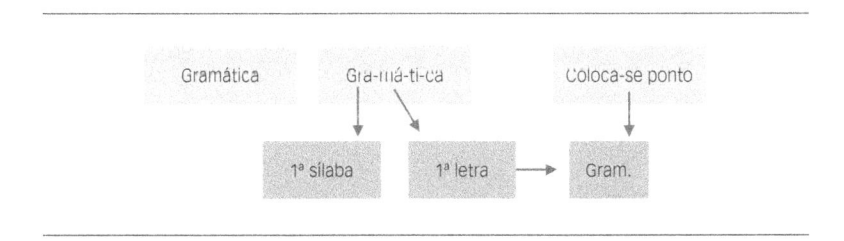

Figura 3.23 – Abreviatura I

| Gramática | Gra-má-ti-ca | Coloca-se ponto |
| 1ª sílaba | 1ª letra | Gram. |

FIGURA 3.24 – ABREVIATURA II

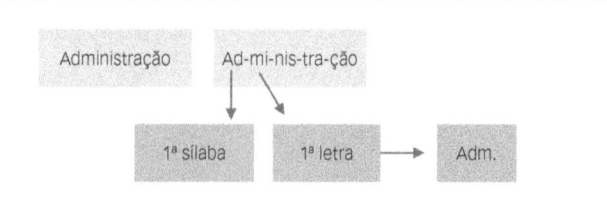

```
Administração      Ad-mi-nis-tra-ção
       ↓             ↙    ↓
    1ª sílaba     1ª letra    →    Adm.
```

Quando a primeira sílaba é uma vogal ou é muito curta, utiliza-se a segunda sílaba para compor a abreviatura. Acompanhe na Figuras 3.25.

FIGURA 3.25 – ABREVIATURA III

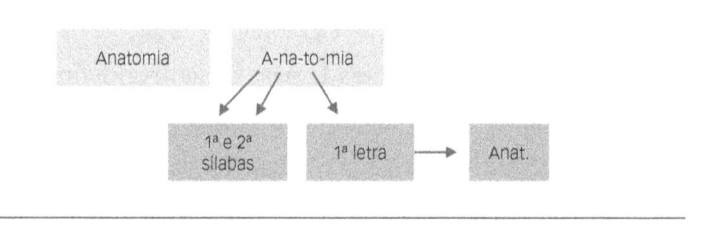

```
   Anatomia         A-na-to-mia
      ↓             ↙    ↓
  1ª e 2ª        1ª letra    →    Anat.
  sílabas
```

Se a palavra iniciar com um prefixo, emprega-se o prefixo com a primeira consoante, como exemplificado a seguir (Figura 3.26).

FIGURA 3.26 – ABREVIATURA IV

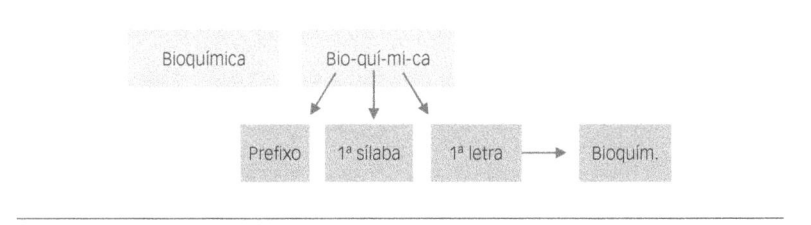

Bioquímica   Bio-quí-mi-ca

Prefixo   1ª sílaba   1ª letra → Bioquím.

Fique atento, pois há abreviaturas que não seguem tais determinações, como o exemplo da Figura 3.27.

FIGURA 3.27 – ABREVIATURA V

Limitada → Ltda.   Companhia → Cia.

Indicações culturais

ABL – Academia Brasileira de Letras. Reduções. Disponível em: <https://www.academia.org.br/nossa-lingua/reducoes>. Acesso em: 19 maio 2022.

Se houver dúvidas, é interessante buscar a forma indicada no portal da Academia Brasileira de Letras.

ABNT – Associação Brasileira de Normas Técnicas. Disponível em: <https://www.abnt.org.br>. Acesso em: 19 maio 2022.

Também é possível consultar as normas da ABNT (Associação Brasileira de Normas Técnicas), entidade que, entre outras funções, é responsável pela normalização técnica no Brasil.

A abreviação também é um modo de formação de palavras por redução, em que se diminui uma palavra em algumas sílabas, formando uma nova palavra como variante. Tem uma característica diacrônica, isto é, sua criação é construída popularmente com o passar dos anos. Observe alguns exemplos na Figura 3.28.

FIGURA 3.28 – ABREVIATURA POR REDUÇÃO

pneumático	pneu
motocicleta	moto
fotografia	foto
cinema	cine
extraordinário	extra
metropolitano	metrô
otorrinolaringologista	otorrino
telefone	fone
psicologia	psico

Algumas abreviaturas traduzem diferentes sentimentos, como carinho, preconceito, zombaria etc. (Figura 3.29).

FIGURA 3.29 – ABREVIATURAS

comunista	comuna
delegado	delega
professor	fessor
japonês	japa
português	portuga
Florianópolis	Floripa
ginecologista	gineco

Em muitas palavras compostas, a abreviação se dá com o uso do prefixo, conforme pode ser observado na Figura 3.30.

FIGURA 3.30 – ABREVIATURA: USO DE PREFIXO

microcomputador	micro
minissaia	mini
videoconferência	vídeo
ex-marido	ex
vice-presidente	vice
quilograma	quilo

Por fim, a derivação siglada é um processo de formação de palavras que envolve o uso das letras iniciais que compõem o nome. Atente para o fato de que as siglas não admitem ponto-final. Algumas das siglas mais conhecidas estão apresentadas na Figura 3.31.

FIGURA 3.31 – SIGLAS I

Sigla	Significado
BR	Brasil
CLT	Consolidação das Leis Trabalhistas
CNH	Carteira Nacional de Habilitação
ONU	Organização das Nações Unidas

Curiosidade

Diferente das siglas, os acrônimos dizem respeito à soma de algumas sílabas ou de partes dos vocábulos de um título que pode ser lida como palavra. Exemplos: Petrobras – Petróleo Brasileiro S.A.; Embraer – Empresa Brasileira de Aeronáutica.

Agora, vamos analisar algumas das regras aplicáveis ao uso de siglas. Como já mencionamos, as siglas não apresentam ponto-final como as abreviaturas e até três letras devem ser escritas com todas as letras maiúsculas (Figura 3.32).

FIGURA 3.32 – SIGLAS II

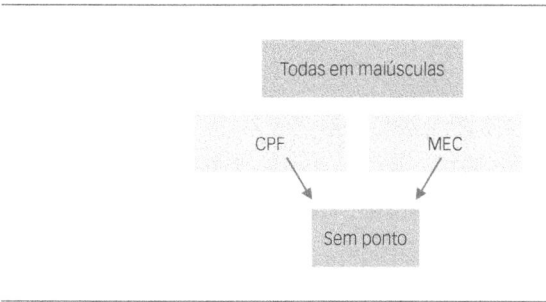

```
        Todas em maiúsculas
      CPF              MEC
              Sem ponto
```

No plural, acrescenta-se um *s* minúsculo à sigla (Figura 3.33).

FIGURA 3.33 – SIGLAS III

ONGs   PMs   IPVAs

Se a sigla tiver mais de três letras, somente a primeira ficará em maiúscula (Figura 3.34).

FIGURA 3.34 – SIGLAS IV

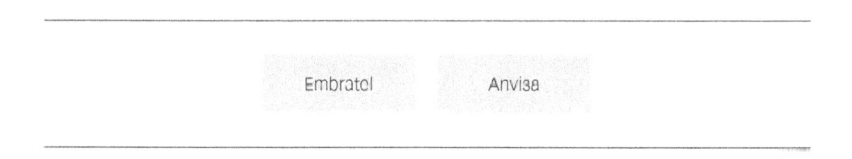

Embratel   Anvisa

Se houver mais de três letras e todas forem pronunciadas separadamente, todas deverão ficar em maiúscula na escrita (Figura 3.35).

Figura 3.35 – Siglas V

| BNDES | IBGE | INSS |

Para algumas siglas, a leitura é mista, ou seja, parte é pronunciada pela letra, e a outra parte, como palavra. Tais siglas podem ser grafadas com todas as letras maiúsculas. Por exemplo:

- DNIT – Departamento Nacional de Infraestrutura de Transportes.

Em alguns casos, pode haver o agrupamento de letras maiúsculas e minúsculas na estrutura de sigla e acrônimo, a fim de evitar confusão com outros termos assemelhados, como no exemplo:

- CNPq – Conselho Nacional de Desenvolvimento Científico e Tecnológico.

Siglas estrangeiras ou não conhecidas precisam ser elucidadas. Ou seja, devem ser empregadas na sua versão em português, que corresponde à expressão original traduzida. Contudo, a forma abreviada original deve ser usada quando o seu uso for difundido internacionalmente:

- Opep – Organização dos Países Exportadores de Petróleo.

Em um texto, quando uma sigla não consagrada é usada pela primeira vez, ela deve ser acompanhada de seu significado, por um traço ou entre parênteses (especialmente se o texto em questão não contar com uma lista de siglas). Por exemplo:

- CBF (Confederação Brasileira de Futebol).

A ABL (2022) faz o seguinte alerta sobre as reduções:

Desde o advento do manuscrito, a prática das abreviações (em sentido amplo) se vem incrementando. No passado, elas podiam ser consideradas mais ou menos estáveis e comuns (abreviaturas) ou mais ou menos episódicas (abreviações). Desde o século XIX, porém, apareceram três grupos amplos que, em conjunto, podem ser chamados reduções ou braquigrafias: a) reduções tradicionais mais ou menos fixas (V., por você, V.M., por Vossa Mercê, Sr., por Senhor), chamadas abreviaturas; b) reduções feitas especialmente para uso em certa obra especializada (abreviações); e c) reduções convencionadas internacionalmente, ditas símbolos (nesse sentido pertinentes), como é o caso das usadas no sistema metrológico internacional ou na química etc. (e que se caracterizam por terem uso de letra maiúscula com valor especial, mas sem ponto-final redutor nem indicação de flexões). Mas, já do século passado para cá, os nomes intitulativos designativos de associações, sociedades, empresas, companhias, firmas e afins passaram também a ser objeto de reduções, tal como antes já se fazia, em trabalhos eruditos, com os títulos de obras de referência (dicionários, enciclopédias etc.), quando repetidamente citados. Essas reduções podem ser chamadas siglas: especializadamente se vem convencionando que, quando uma sigla tem caráter de palavra ou vocábulo, seja dita siglema (Petrobras) e, quando não o tenha, seja dita sigmoide (EE.UU.A. ou EUA). As siglas em grande número se fazem pelas letras iniciais do intitulativo (URSS, UNESCO) ou por letras e sílabas iniciais (Sudam, Superintendência do Desenvolvimento da Amazônia), ou por combinações arbitrárias. Entra-se, assim, em certas reduções em que se podem misturar letras e elementos ideográficos, gerando uma série de signos, sinais e logotipos, e mesmo índices e ícones.

Na Figura 3.36, acompanhe algumas das siglas mais utilizadas e seus respectivos significados.

FIGURA 3.36 – SIGLAS VI

- Alca – Área de Livre Comércio das Américas
- BN – Biblioteca Nacional
- ABI – Associação Brasileira de Imprensa
- AVC – Acidente Vascular Cerebral
- Bovespa – Bolsa de Valores do Estado de São Paulo
- BR – Brasil
- IBGE – Instituto Brasileiro de Geografia e Estatística
- PIB – Produto Interno Bruto
- ONG – Organização Não Governamental
- CPF – Cadastro de Pessoa Física
- CBF – Confederação Brasileira de Futebol
- CEP – Código de Endereço Postal
- INSS – Instituto Nacional do Seguro Social
- DIU – Dispositivo Intrauterino
- ONU – Organização das Nações Unidas
- PUC – Pontifícia Universidade Católica
- OAB – Ordem dos Advogados do Brasil
- SI – Sistema Internacional de Unidades

Em seguida, na Figura 3.37, apresentamos as siglas dos estados brasileiros. Observe que todas levam letras maiúsculas e não apresentam ponto-final.

Figura 3.37 – Siglas dos estados brasileiros

Acre – AC	Alagoas – AL	Amapá – AP
Amazonas – AM	Bahia – BA	Ceará – CE
Distrito Federal – DF	Espírito Santo – ES	Goiás – GO
Maranhão – MA	Minas Gerais – MG	Mato Grosso – MT
Mato Grosso do Sul – MS	Pará – PA	Paraíba - PB
Paraná - PR	Pernambuco – PE	Piauí - PI
Rio de Janeiro - RJ	Rio Grande do Norte – RN	Rio Grande do Sul – RS
Rondônia - RO	Roraima – RR	Santa Catarina – SC
São Paulo – SP	Sergipe – SE	Tocantins - TO

Em relação ao gênero das siglas, elas devem estar de acordo com o termo que as inicia, como no exemplo a seguir (Figura 3.38).

FIGURA 3.38 – GÊNERO DAS SIGLAS

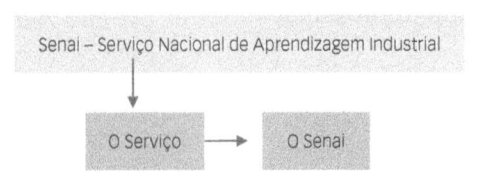

Senai – Serviço Nacional de Aprendizagem Industrial
↓
O Serviço → O Senai

Curiosidade

Algumas siglas fogem das normas citadas, mas, por serem consagradas, são normalmente aceitas. Exemplos:
- UFSCar – Universidade Federal de São Carlos
- UnB – Universidade de Brasília
- ProUni – Programa Universidade para Todos
- ICMBio – Instituto Chico Mendes de Conservação da Biodiversidade

Importante

Tenha atenção para não utilizar erradamente algumas abreviaturas, tais como:
- Metro – m: minúsculo e sem ponto-final.
- Quilo – k: minúsculo e sem ponto-final.
- Segundo – s: minúsculo e sem ponto-final.
- Minutos – min.: minúsculo e com ponto-final.

Resumimos o conteúdo estudado na Figura 3.39, a seguir.

Figura 3.39 – Processo de redução

```
                    Redução
        ┌──────────────┼──────────────┐
        ▼              ▼              ▼
   Abreviatura     Abreviação       Sigla
        │              │              │
        ▼              ▼              ▼
   Encurtamento   Encurtamento    Letras iniciais
                    popular
```

trêspontoquatro
Processo de formação de palavras por composição

No processo de composição, a formação de uma nova palavra com significação própria ocorre pela junção de duas ou mais palavras simples ou radicais. Nessa ótica, existem dois processos para essa formação, conforme exposto na Figura 3.40, a seguir.

Figura 3.40 – Formação de palavras por composição

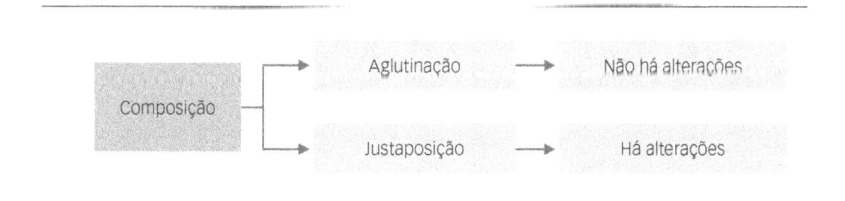

```
                    ┌──→ Aglutinação   ──→ Não há alterações
      Composição ───┤
                    └──→ Justaposição  ──→ Há alterações
```

Os dois processos básicos de formação de palavras, a derivação e a composição, apresentam subcategorias, como representado na Figura 3.41.

FIGURA 3.41 – SUBCATEGORIAS DE COMPOSIÇÃO E DERIVAÇÃO

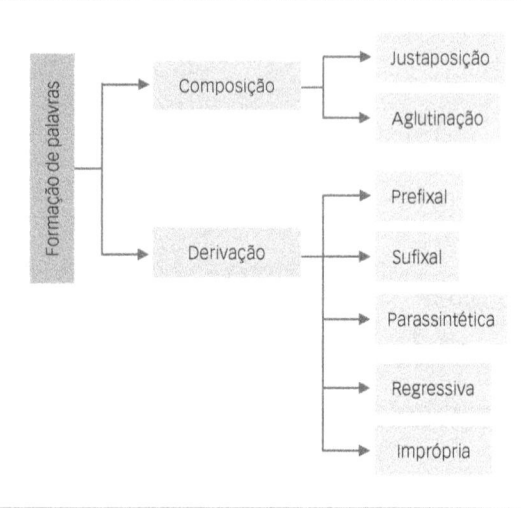

```
Formação de palavras
├── Composição
│   ├── Justaposição
│   └── Aglutinação
└── Derivação
    ├── Prefixal
    ├── Sufixal
    ├── Parassintética
    ├── Regressiva
    └── Imprópria
```

Para entender melhor os processos de formação de palavras, vamos retomar os conceitos básicos de palavras primitivas e derivadas, simples e compostas.

Tradicionalmente, as palavras primitivas são as que não provêm de nenhuma outra palavra existente na língua. Elas possuem somente um radical. Observe a Figura 3.42.

Figura 3.42 – Palavras primitivas

| pedra | ferro | mar | dente |

Por sua vez, as palavras derivadas são as que provêm de outra palavra. Veja os exemplos da Figura 3.43.

Figura 3.43 – Palavras derivadas

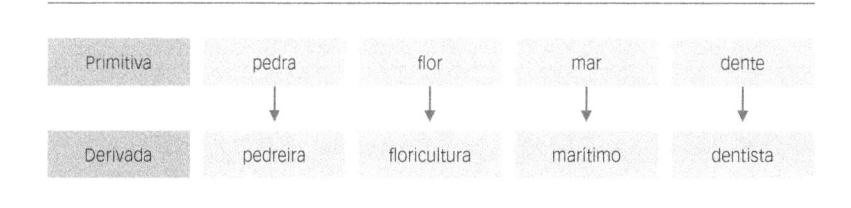

Primitiva	pedra	flor	mar	dente
Derivada	pedreira	floricultura	marítimo	dentista

Já as palavras compostas são formadas pela união de duas ou mais palavras (radicais) distintas e geralmente têm significado diferente dos radicais que lhe dão origem. Alguns exemplos podem ser visualizados na Figura 3.44.

Figura 3.44 – Palavras compostas

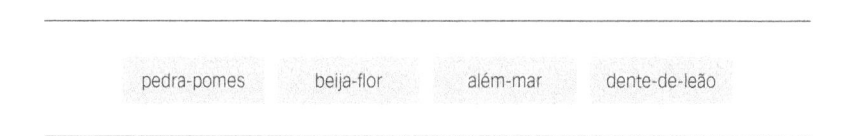

| pedra-pomes | beija-flor | além-mar | dente-de-leão |

Ainda, as palavras compostas podem ou não ser ligadas por hífen, o que pode ser observado nos exemplos indicados no Quadro 3.2.

Quadro 3.2 – Palavras compostas

aguardente	coco-da-baía	feijão-verde	planalto
amor-perfeito	contrassenso	girassol	pontapé
antissocial	couve-flor	guarda-chuva	sobreaviso
autorretrato	criado-mudo	joão-de-barro	mandachuva
autossuficiente	decreto-lei	malmequer	microrregião
bem-me-quer	embora	paraquedas	microssegundo
bem-te-vi	erva-de-cheiro	passatempo	não-me-toques
boa-fé	erva-doce	pernalta	varapau

Importante

Usa-se hífen quando as letras que se tocam são as mesmas. Por exemplo:
- micro-ondas – como são as mesmas letras, usa-se hífen;
- autoescola – como são letras diferentes, não se usa hífen.

Dobra-se o *r* ou o *s* quando a segunda palavra começa com uma dessas letras. Exemplo:
- minissaia.

Antes de "h" também se usa hífen:
- super-homem.

Sempre se usa hífen com os prefixos *ex-* e *vice-*:
- ex-marido;
- vice-presidente.

Na sequência, vamos analisar melhor os processos de composição por justaposição ou por aglutinação.

trêspontocinco
Processo de formação de palavras por justaposição

No processo de justaposição, os radicais não sofrem alteração em sua estrutura. As palavras ficam uma ao lado da outra e sem modificação, sendo que podem ou não levar hífen.

A esse respeito, confira a Figura 3.45 a seguir.

FIGURA 3.45 – PROCESSO DE FORMAÇÃO DE PALAVRAS POR JUSTAPOSIÇÃO

Palavra	+	Palavra	=	Não houve modificação nas palavras
guarda	+	chuva	=	guarda-chuva
auto	+	escola	=	autoescola

trêspontoseis
Processo de formação de palavras por aglutinação

No processo de aglutinação, por sua vez, ocorre algum tipo de alteração na estrutura dos radicais, conforme os exemplos da Figura 3.46.

FIGURA 3.46 – PROCESSO DE FORMAÇÃO DE PALAVRAS POR AGLUTINAÇÃO

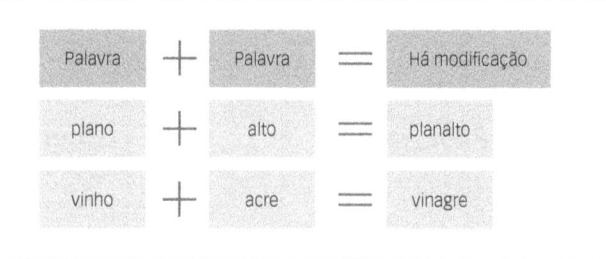

Palavra	+	Palavra	=	Há modificação
plano	+	alto	=	planalto
vinho	+	acre	=	vinagre

Os dois processos de formação de palavras e suas subdivisões serão estudados detalhadamente nos próximos capítulos.

Síntese

Neste capítulo, estudamos a junção de morfemas derivacionais aos radicais das palavras primitivas, o que dá origem às palavras derivadas. Isso ocorre por conta da utilização de afixos, como prefixos e sufixos, e também podemos considerar a infixação. Todavia, a língua conta com outros processos derivacionais, tais como parassintética, regressiva, derivação e imprópria, conforme apresentamos.

Outro ponto interessante que levantamos neste capítulo diz respeito à possibilidade de conhecermos os radicais, prefixos e sufixos gregos e latinos que participam do processo de formação de palavras brasileiras.

> ## Indicações culturais
>
> SUASSUNA, A. *Auto da compadecida*. Rio de Janeiro: Nova Fronteira, 2017.
>
> O AUTO da Compadecida. Direção: Guel Arraes. Brasil, 2000. 104 min.
>
> A peça teatral O *auto da Compadecida* foi escrita por Ariano Suassuna, em 1955, tendo sido adaptada para o cinema, no gênero comé\ença marcante dos mais criativos neologismos. A história da trama versa sobre o tema religioso da moral católica, mas focada no contexto nordestino.

Atividades de autoavaliação

1. As palavras possuem uma estruturação que pode ser composta por radical, vogal temática, afixos e desinências. As desinências são responsáveis por qual informação?
   a. Correspondem à parte fundamental da palavra, contêm um sentido básico e são comuns a determinados grupos de palavras do idioma.
   b. Indicam o gênero (masculino/feminino) e o número (singular/plural) de substantivos, adjetivos e alguns pronomes.
   c. Surgem antes ou depois do radical, alterando sua significação básica.

d. Ocorrem eventualmente entre um morfema e outro por motivos eufônicos, facilitando ou até possibilitando a leitura de uma palavra.
e. São formadas por unidades mínimas que possuem significado.

2. Para a formação de novos termos, há vários processos inerentes ao neologismo. Alguns deles são incorporados à língua, ao passo que outros acabam esquecidos com o tempo. Diante do exposto, quais as três denominações que devem se aplicar para atestar a permanência ou não de um neologismo?
a. Ser instantâneo, transitório ou permanente.
b. Ser momentâneo, efêmero ou imutável.
c. Ser momentâneo, transitório ou permanente.
d. Ser instantâneo, efêmero ou imutável.
e. Ser momentâneo, efêmero ou imutável.

3. A abreviatura é utilizada para promover o encurtamento de uma palavra. Frequentemente termina com um ponto-final, o que indica sua redução. A esse respeito, assinale a alternativa que apresenta como ocorre o processo de abreviatura para a maioria das palavras:
a. Para sua realização, usa-se a primeira sílaba da palavra com a primeira letra da segunda sílaba, caso seja uma consoante.
b. Basta diminuir uma palavra em algumas sílabas.
c. A abreviatura se dá por meio do uso do prefixo.
d. Ocorre com o uso das letras iniciais que compõem o nome.
e. Trata-se de soma de algumas sílabas ou de partes dos vocábulos de um título.

4. Qual é o tipo de operação que se utiliza dos processos de prefixação, sufixação, circunfixação ou parassíntese e infixação?
a. Aditivo.
b. Afixação.
c. Reduplicação.
d. Subtrativo.
e. Redução.

5. No neologismo literário, as palavras ganham nova vida graças à criatividade de escritores, poetas e compositores. Nesse sentido, a linguagem serve como um componente estético, e não puramente linguístico. Considerando o exposto, assinale a seguir a alternativa que apresenta um neologismo literário:
a. Ele está levado um bolo.
b. Não gosto do tic-tac do relógio.
c. Nunca como em *fast-food*.
d. Ela fez um gato naquela rede do vizinho!
e. Na brusquidade do gesto instintivo...

Atividades de aprendizagem

Questões para reflexão

1. Os neologismos são recursos utilizados por muitos escritores brasileiros em suas obras da literatura nacional. Em que medida você acredita que essas expressões auxiliam na construção da literariedade dos textos?

2. Ainda sobre os neologismos, você acredita que a utilização desses recursos nos permite afirmar que a língua portuguesa é tão vasta e rica que se torna possível criar novas palavras para expressar o que queremos?

Atividade aplicada: prática

1. Propomos uma atividade que se vincula à indicação cultural referente à obra *O auto da Compadecida*, de Ariano Suassuna. Procure assistir ao filme e perceba como os neologismos criados pelo escritor paraibano contribuem para a rica construção temática da obra.

um	Introdução à morfologia
dois	Os morfemas
três	Processos morfológicos de formação de palavras
# **quatro**	**Morfologia e os processos de derivação**
cinco	Estruturas morfológicas
seis	Formação dos morfemas flexionais e derivacionais

{

> *A ideia de vida com propósito retoma um princípio do pensador alemão Karl Marx, do século XIX: a recusa à alienação. Alienado é aquele que não pertence a si mesmo. Em latim eram usadas duas expressões para falar do não eu. O eu é ego. E o não eu pode ser alter, que é "o outro", ou alius, que é "o estranho", de onde vêm "alienígena", "alheio", "alienação".*
>
> (Cortella, 2016, p. 8)

ESTE CAPÍTULO ESTÁ direcionado aos processos de derivação, com especial ênfase nas derivações prefixal, sufixal, imprópria, regressiva e parassintética. Observe que, embora esta obra não possua uma linearidade abotoada, ela segue, sim, um norte. Todavia, retomaremos o que já foi estudado a fim de complementar cada vez mais os processos de conhecimento e aprendizado da língua.

quatropontoum
Processos de derivação

Como já sabemos, existem diferentes processos de combinação de morfemas para formar novas palavras. Os principais processos de formação são a derivação e a composição.

A derivação é o processo pelo qual palavras novas são criadas a partir de outras já existentes na língua, com sentido modificado. São somados afixos às palavras primitivas, as quais passam a ser denominadas *derivadas*.

Para ocorrer a derivação, os afixos se juntam ao radical. Por isso, conhecer os afixos que dão origem às palavras é muito importante, pois ajuda no entendimento dos vocábulos. Por exemplo, na matemática, as figuras geométricas têm nomes de acordo com o número de lados (Figura 4.1).

Figura 4.1 – Afixos

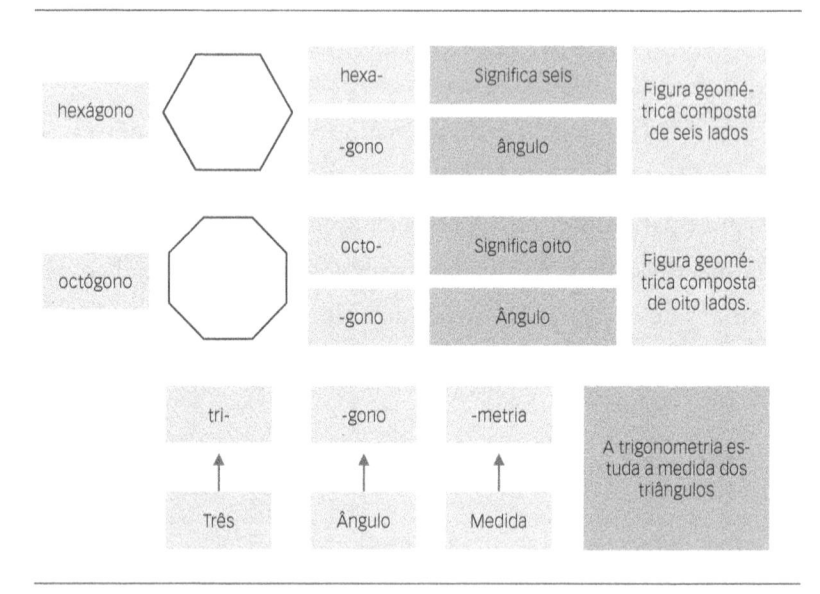

hexágono	hexa-	Significa seis	Figura geométrica composta de seis lados
	-gono	ângulo	
octógono	octo-	Significa oito	Figura geométrica composta de oito lados.
	-gono	Ângulo	
tri- (Três)	-gono (Ângulo)	-metria (Medida)	A trigonometria estuda a medida dos triângulos

Já na área da saúde, várias palavras são formadas por meio de derivação. Observe a Figura 4.2.

Figura 4.2 – Derivação

```
rin- nariz      →   rinite    ←┐
gaster- estômago →  gastrite  ←┤  -ite
hepar- fígado   →   hepatite  ←┘
                                 ↑
                              inflamação
```

O processo de derivação das palavras ocorre quanto morfemas são unidos aos radicais de palavras, dando origem a outras. Vamos analisar o que os estudiosos da língua definem como derivação.

Rocha Lima (1978, p. 179) define a derivação da seguinte forma:

> *Derivação é o processo pelo qual de uma palavra se formam outras, por meio de agregação de certos elementos que lhe alteram o sentido – referido sempre, contudo, à significação da palavra primitiva. Tais elementos se chamam* prefixos *ou* sufixos, *segundo se coloquem antes ou depois de palavra derivante.*

É importante ressaltar que, no século XX, o ensino seguiu essa gramática como embasamento para o ensino da língua, assim como outras. A esse respeito, Ali (1966, p. 229) postula que a derivação *toma palavras existentes e lhes acrescenta certos elementos formativos com que adquirem sentido novo, referindo, contudo, ao significado da palavra primitiva. Postos estes elementos no fim do vocábulo derivante (geralmente com a supressão prévia da terminação deste) chamam-se sufixos, e o processo de formação toma o nome particular de derivação sufixal. Elementos formativos existem diferentes destes, que se colocam antes da palavra derivante, e se chamam prefixos; tal processo é o da derivação prefixal.*

Por sua vez, Basílio (2004, p. 30) instrui que a mudança de uma classe de palavra para outra se dá fundamentalmente por meio do processo morfológico de derivação: "O processo de derivação consiste na adição de um afixo (sufixo ou prefixo) a uma base ou radical para a formação de uma palavra. A estrutura da forma derivada é a estrutura geral da adição de um afixo a uma base ou radical; a base é determinada gramaticalmente ou semanticamente pelo afixo".

A gramática de Bechara (2009, p. 216) apresenta a seguinte definição: "Derivação consiste em formar palavras de outra primitiva por meio de afixos. [...] Os afixos se dividem, em português, em prefixos (se vêm antes do radical) ou sufixos (se vêm depois)". Mesmo mantendo somente o prefixo e o sufixo como partes da derivação, o autor apresenta mais detalhes sobre o processo de formação de palavras.

Eduardo Carlos Pereira (1940, p. 177-186, grifo do original) apresenta a seguinte definição:

> *Derivação, em geral, é o processo pelo qual de umas palavras se originam outras chamadas DERIVADAS. Em relação a estas chamam-se aquelas PRIMITIVAS. Há dois processos de derivação: 1ª DERIVAÇÃO PRÓPRIA, 2º DERIVAÇÃO IMPRÓPRIA. A DERIVAÇÃO PRÓPRIA faz-se por meio de sufixos que, aglutinados ao tema das palavras primitivas, lhes modificam a significação, determinando-a, p. ex.: guerr + ear, guerr + eiro, guerr + ilha. [...] Chama-se DERIVAÇÃO IMPRÓPRIA a mudança que sofre uma palavra no sentido ou na categoria gramatical sem intervenção de sufixos.*

Pereira (1940) aborda a diferença entre derivação própria e imprópria. Com isso, podemos compreender que as gramáticas de Said Ali, Rocha Lima, Bechara e Pereira fazem parte de uma visão descritiva do ensino da língua.

Perceba, agora, o que traz o pesquisador Mattoso Camara Jr. (1997, p. 92) a respeito do processo derivacional:

> *Estruturação de um vocábulo, na base de outro, por meio de um morfema que não corresponde a um vocábulo e introduz no semantema uma ideia acessória que não muda a significação fundamental. Em português, os morfemas segmentais nestas condições são os que se pospõem ao semantema e entram pois na classe de sufixo. Os que se antepõem ao semantema, na classe de prefixo, salvo nos derivados parassintéticos, correspondem a preposições, portuguesas ou latinas, e alteram fundamentalmente a significação do semantema; são por isso incluídos de preferência no processo da composição, embora muitos gramáticos incluam sufixos e prefixos na derivação, que passa a ser sufixal e prefixal.*

O grande diferencial que Camara Jr. apresenta consiste na diferença entre radical e prefixo. Retomados tais conceitos históricos, avançaremos ao processo de derivação, como já visto no Capítulo 2, que pode acontecer por:

- **Derivação prefixal**: Acontece quando há o acréscimo de um afixo para a criação de uma nova palavra. Esse afixo é acrescentado antes do radical.
- **Derivação sufixal**: Quando os afixos são posicionados depois do radical, para a formação de novas palavras, são denominados *sufixos*.
- **Derivação prefixal e sufixal**: Ocorre quando há prefixação e sufixação simultaneamente, mas não de forma obrigatória.
- **Derivação parassintética**: Dá-se quando há, obrigatoriamente, prefixação e sufixação simultaneamente.
- **Derivação imprópria**: Também chamada de *conversão*, surge quando há mudança de classe gramatical para a formação de nova palavra. Isto é, uma mesma palavra é utilizada em outro contexto.
- **Derivação regressiva**: Acontece quando há um processo de redução na palavra primitiva.

Nas imagens a seguir, podemos visualizar exemplos de cada um desses casos.

FIGURA 4.3 – DERIVAÇÃO PREFIXAL (OU DERIVAÇÃO)

Prefixo	+	Radical	=	Derivação prefixal
des-		leal		desleal
anti-		inflamatório		anti-inflamatório
re-		salvar		ressalvar

Prefixo	+	Prefixo	+	Radical	=	Derivação prefixal
re-		com-		por		recompor

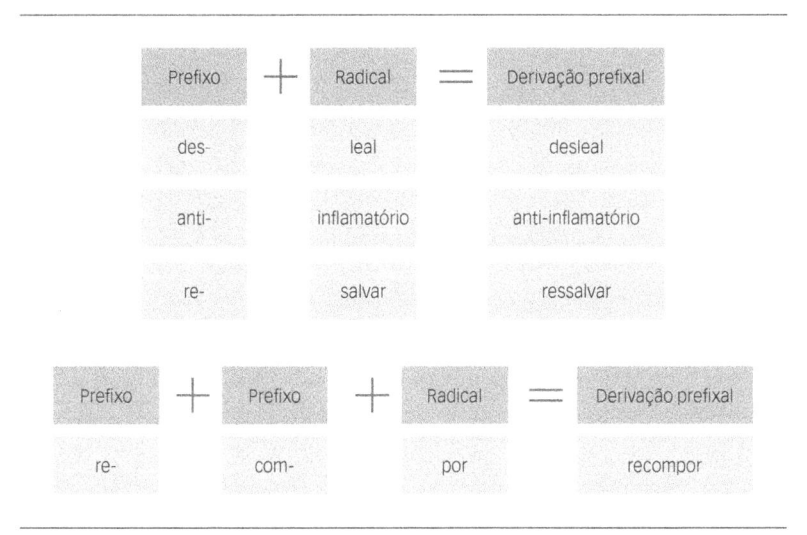

FIGURA 4.4 – DERIVAÇÃO SUFIXAL (OU SUFIXAÇÃO)

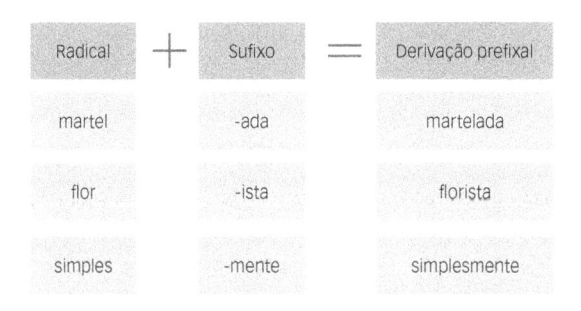

Radical	+	Sufixo	=	Derivação prefixal
martel		-ada		martelada
flor		-ista		florista
simples		-mente		simplesmente

FIGURA 4.5 – DERIVAÇÃO PREFIXAL E SUFIXAL

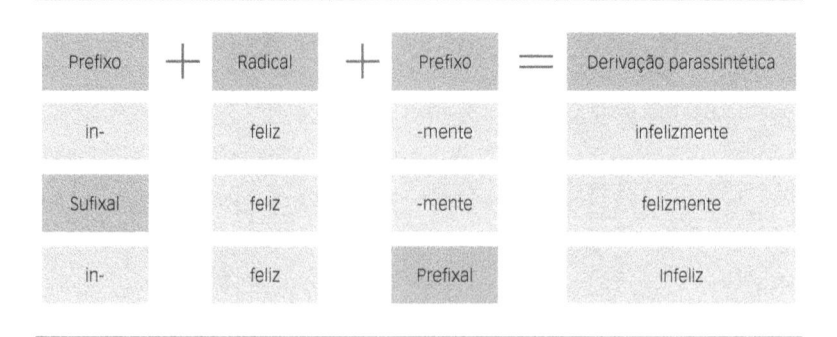

Prefixo	+	Radical	+	Prefixo	=	Derivação parassintética
in-		feliz		-mente		infelizmente
Sufixal		feliz		-mente		felizmente
in-		feliz		Prefixal		Infeliz

FIGURA 4.6 – DERIVAÇÃO PARASSINTÉTICA

Prefixo	+	Radical	+	Prefixo	=	Derivação parassintética
a-		bot		-oar		abotoar
a-		temor		-izar		atemorizar
en-		vaid		-ecer		envaidecer
es-		voa		-çar		esvoaçar

Figura 4.7 – Derivação imprópria

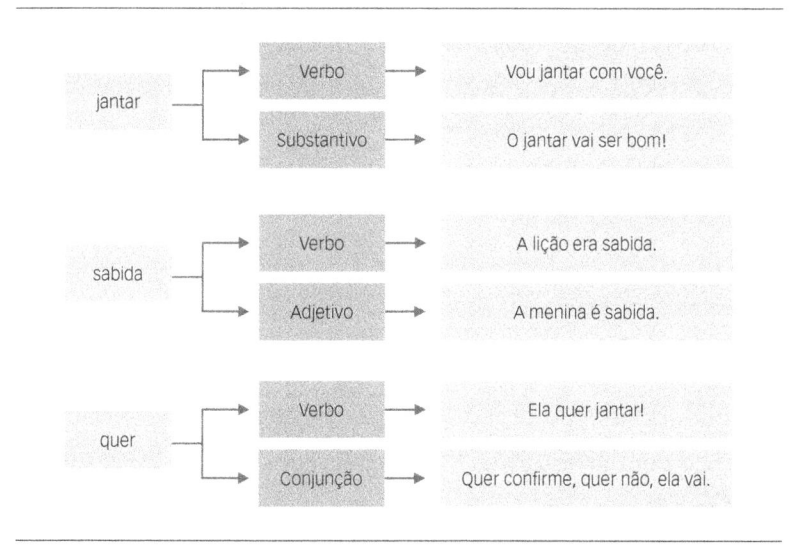

jantar
- Verbo → Vou jantar com você.
- Substantivo → O jantar vai ser bom!

sabida
- Verbo → A lição era sabida.
- Adjetivo → A menina é sabida.

quer
- Verbo → Ela quer jantar!
- Conjunção → Quer confirme, quer não, ela vai.

Figura 4.8 – Derivação regressiva

Verbo	→	Substantivo
ajudar	ajudaʀ	ajuda
beijar	beijaʀ	beijo
amassar	amassaʀ	amasso
chorar	choraʀ	choro

Observe que, a partir de um verbo, pode-se formar uma nova palavra. Há um grande número de substantivos derivados de verbos, denominados *deverbais*, o que significa que são palavras resultantes da subtração de um segmento terminal.

quatropontodois
Afixos

Como você deve ter percebido, os afixos (Figura 4.9) são elementos importantes no processo de derivação e se desenvolvem em paralelo com os radicais. São classificados em prefixos, sufixos, infixos e circunfixos.

FIGURA 4.9 – CLASSIFICAÇÃO DOS AFIXOS

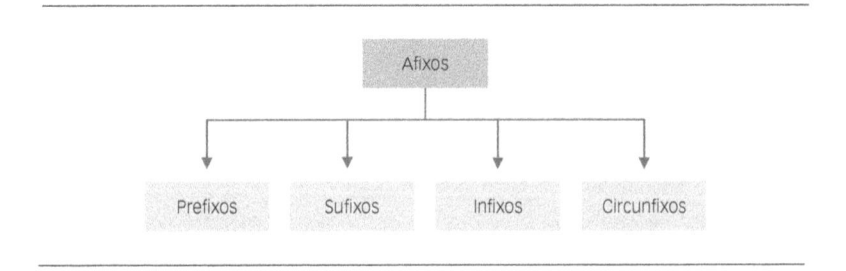

```
                    Afixos
        ┌─────────┬────────┬─────────┐
     Prefixos  Sufixos  Infixos  Circunfixos
```

Prefixos

Já estudamos que os prefixos surgem antes do radical e geralmente acompanham adjetivos, verbos e substantivos (deverbais). Observe as análises a seguir (Figuras 4.10 e 4.11).

FIGURA 4.10 – PREFIXO

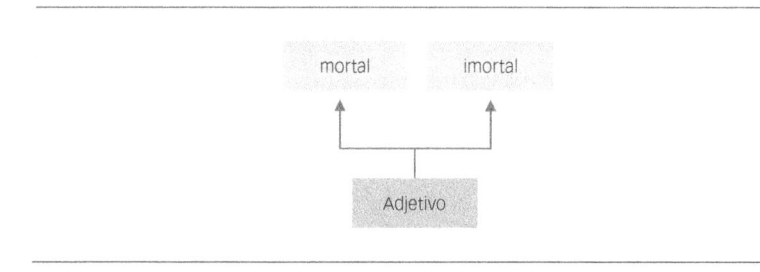

```
        mortal        imortal
           ↑             ↑
           └──────┬──────┘
              Adjetivo
```

FIGURA 4.11 – PREFIXO + RADICAL

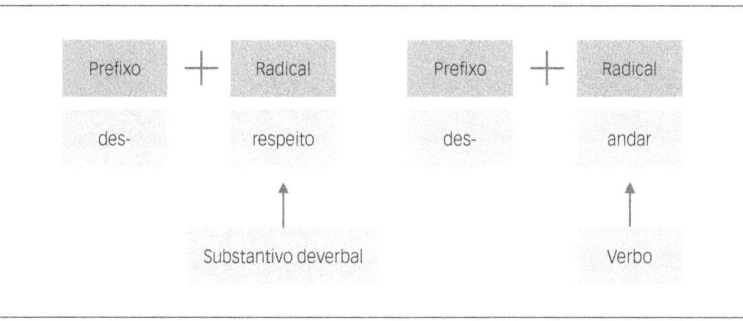

```
Prefixo  +  Radical        Prefixo  +  Radical
 des-       respeito         des-       andar
              ↑                           ↑
     Substantivo deverbal               Verbo
```

Também é possível verificar que os prefixos não mudam a classe gramatical do radical ao qual se ligam, somente modificam o significado da palavra.

Cabe citar Coutinho (1976), que estuda os prefixos empregados de forma popular, coloquial, diferentemente dos eruditos que têm origem grega ou latina. Tais prefixos são denominados *expletivos* ou *inexpletivos* (Figura 4.12).

FIGURA 4.12 – VALOR DO PREFIXO

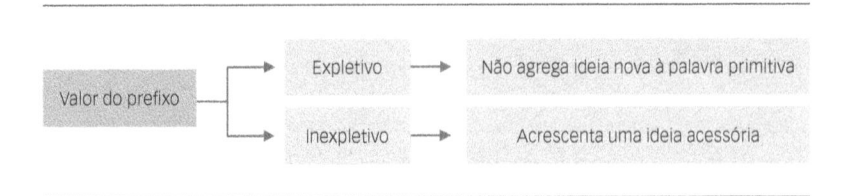

```
                          ┌─→ Expletivo  ─→ Não agrega ideia nova à palavra primitiva
    Valor do prefixo  ────┤
                          └─→ Inexpletivo ─→ Acrescenta uma ideia acessória
```

Nas imagens a seguir, acompanhe alguns exemplos de prefixos expletivos (Figura 4.13) e inexpletivos (Figura 4.14).

FIGURA 4.13 – PREFIXOS EXPLETIVOS

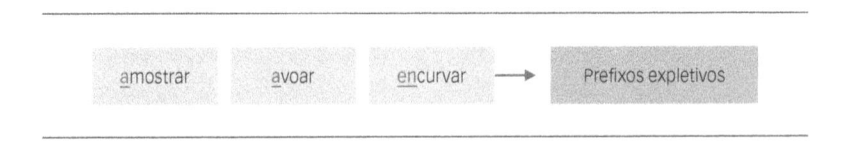

amostrar | avoar | encurvar → Prefixos expletivos

FIGURA 4.14 – PREFIXOS INEXPLETIVOS

opor | bendizer | introduzir → Prefixos inexpletivos

Ao analisarmos os exemplos, compreendemos que os expletivos realçam o sentido da palavra, ao passo que os inexpletivos são meramente acessórios.

Sufixos

Os afixos postos depois do radical, chamados de *sufixos*, são as menores unidades dotadas de significado (morfemas) que se agregam ao radical, dando-lhe novo sentido. Além disso, eles têm a capacidade de transformar a classe gramatical de determinadas palavras.

Alguns autores afirmam que os sufixos não têm significado, denominando-os *formas presas*. Entretanto, outros refutam essa afirmação, postulando que os sufixos possuem significado, visto que apresentam uma ideia acessória que marca determinada categoria, como profissão, doutrina, qualidade etc., além de indicarem aumentativo, diminutivo, ação, entre outros.

Os sufixos modificam o significado do radical a que se juntam ou a classe gramatical das palavras. A esse respeito, observe os exemplos na Figura 4.15.

FIGURA 4.15 – SUFIXO I

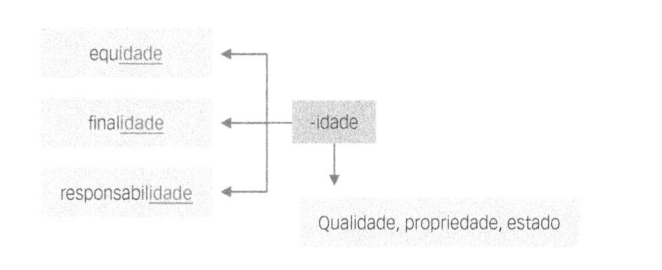

- equi*dade*
- finali*dade*
- responsabili*dade*

-idade

Qualidade, propriedade, estado

Na Figura 4.16, é possível visualizar exemplo de uso do termo *equidade*.

FIGURA 4.16 – IGUALDADE E EQUIDADE

Agora, observe o uso do sufixo *-ez* na Figura 4.17.

FIGURA 4.17 – SUFIXO II

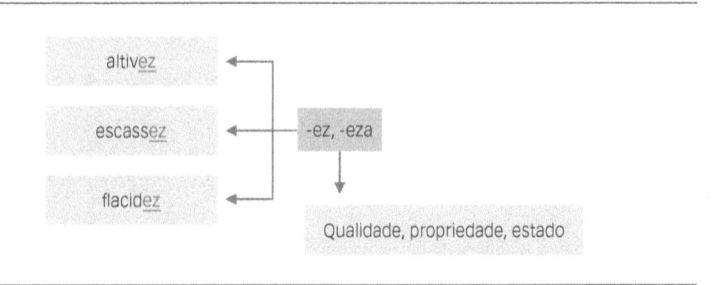

Observe que o sufixo pode exprimir também ação ou noção de coletivo (Figura 4.18).

FIGURA 4.18 – SUFIXO DE AÇÃO OU NOÇÃO DE COLETIVO

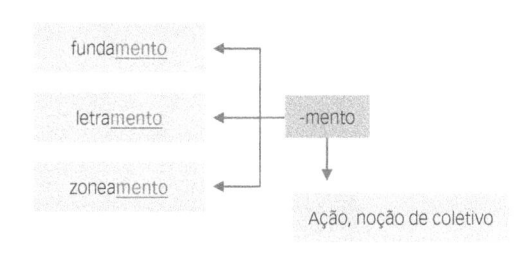

fundamento ←
letramento ← -mento
zoneamento ←
                    ↓
          Ação, noção de coletivo

Conhecer os afixos ajuda na ampliação e na compreensão semânticas. Por isso, é importante ter atenção quando eles são utilizados e buscar entender sua origem, para conhecer os aspectos históricos da língua portuguesa.

Para auxiliar em suas pesquisas, no "Apêndice A" deste livro você encontra uma lista completa dos afixos gregos e latinos.

Circunfixo ou parassíntese

Os afixos que apresentam duas posições, antes e depois do radical, são denominados *circunfixos* ou *confixos*. Observe o exemplo exposto na Figura 4.19.

FIGURA 4.19 – VÍCIOS DE INCONSTITUCIONALIDADE

VÍCIO DE INCONSTITUCIONALIDADE

FORMAL
FERE REGRAS OU PROCEDIMENTO PREVISTO NA CONSTITUIÇÃO PARA ELABORAÇÃO DE UMA NORMA.

MATERIAL
FERE O CONTEÚDO, PRINCÍPIOS, DIREITOS E GARANTIAS ASSEGURADOS PELA CONSTITUIÇÃO.

#DireitoFacil
TJDFT

FONTE: TJDFT, 2020.

Observe que o termo *inconstitucional* é formado por prefixo e sufixo ao mesmo tempo (Figura 4.20).

FIGURA 4.20 – PREFIXO E SUFIXO AO MESMO TEMPO

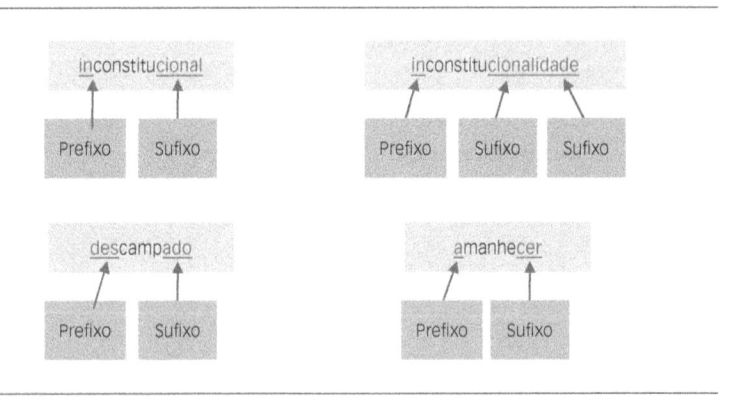

inconstitucional
Prefixo | Sufixo

inconstitucionalidade
Prefixo | Sufixo | Sufixo

descampado
Prefixo | Sufixo

amanhecer
Prefixo | Sufixo

Considerando os exemplos, podemos perceber que não há como retirar os elementos inicial e/ou final dos termos.

Infixos

Os infixos representam os morfemas posicionados no interior de uma palavra. Contudo, os linguistas não chegaram a um consenso sobre sua existência.

Observe na Figura 4.21 uma análise de infixos.

FIGURA 4.21 – INFIXOS

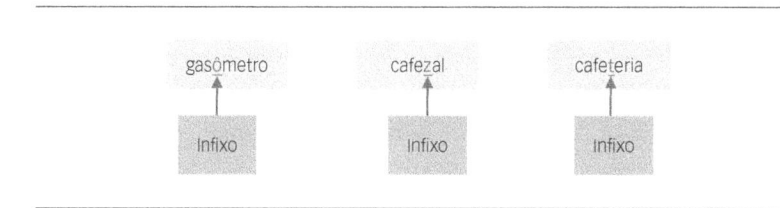

```
gasômetro        cafezal          cafeteria
   ↑                ↑                 ↑
 Infixo           Infixo            Infixo
```

Bechara (2009) alerta para que não se confunda infixo com as vogais e consoantes desprovidas de significação. Ou seja, não se pode confundir infixos com interfixos. Estes surgem entre o radical, o tema ou a palavra que se junta a um afixo para formar um vocábulo. Isto é, os interfixos são vazios e têm caráter morfológico com papel fonológico. Por fim, ocorrem com consoantes e vogais de ligação, como podemos perceber no esquema a seguir (Figura 4.22).

Figura 4.22 – Interfixos

| cafézinho | tecelão | chaleira |

Os infixos não aparecem na Nomenclatura Gramatical Brasileira (NGB), a qual registra somente os prefixos e sufixos.

Ainda, a infixação pode ser verbal ou nominal, conforme expõem as Figuras 4.23 e 4.24.

Figura 4.23 – Infixação I

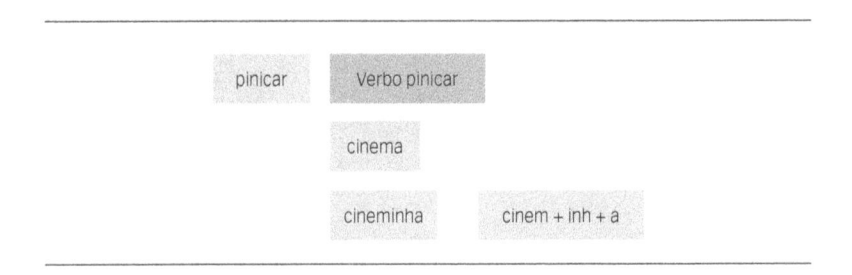

pinicar	Verbo pinicar
cinema	
cineminha	cinem + inh + a

O mesmo processo se dá com as palavras *samba* e *problema* (Figura 4.24).

Figura 4.24 – Infixação II

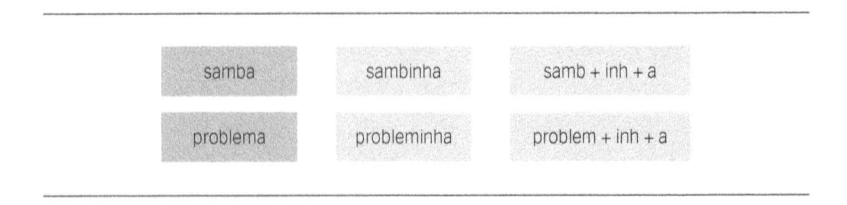

| samba | sambinha | samb + inh + a |
| problema | probleminha | problem + inh + a |

Ante as várias concepções apresentadas, ressaltamos que o mais importante não é a posição que o afixo ocupa, mas sim a função gramatical que desempenha.

Ao se juntarem ao radical, os afixos podem ser categorizados em predicadores, modificadores ou especificadores (Figura 4.25).

FIGURA 4.25 – FUNÇÃO DOS AFIXOS

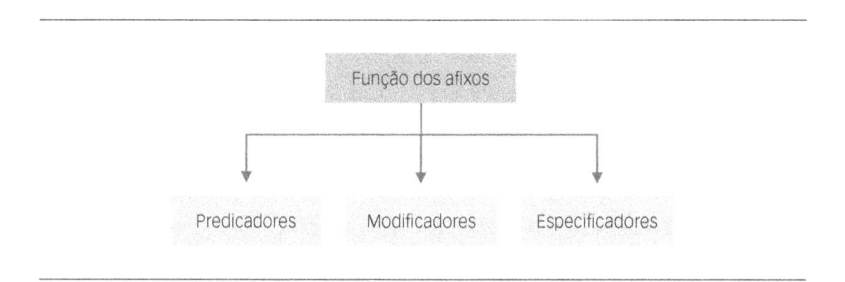

```
                    Função dos afixos
                           |
        ┌──────────────────┼──────────────────┐
        ▼                  ▼                  ▼
   Predicadores      Modificadores      Especificadores
```

Os **afixos predicadores** ou derivacionais formam novos radicais, determinando suas propriedades gramaticais e formando substantivos, adjetivos, verbos e advérbios. Veja alguns exemplos de sufixo predicador de substantivação nos esquemas a seguir (Figuras 4.26 e 4.27).

FIGURA 4.26 – AFIXOS PREDICADORES I

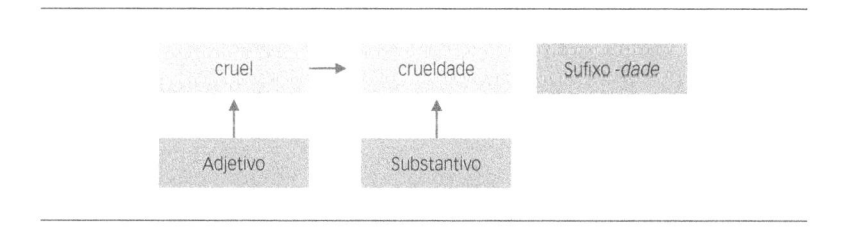

```
     cruel    ──────▶    crueldade          Sufixo -dade
       ▲                     ▲
       |                     |
    Adjetivo              Substantivo
```

Figura 4.27 – Afixos predicadores II

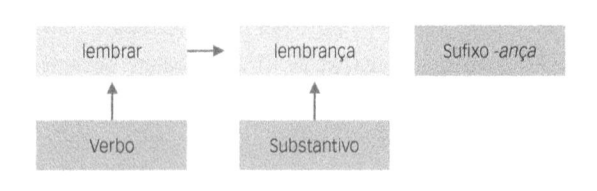

```
lembrar  →  lembrança     Sufixo -ança
  ↑            ↑
Verbo      Substantivo
```

Já os **afixos modificadores** surgem em estruturas de transformação morfológica. Eles alteram a informação semântica do núcleo por meio de prefixos e sufixos, não intervindo em nenhuma das propriedades gramaticais.

A esse respeito, observe a Figura 4.28.

Figura 4.28 – Informação semântica

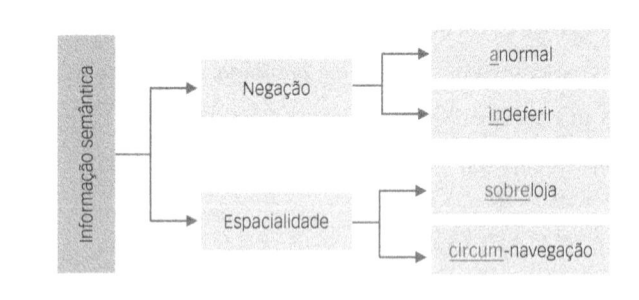

```
                        ┌─ anormal
            ┌─ Negação ─┤
Informação  │           └─ indeferir
semântica ──┤
            │                ┌─ sobreloja
            └─ Espacialidade ┤
                             └─ circum-navegação
```

Por sua vez, os **afixos especificadores** são sufixos de natureza morfológica e não interferem na categoria sintática. A vogal de ligação, que ocorre nos compostos morfológicos, também é um especificador morfológico.

Para exemplificar, acompanhe a Figura 4.29.

FIGURA 4.29 – AFIXOS ESPECIFICADORES

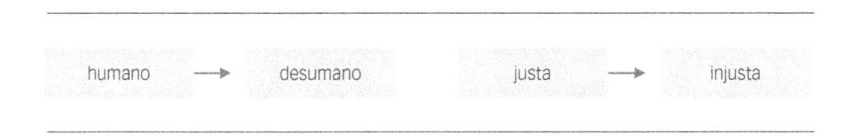

humano → desumano   justa → injusta

Como podemos perceber, várias palavras são compostas com afixos gregos e latinos, sendo chamadas de *compostos eruditos*. Visualize a Figura 4.30 para relembrar a posição de cada um dos termos na oração.

FIGURA 4.30 – PREFIXO, RADICAL E SUFIXO

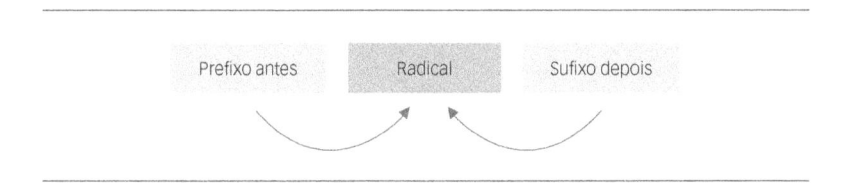

Prefixo antes   Radical   Sufixo depois

Os principais prefixos da língua portuguesa são de origem latina. Confira a seguir.

FIGURA 4.31 – PREFIXO I

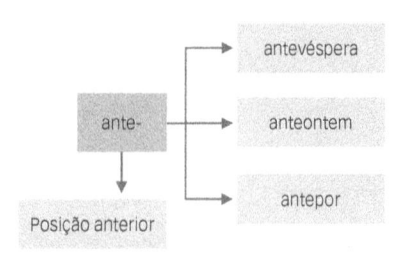

- ante- → antevéspera
- ante- → anteontem
- ante- → antepor
- ante- ↓ Posição anterior

FIGURA 4.32 – PREFIXO II

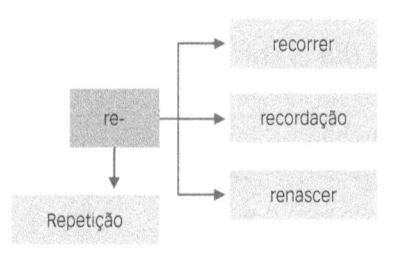

- re- → recorrer
- re- → recordação
- re- → renascer
- re- ↓ Repetição

FIGURA 4.33 – PREFIXO III

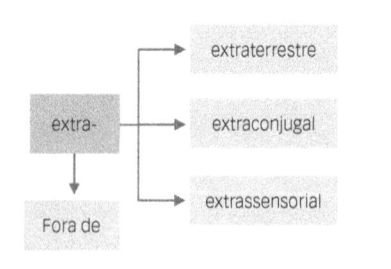

- extra- → extraterrestre
- extra- → extraconjugal
- extra- → extrassensorial
- extra- ↓ Fora de

Os prefixos gregos formam palavras eruditas e são muito utilizados na área científica, conforme é possível observar a seguir.

FIGURA 4.34 – PREFIXO IV

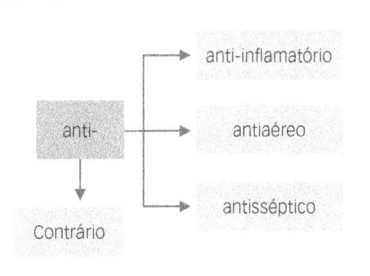

```
                    ┌──► anti-inflamatório
          ┌──────┐  │
          │ anti-├──┼──► antiaéreo
          └──┬───┘  │
             │      └──► antisséptico
             ▼
          Contrário
```

FIGURA 4.35 – PREFIXO V

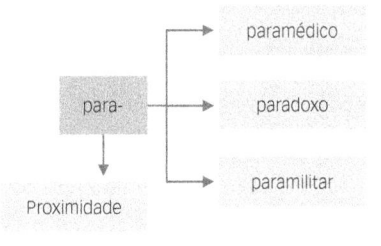

```
                    ┌──► paramédico
          ┌──────┐  │
          │ para-├──┼──► paradoxo
          └──┬───┘  │
             │      └──► paramilitar
             ▼
         Proximidade
```

Figura 4.36 – Prefixo VI

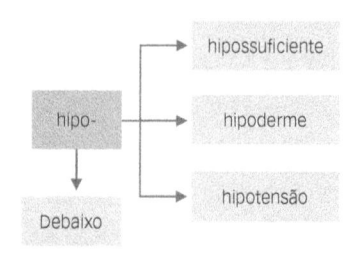

```
         ┌──► hipossuficiente
hipo- ───┼──► hipoderme
  │      └──► hipotensão
  ▼
Debaixo
```

quatropontotrês
Radicais

O radical representa o núcleo de uma palavra, determinando o seu conteúdo semântico e as suas propriedades gramaticais. Trata-se de um morfema lexical, de um semantema. É a base de significação das palavras cognatas, isto é, das palavras da mesma família. Para exemplificar, observe a Figura 4.37.

Figura 4.37 – Palavras cognatas I

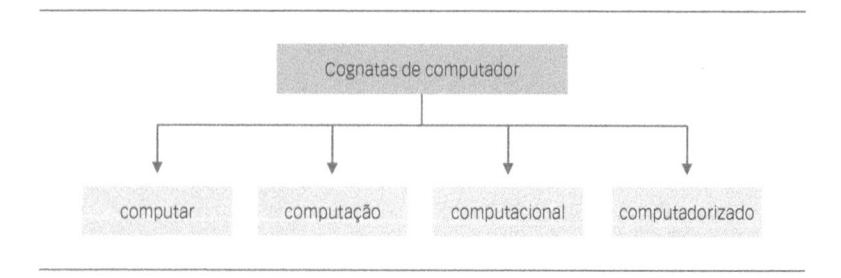

```
          Cognatas de computador
        ┌──────┬──────┬──────┬──────┐
        ▼      ▼      ▼      ▼
    computar computação computacional computadorizado
```

Mais exemplos podem ser visualizados na Figura 4.38.

FIGURA 4.38 – PALAVRAS COGNATAS II

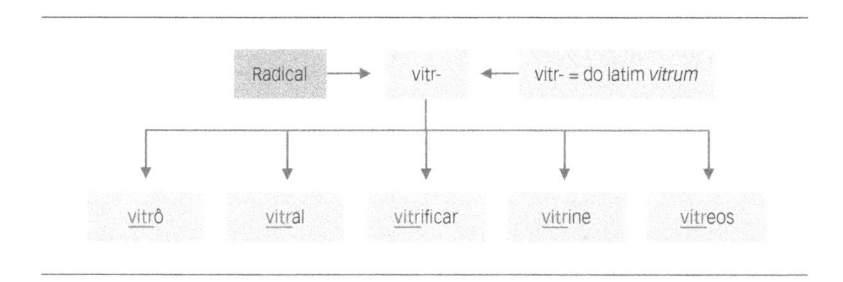

Radical → vitr- ← vitr- = do latim *vitrum*

vitrô | vitral | vitrificar | vitrine | vítreos

O radical *vitr-* é alomorfe, pois apresenta pequenas variações em sua estrutura (Figura 4.39).

FIGURA 4.39 – ALOMORFIA

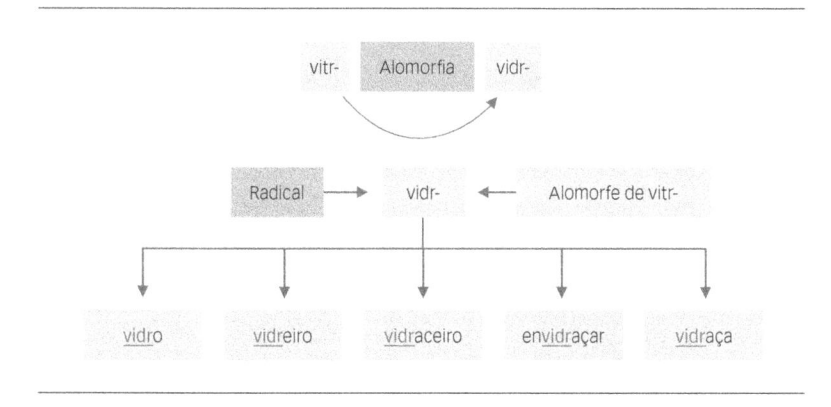

vitr- Alomorfia vidr-

Radical → vidr- ← Alomorfe de vitr-

vidro | vidreiro | vidraceiro | envidraçar | vidraça

Cabe ressaltar que os radicais apresentam características sintáticas. Assim, por exemplo, um radical é substantival quando a palavra que a ele se refere é um substantivo. O mesmo ocorre com radicais adjetivais, verbais e adverbiais.

Veja alguns exemplos na Figura 4.40.

FIGURA 4.40 – TIPOS DE RADICAIS

Radical substantival →	pedra	casa	carro
Radical adjetival →	claro	bonito	grande
Radical verbal →	amar	falar	estudar

Também existem os radicais nominais, que abrangem as categorias dos substantivos e adjetivos, como pode ser observado na oração a seguir (Figura 4.41).

FIGURA 4.41 – RADICAIS NOMINAIS

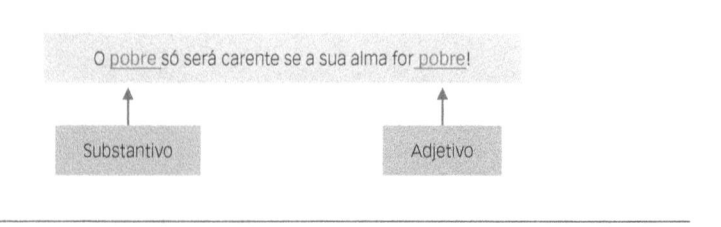

O pobre só será carente se a sua alma for pobre!
↑ Substantivo ↑ Adjetivo

O termo *pobre* tem o mesmo radical, mas se refere às categorias nominais substantivo e adjetivo.

Os radicais são denominados *simples* quando são únicos na palavra; consequentemente, as palavras simples são formadas por um único radical, sem afixos derivacionais, embora possam apresentar afixos flexionais (Figura 4.42).

FIGURA 4.42 – RADICAIS SIMPLES

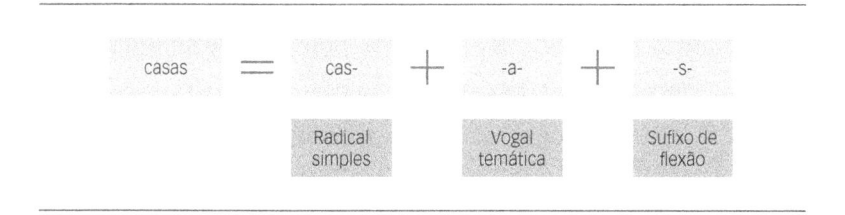

casas	=	cas-	+	-a-	+	-s-
		Radical simples		Vogal temática		Sufixo de flexão

Já os radicais *complexos* são formados por derivação ou por composição e apresentam afixos derivacionais ou mais de um radical. Há radicais que só existem na formação de palavras complexas, como nos exemplos a seguir (Figura 4.43).

FIGURA 4.43 – RADICAIS COMPLEXOS

Radical em palavra simples	Radical em palavra complexa	Radical só em palavra complexa
livro	livraria	Bíblia
peixe	peixeiro	psicultura

Os radicais *biblio-* e *pisci-* só são utilizados em palavras complexas, ou seja, não existem como radicais de palavras simples.

Os radicais simples frequentemente são vernáculos, formados pela própria língua. Por sua vez, os complexos, também denominados *neoclássicos*, são construídos com bases presas de origem grega ou latina. Nos apêndices desta obra há uma lista desses radicais.

As palavras com radicais neoclássicos são recorrentes na morfologia de muitas línguas além das neolatinas (português, espanhol, francês, italiano e romeno) – poderíamos denominá-los *vocabulários universais*. Essa realidade permite a padronização de vários termos técnicos e suas classificações, o que facilita o estudo e a análise internacional. Vamos analisar alguns exemplos presentes na Figura 4.44).

Figura 4.44 – Radicais neoclássicos

Português	Francês	Romeno	Inglês	Alemão
biólogo	biologiste	biolog	biologist	Biologe
centímetro	centimètre	centimetru	centimeter	Zentimeter

Observe que há radicais com mecanismos semelhantes, o que ajuda no entendimento universal dos termos. Dessa forma, o conhecimento da composição neoclássica amplia as fronteiras da compreensão das palavras.

No início de cada capítulo desta obra há uma citação de Cortella (2016), sempre com um termo latino que é utilizado com frequência.

Derivação e flexão

Na língua portuguesa, o fenômeno da flexão (ou inflexão) das palavras consiste nas modificações de um vocábulo que expressam as categorias gramaticais e as conjunções de modo, tempo, voz, pessoa, número, gênero e caso. É interessante saber que as línguas são classificadas pela flexão que apresentam, conforme expõe a Figura 4.45.

FIGURA 4.45 – GRAU DE INFLEXÃO

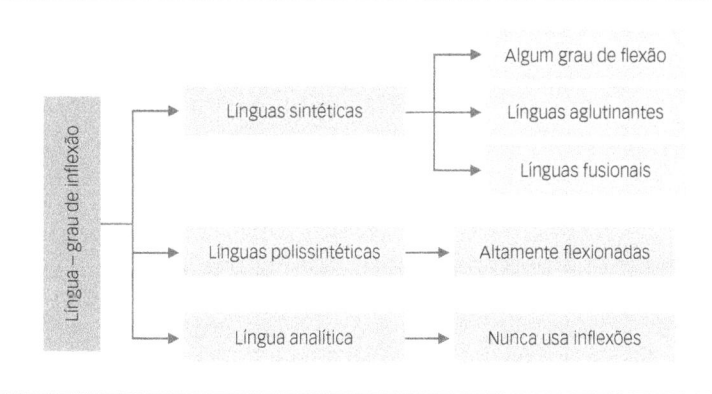

```
                                    ┌──→ Algum grau de flexão
                  ┌──→ Línguas sintéticas ──→ Línguas aglutinantes
Língua –          │                 └──→ Línguas fusionais
grau de inflexão ─┼──→ Línguas polissintéticas ──→ Altamente flexionadas
                  └──→ Língua analítica ──→ Nunca usa inflexões
```

+ **Línguas sintéticas:** Apresentam as palavras com morfemas aglutinados com caráter sintético – daí a sua denominação. As palavras são formadas por diferentes morfemas, como é o caso da língua portuguesa e das línguas indo-europeias. Elas subdividem-se em aglutinantes e fusionais.

- **Línguas aglutinantes ou aglutinativas:** Formam palavras pela união de morfemas. Cada afixo representa uma unidade significativa.
- **Línguas fusionais ou flexivas:** Apresentam afixos e recorrem à flexão de afixos de difícil identificação, como na língua espanhola.
- **Línguas polissintéticas ou incorporantes:** Representadas por palavras compostas por muitos morfemas, isto é, são altamente flexionadas.
- **Línguas analíticas ou isolantes:** Possuem morfemas livres, os quais têm significação própria. O chinês falado é o maior exemplo de língua analítica.

Diante do exposto, vale refletir sobre o que vêm a ser flexão e derivação. Vamos retomar os conceitos básicos de flexão.

A **flexão de gênero** é responsável pela indicação de gênero das palavras das classes de substantivo, adjetivo, artigo, pronome e numeral. A esse respeito, observe a Figuras 4.46.

FIGURA 4.46 – CAPA DO LIVRO *MINHAS DUAS MENINAS*

FONTE: RIBEIRO, T. **Minhas duas meninas**. São Paulo: Companhia das Letras, 2016. Capa.

Na expressão *duas meninas*, há flexão de gênero e número, como indicado a seguir (Figura 4.47).

FIGURA 4.47 – FLEXÃO DE GÊNERO E NÚMERO I

Numeral	Substantivo	Adjetivo	Artigo	Pronome
dois	menino	bonito	o	ele
duas	menina	bonita	a	ela

Por sua vez, na flexão de número, ocorre variação de singular e plural. É utilizada em substantivos, adjetivos, artigos, numerais e verbos (Figura 4.48).

FIGURA 4.48 – FLEXÃO DE GÊNERO E NÚMERO II

Substantivo	Adjetivo	Artigo	Numeral	Verbo
menino	bonito	o	dois	vi
meninos	bonitos	os	duas	vimos

A flexão de grau diz respeito ao tamanho nos substantivos e à intensidade nos adjetivos. Além disso, também pode indicar estado emotivo (Figura 4.49).

FIGURA 4.49 – FLEXÃO DE GRAU

Substantivo	Adjetivo	Ironia	Carinho
menino	rápido	professorinha	mãezinha
meninão	rapidíssimo	juizinho	pezinho

As flexões de tempo, modo e pessoa representam as indicações verbais referentes ao tempo (presente, passado e futuro), pessoa (1ª, 2ª e 3ª) e modo (indicativo, subjuntivo, imperativo, formas nominais), além de número, como já visto (Figura 4.50).

Figura 4.50 – Flexão de tempo, modo e pessoa

Tempo	Modo	Pessoa
amo	amo	eu amo
amei	amasse	tu amas
amarei	ame	ele ama

Confira a conjugação do verbo *confiar* na tirinha a seguir (Figura 4.51).

Figura 4.51 – Tirinha: Mafalda

[Tirinha da Mafalda — Quadro 1: "EU CONFIO / TU CONFIAS / ELE CONFIA"; Quadro 2: "NÓS CONFIAMOS / VÓS CONFIAIS / ELES CONFIAM"; Quadro 3: "QUE BANDO DE INGÊNUOS, NÃO É?"]

©Joaquim S. Lavado Tejón (QUINO), TODA MAFALDA/Fotoarena

Podemos compreender que a flexão pode ser atarracada com a derivação. Embora muitas vezes ambos os fenômenos sejam tratados como a mesma coisa, possuem propriedades distintas.

Uma grande diferença se dá no fato de que a flexão apresenta um paradigma obrigatório, sendo limitada, rígida e coerente. Por isso, não cabem novos elementos na palavra, ou seja, ela tem um "inventário fechado" (Duarte, 2008, p. 198). A palavra no plural, no feminino e no diminutivo terá as mesmas características, não podendo haver variações. Isso significa que há obrigatoriedade do uso do plural, por exemplo, para que haja concordância nominal.

O paradigma da derivação também é limitado, no entanto, não é obrigatório, e existe a possibilidade de criar novas palavras. O exemplo a seguir (Figura 4.52) é apresentado por Duarte (2008).

FIGURA 4.52 – PARADIGMA DA DERIVAÇÃO

```
Fiz e refiz o trabalho várias vezes.
            ↓
         re + fiz
            ↑
Fiz e tornei a fazer o trabalho várias vezes.
```

FONTE: Elaborada com base em Duarte, 2008.

De acordo com a autora, o verbo *refiz* pode ser substituído por *tornei a fazer*, comprovando a não obrigatoriedade de seu uso, assim como o prefixo *re-* não é obrigatoriamente usado com todos os verbos, como exemplificado na Figura 4.53.

FIGURA 4.53 – USO DO PREFIXO

reser, rechegar, reolhar

FONTE: Elaborada com base em Duarte, 2008.

Diferentemente da flexão, que é obrigatória, por exemplo, no tempo presente do indicativo dos verbos na primeira pessoa (Figura 4.54).

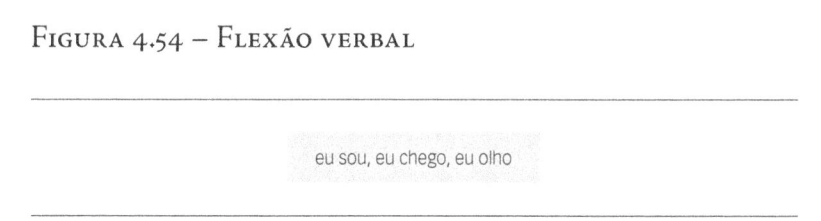

FIGURA 4.54 – FLEXÃO VERBAL

eu sou, eu chego, eu olho

FONTE: Elaborada com base em Duarte, 2008.

Em relação ao exposto, Camara Jr. (citado por Duarte, 2008, p. 199) afirma que "as palavras derivadas, com efeito, não obedecem a uma pauta sistemática e obrigatória para toda uma classe homogênea do léxico". Esse fenômeno é exemplificado a seguir com a derivação do verbo *cantar* (Figura 4.55).

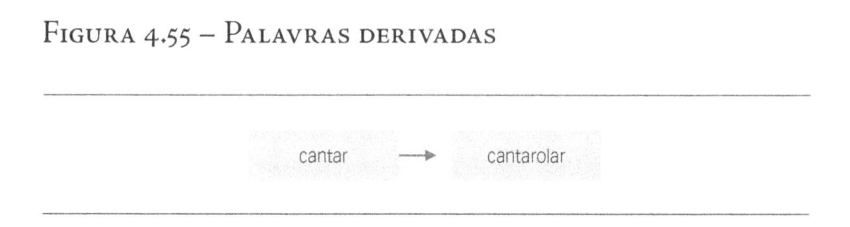

FIGURA 4.55 – PALAVRAS DERIVADAS

cantar ⟶ cantarolar

Todavia, não existem derivações similares para os verbos *falar* e *gritar*, o que nos leva a questionar a regularidade das derivações. De acordo com o linguista brasileiro: "Os morfemas gramaticais de derivação não constituem assim um quadro regular, coerente e preciso" (Camara Jr., citado por Duarte, 2008, p. 199). Dessa forma, compreendemos que não é tão fácil demonstrar os limites entre flexão e derivação.

O gramático Evanildo Bechara (2009) aponta que a flexão é um morfema aditivo sufixal somado de radical, enquanto à derivação é acrescido um sufixo lexical ou derivacional ao radical (Figura 4.56).

FIGURA 4.56 – FLEXÃO DE PLURAL E DERIVAÇÃO

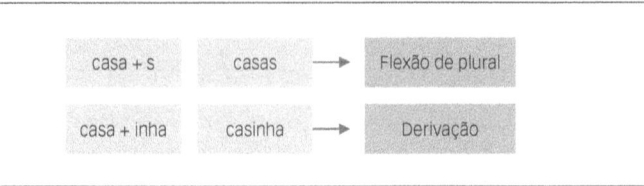

| casa + s | casas | → | Flexão de plural |
| casa + inha | casinha | → | Derivação |

Podemos considerar que as derivações podem ser prefixos ou sufixos. Já as flexões atuam somente no lugar dos sufixos, têm um caráter morfossintático e estabilidade semântica. As derivações podem modificar a classe gramatical de um vocábulo, o que não acontece nas flexões.

Observe, na Figura 4.57, como é simples verificar se o caso é de flexão ou derivação.

FIGURA 4.57 – FLEXÃO E DERIVAÇÃO

belo, bela, belos, belas, belíssima	→	Flexões
belo → beleza	→	Derivação
Adjetivo → Substantivo	→	Mudou a classe

Síntese

Neste capítulo, analisamos os processos de derivação, as diferentes definições dadas pelos gramáticos e suas evoluções no tempo. Estudamos os afixos prefixais, sufixais, infixionais e circunfixos e vimos os afixos predicadores, modificadores e especificadores. Também postulamos sobre os radicais simples e complexos e explicamos a diferença entre derivação e flexão.

> ### Indicação cultural
>
> O GÊNIO e o louco. Direção: P. B. Shemran. EUA/França/Islândia: Vertical Entertainment. 124 min.
>
> Para saber mais sobre palavras e ao mesmo tempo se divertir, assista ao filme *O gênio e o louco*, que conta a história de dois homens responsáveis pela criação do *Dicionário Oxford*.

Atividades de autoavaliação

1. Existem diferentes processos de combinação de morfemas para formar novas palavras. Os principais processos de formação são a derivação e a composição. Como as palavras primitivas passam a ser denominadas depois de se somarem aos seus afixos?
   a. Derivadas.
   b. Prefixais.
   c. Sufixais.
   d. Infixais.
   e. Radicais.

2. Quando recebem um afixo, as palavras podem mudar de categoria gramatical, bem como de classe na derivação regressiva. Como são chamados os substantivos que derivam de um verbo?
a. Deverbais.
b. Pré-verbais.
c. Sufixo-verbais.
d. Subverbais.
e. Anteverbais.

3. Como se chama a adjunção simultânea de um prefixo e de um sufixo a um radical, de forma que a exclusão de um ou de outro resulta em uma forma não aceitável na língua?
a. Circunfixação ou inexpletivos.
b. Expletivos ou parassíntese.
c. Circunfixação ou expletivos.
d. Inexpletivos ou parassíntese.
e. Circunfixação ou parassíntese.

4. Ao se juntarem ao radical, os afixos podem ser categorizados em predicadores, modificadores ou especificadores. Os afixos predicadores ou derivacionais formam novos radicais, determinando as suas propriedades gramaticais. Tais afixos formam qual ou quais das classes gramaticais indicadas nas alternativas que seguem?
a. Adjetivos.
b. Substantivos.
c. Substantivos e adjetivos.
d. Substantivos, adjetivos e verbos.
e. Substantivos, adjetivos, verbos e advérbios.

5. Marque a alternativa que aponta uma diferença entre os processos de derivação e flexão das palavras:
a. A derivação aparece somente nos prefixos.
b. A flexão pode surgir nos sufixos ou nos prefixos.
c. A flexão pode modificar a classe gramatical de um vocábulo.
d. A derivação pode modificar a classe gramatical de um vocábulo.
e. A derivação e a flexão modificam a classe gramatical de um vocábulo.

Atividades de aprendizagem

Questões para reflexão

1. Pesquise um trava-línguas qualquer e procure recitá-lo algumas vezes. Por que você sente dificuldade ao pronunciá-lo?
2. Reflita sobre a importância do processo de derivação para a construção de vocábulos em língua portuguesa.

Atividade aplicada: prática

1. Elabore um fichamento que apresente os diferentes elementos de formação de palavras. Busque termos mais expressivos e amplie seu fichamento sempre que estudar uma nova categoria.

{

um	Introdução à morfologia
dois	Os morfemas
três	Processos morfológicos de formação de palavras
quatro	Morfologia e os processos de derivação
# cinco	**Estruturas morfológicas**
seis	Formação dos morfemas flexionais e derivacionais

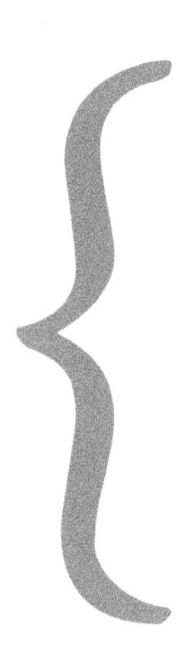

{

> *A palavra "realizar" em suas leituras no latim e inglês indica, respectivamente, realizar no sentido de "tornar real", mostrar a mim mesmo o que sou a partir daquilo que faço, e to realise, na acepção de "dar-me conta". Isso significa a minha consciência".*
>
> (Cortella, 2016, p. 8)

❦ NESTE CAPÍTULO, VAMOS analisar as estruturas morfológicas, isto é, as unidades que compõem as palavras. Avaliaremos a importância do morfema e as unidades básicas: radical e raiz, afixos, vogais temáticas e desinências.

Reservaremos o estudo dos processos de formação de palavras menos conhecidos, também denominados *marginais* ou *irregulares*, tais como: cruzamento vocabular, truncação, reduplicação, empréstimo, estrangeirismo, amálgama, siglação, acrônicos e onomatopeias.

Vale a pena lembrar que os capítulos desta obra estão constantemente retomando conteúdos apresentados. Adotamos essa estratégia para reforçar o entendimento do assunto e, dessa forma, ampliar o leque de saberes organizados.

cinco**ponto**um
Os morfemas nas palavras

Por muito tempo, a palavra foi tida como uma estrutura indivisível. Atualmente, sabemos que ela pode ser formada por outros termos. Ou seja, os vocábulos são compostos por elementos. Vamos, portanto, estudá-los considerando sua complexidade.

As palavras podem ser compostas por um único elemento mórfico, denominado *radical*, o qual pode ser expandido por morfemas derivacionais, desinências e vogal temática.

Observe, na Figura 5.1, os elementos que compõem os morfemas.

FIGURA 5.1 – ELEMENTOS DO MORFEMA

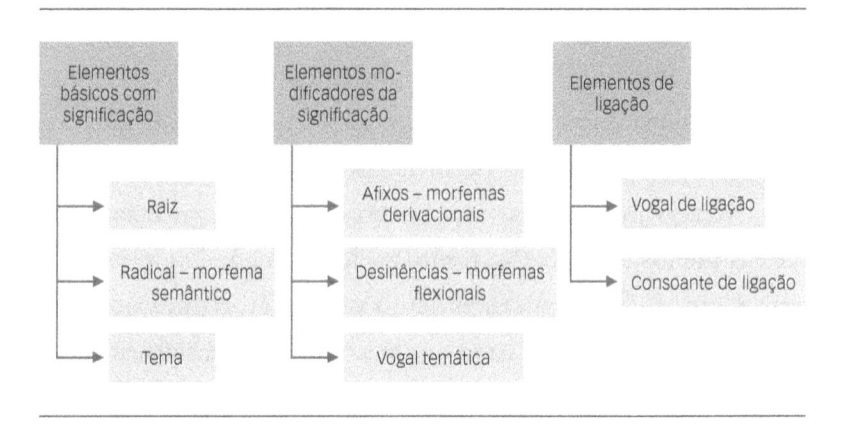

- Elementos básicos com significação
  - Raiz
  - Radical – morfema semântico
  - Tema
- Elementos modificadores da significação
  - Afixos – morfemas derivacionais
  - Desinências – morfemas flexionais
  - Vogal temática
- Elementos de ligação
  - Vogal de ligação
  - Consoante de ligação

Perceba que alguns elementos são básicos e responsáveis pela significação das palavras: os morfemas semânticos como radical, raiz e tema. Outros são morfemas gramaticais, pois modificam a significação interna, como é o caso de afixos (derivacionais) e desinências (flexionais). A vogal temática transita como elemento que carrega uma informação (conjugação verbal) e, também, como elemento de ligação. E há os que servem, tradicionalmente, somente para ligar as partes que formam a palavra, tendo uma função mais voltada para a fonologia.

A morfologia tem importância fundamental nos processos de construção das palavras. Isso porque ela descreve as estruturas internas dos termos e analisa as relações que eles estabelecem entre si, além de se ocupar da formação de novas palavras.

Uma palavra é uma unidade gramatical composta por morfema. Ela pode ser representada com um só morfema ou agregar-se a outro e constituir sintagmas, isto é, elementos inseridos em uma oração. Acompanhe esse processo na Figura 5.2, a seguir.

FIGURA 5.2 – SINTAGMA

Morfema único	de
Morfema agregado	portas madeira
Sintagma	portas de madeira

Como unidade mínima da estrutura gramatical, o morfema relaciona duas categorias do signo linguístico: significante e significado. Dessa forma, ele representa a compreensão da língua como uma estrutura, proporcionando a análise das características internas.

Ao se conhecer o morfema, percebe-se que as palavras são flexíveis, permeáveis e dinâmicas, por conta de suas possíveis combinações. Isso torna a língua não organizada gramaticalmente, mas sim por gramaticalizações – conteúdo abordado no último capítulo desta obra.

Tal posicionamento nos faz pensar na definição de morfema como a menor unidade significativa, embora haja outros elementos com tal característica. Bevilacqua e Silva (2021) redefinem os morfemas como quaisquer elementos que participam da construção da palavra e, com isso, pode-se repensar novos constituintes morfológicos.

Os autores citam o exemplo do morfema *log(o)*, exposto na Figura 5.3, a seguir.

FIGURA 5.3 – EXEMPLO DO MORFEMA LOG(O)

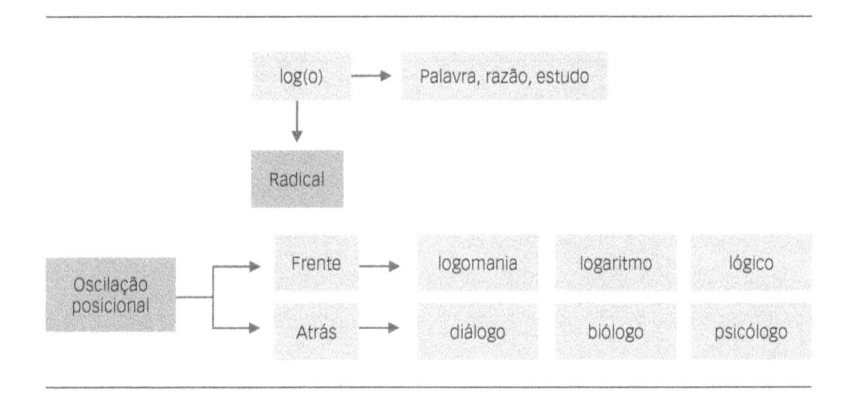

```
log(o) → Palavra, razão, estudo
   ↓
Radical

Oscilação        Frente → logomania   logaritmo   lógico
posicional
                 Atrás  → diálogo     biólogo     psicólogo
```

FONTE: Elaborada com base em Bevilacqua; Silva, 2021.

Os processos tradicionais são denominados *concatenativos*, mas há os processos chamados de *não concatenativos*, os quais, além dos procedimentos morfológicos, fazem uso dos prosódicos. A prosódia está relacionada à maneira como falamos e às intenções presentes em nosso discurso, o que nos permite distinguir entre escrita e fala. Os dois processos são mostrados a seguir, na Figura 5.4.

FIGURA 5.4 – PROCESSOS CONCATENATIVOS E NÃO CONCATENATIVOS

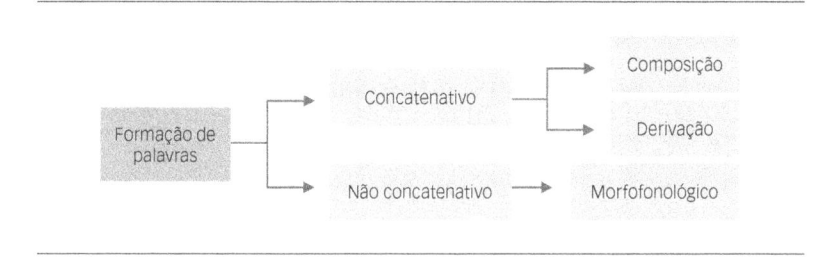

[Diagrama: Formação de palavras → Concatenativo → Composição / Derivação; Não concatenativo → Morfofonológico]

Os **processos concatenativos** são regulares e lineares, ou seja, não se sobrepõem e preservam um morfema quando outros lhe são adicionados. De acordo com Bevilacqua e Silva (2021), eles apresentam as seguintes características:

- **Precedência:** São linearmente ordenados, conforme é apresentado na Figura 5.5.

FIGURA 5.5 – PROCESSOS CONCATENATIVOS

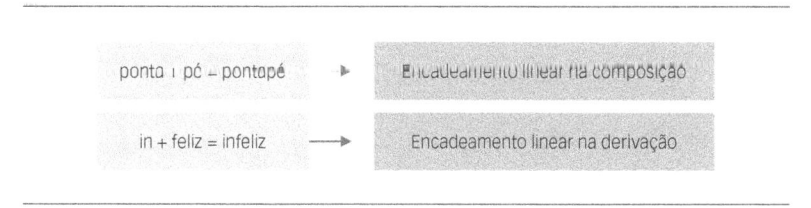

[Diagrama: ponta + pé = pontapé → Encadeamento linear na composição; in + feliz = infeliz → Encadeamento linear na derivação]

FONTE: Elaborada com base em Bevilacqua; Silva, 2021.

- **Contiguidade:** São contíguos, juntos, como mostra a Figura 5.6.

FIGURA 5.6 – CONTIGUIDADE

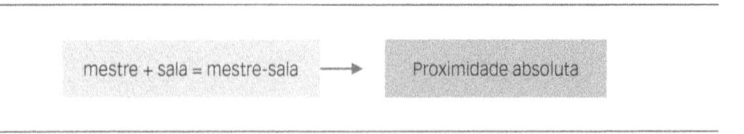

mestre + sala = mestre-sala → Proximidade absoluta

FONTE: Elaborada com base em Bevilacqua; Silva, 2021.

- **Aditividade:** São adicionados. Observe o exemplo da Figura 5.7.

FIGURA 5.7 – ADITIVIDADE

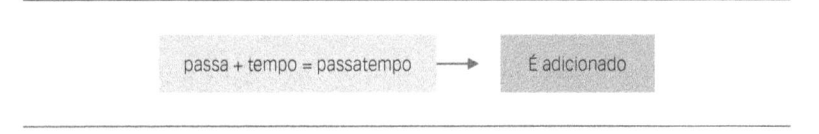

passa + tempo = passatempo → É adicionado

FONTE: Elaborada com base em Bevilacqua; Silva, 2021.

- **Preservação:** Um morfema é preservado quando demais são adicionados (Figura 5.8).

FIGURA 5.8 – PRESERVAÇÃO

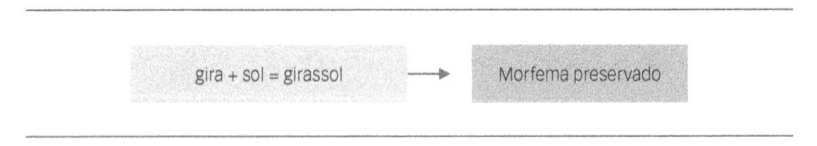

gira + sol = girassol → Morfema preservado

FONTE: Elaborada com base em Bevilacqua; Silva, 2021.

- **Autonomia segmental:** Morfema livre, conforme Figura 5.9.

FIGURA 5.9 – AUTONOMIA SEGMENTAL

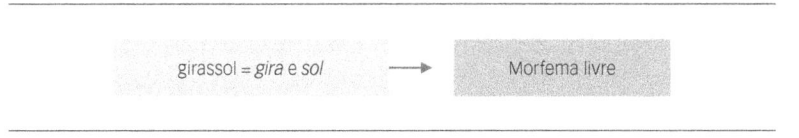

girassol = *gira* e *sol* → Morfema livre

FONTE: Elaborada com base em Bevilacqua; Silva, 2021.

- **Disjunção:** Dissociados um do outro (Figura 5.10).

FIGURA 5.10 – DISJUNÇÃO

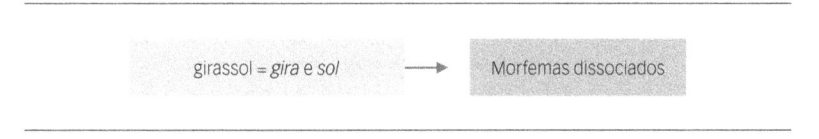

girassol = *gira* e *sol* → Morfemas dissociados

FONTE: Elaborada com base em Bevilacqua; Silva, 2021.

Os processos não concatenativos consideram elementos na formação das palavras que não atendem às condições dos morfemas da gramática tradicional. Eles são irregulares e não lineares. O encadeamento é substituído por supressão, repetição, sobreposição ou fusão de segmentos. Isto é, há processos diferenciados que não seguem um princípio morfológico puro, mas que estão relacionados com a fonologia. Tais processos podem ocorrer por meio de cruzamento vocabular, truncação, siglação ou reduplicação. São denominados *processos morfofonológicos* (Figura 5.11).

FIGURA 5.11 – PROCESSOS NÃO CONCATENATIVOS

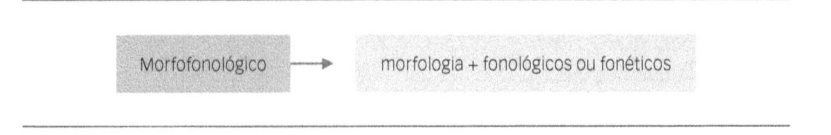

| Morfofonológico | → | morfologia + fonológicos ou fonéticos |

Alguns dos exemplos mais comuns estão indicados na Figura 5.12.

FIGURA 5.12 – SUPRESSÃO, REPETIÇÃO E FUSÃO

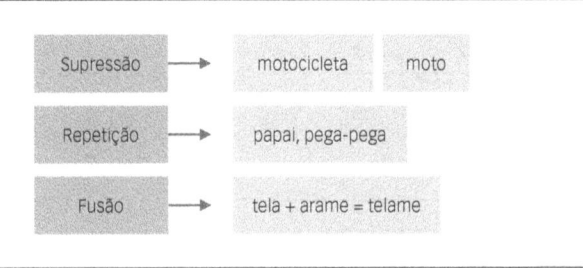

Supressão	→	motocicleta moto
Repetição	→	papai, pega-pega
Fusão	→	tela + arame = telame

Diante do exposto, compreendemos que os **processos marginais ou irregulares** de criação lexical são manifestados pela não concatenatividade morfológica e vistos não como formação, mas como criação de novas palavras. Isso se dá por cruzamento vocabular, truncação, reduplicação, extensão semântica, empréstimos, estrangeirismos, amálgamas, siglação, acrônicos e onomatopeias.

> **Curiosidade**
> A criação lexical também é denominada *lexemização*.

- Cruzamento vocabular: De acordo com Andrade e Rondinini (2016, p. 871), o cruzamento vocabular diz respeito à sobreposição de palavras "resultante da fusão de duas outras pré-existentes, que, ao mesmo tempo, reproduz e cria significados a partir das palavras que lhe serviram de fonte". Observe alguns exemplos a seguir.

FIGURA 5.13 – CRUZAMENTO VOCABULAR I

carnaval + natal = carnatal

FIGURA 5.14 – CRUZAMENTO VOCABULAR II

chá + café = chafé

FIGURA 5.15 – CRUZAMENTO VOCABULAR III

baiano + mineiro = baianeiro

Figura 5.16 – Cruzamento vocabular IV

brega + sertanejo = breganejo

Alguns pesquisadores da língua acreditam que o cruzamento vocabular pertence à categoria de produtividade morfológica, ao passo que outros a compreendem como referente à criatividade.

O cruzamento vocabular não linear pode ser representado conforme expõe a Figura 5.17 – observe como os constituintes se sobrepõem.

Figura 5.17 – Cruzamento vocabular não linear

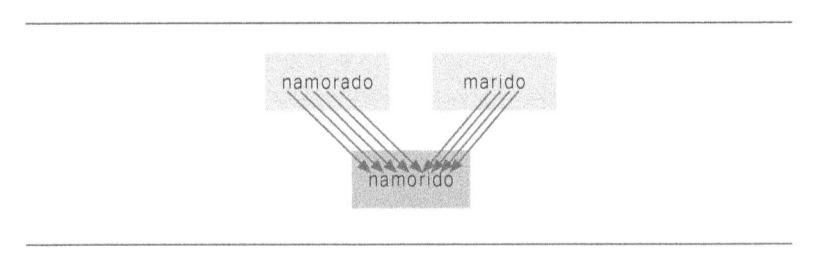

namorado   marido
      namorido

FONTE: Bevilacqua; Silva, 2021, p. 359.

Agora, observe o anúncio na Figura 5.18, que traz os termos incluídos na imagem anterior.

Figura 5.18 – Anúncio de camiseta

Indicação cultural

ANDRADE, K. E.; RONDININI, R. B. Cruzamento vocabular: um subtipo da composição? D.E.L.T.A, v. 32, n. 4, p. 861-887, 2016. Disponível em: <https://www.scielo.br/j/delta/a/NHKKfy8CJMGBXyZRsc7fTLR/?lang=pt&format=pdf>. Acesso em: 20 maio 2022.

Faça a leitura do artigo indicado para saber mais sobre o cruzamento vocabular.

- **Truncação**: Trata-se da redução de uma palavra sem alteração de seu significado. Esse processo tem repetidamente a implicação de tornar a palavra estilisticamente menos formal (Bevilacqua; Silva, 2021). Acompanhe o esquema da Figura 5.19.

FIGURA 5.19 – TRUNCAÇÃO

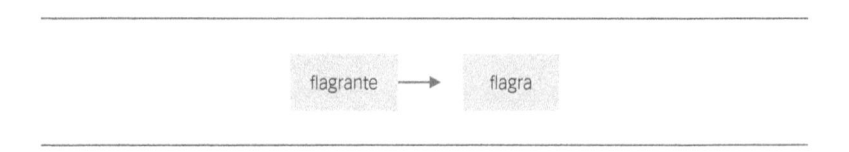

flagrante ⟶ flagra

- **Siglação**: Refere-se ao processo de redução de palavras cujas letras iniciais são pronunciadas uma a uma, e não com articulação silábica que resulta da redução das palavras de uma expressão às suas iniciais (Figura 5.20).

FIGURA 5.20 – SIGLAÇÃO

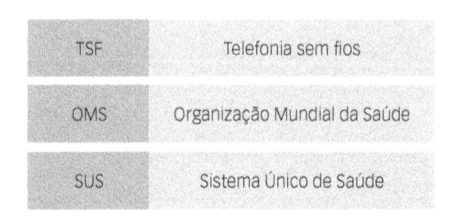

TSF	Telefonia sem fios
OMS	Organização Mundial da Saúde
SUS	Sistema Único de Saúde

+ Acrônicos: Palavras criadas com a junção de letras ou sílabas iniciais de um título ou uma designação (Figura 5.21).

FIGURA 5.21 – ACRÔNICOS

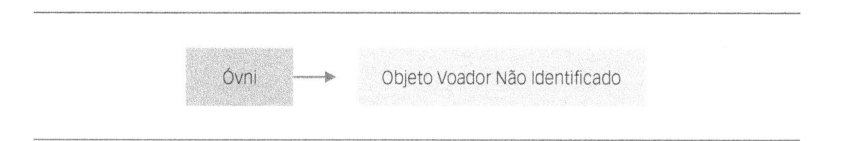

Óvni → Objeto Voador Não Identificado

+ Reduplicação: Ocorre quando o radical de uma palavra (ou parte dela) é repetido de forma exata ou com pequena modificação (Figura 5.22).

FIGURA 5.22 – REDUPLICAÇÃO

---

blá-blá-blá   pega-pega   pingue-pongue

+ Extensão semântica: Processo no qual uma palavra adquire novo significado, ou seja, é um tipo de neologismo. É muito utilizado na informática e em outras novas áreas do conhecimento (Figura 5.23).

FIGURA 5.23 – EXTENSÃO SEMÂNTICA

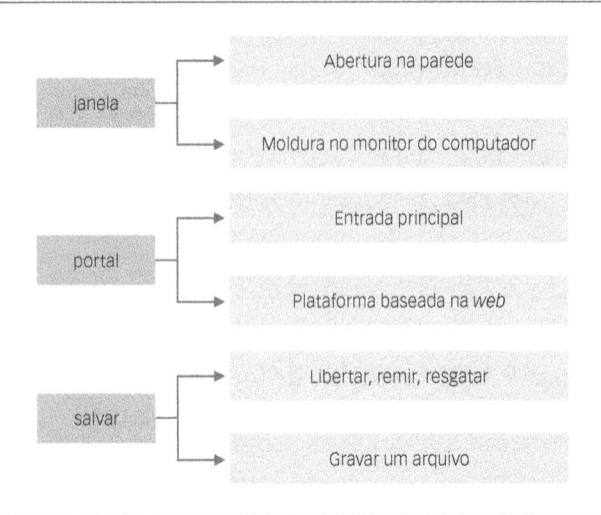

janela
- Abertura na parede
- Moldura no monitor do computador

portal
- Entrada principal
- Plataforma baseada na *web*

salvar
- Libertar, remir, resgatar
- Gravar um arquivo

* **Empréstimos:** Dizem respeito à inclusão de uma palavra estrangeira à língua. Tal palavra sofre algum tipo de adaptação na escrita ou na fala, conforme os exemplos a seguir (Figura 5.24).

FIGURA 5.24 – EMPRÉSTIMOS

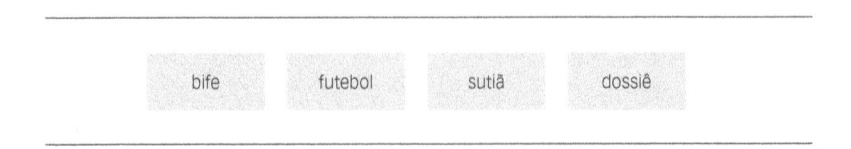

bife   futebol   sutiã   dossiê

* **Estrangeirismos:** Processos que incorporam uma palavra de outro idioma à língua portuguesa, sem alteração (Figura 5.25).

FIGURA 5.25 – ESTRANGEIRISMOS

| fashion | drive | patchwork | software | backup |

Observe que o estrangeirismo recorre ao vocábulo com a mesma grafia e pronúncia, o que difere do empréstimo, no qual há mudança na grafia.

* **Amálgamas:** Processos que criam uma palavra por meio da junção de partes de outras, também como neologismos. Na união dos termos, a palavra nova inicia com a primeira parte de um termo e se encerra com o final da outra. Observe alguns exemplos nas Figuras 5.26 e 5.27.

FIGURA 5.26 – AMÁLGAMA I

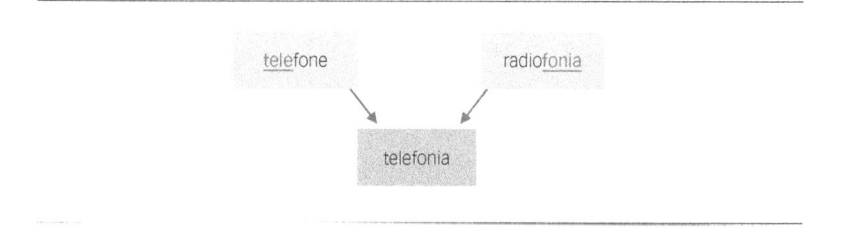

telefone → telefonia ← radiofonia

FIGURA 5.27 – AMÁLGAMA II

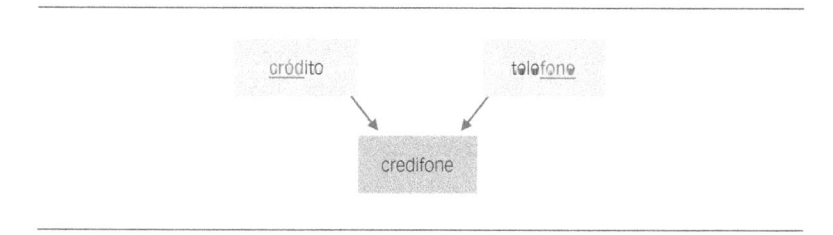

crédito → credifone ← telefone

Uma amálgama corresponde, portanto, à fusão de duas ou mais palavras, diferente da parassíntese, que se trata de um processo de derivação.

- **Onomatopeias**: Palavras que imitam o som natural ou que têm uma reprodução aproximada com os recursos de que a língua dispõe (Figuras 5.28).

FIGURA 5.28 – ONOMATOPEIA

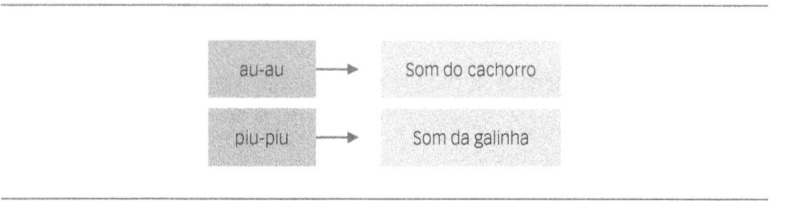

| au-au | → | Som do cachorro |
| piu-piu | → | Som da galinha |

cincopontodois
Estruturas morfológicas de radical e raiz

Por *raiz* entende-se o morfema nuclear de uma palavra que carrega o significado comum a uma família de palavras, sendo originário e irredutível, isto é, não pode ser dividida (Saussure, 2006).

A raiz origina-se de um estudo diacrônico, ou seja, indica mudanças ou o desenvolvimento em um sistema linguístico em um certo período histórico. Para Kehdi (2007), o enfoque diacrônico tem base no processo evolutivo, desde as épocas mais antigas até a atualidade. Assim, a raiz é determinada pela mesma família etimológica e obtida pela exclusão de afixos, vogal temática e desinências, pois se trata do radical primário.

Por exemplo: *pólis*, do grego, significa "cidade", "sede", "capital", "centro", "metrópole", "cidade-Estado", entre outros, como exemplificado na Figura 5.29.

FIGURA 5.29 – A PÓLIS GREGA

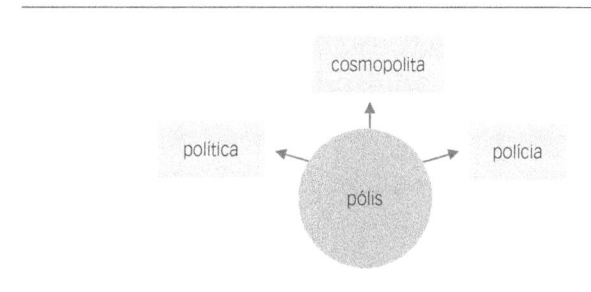

```
            cosmopolita
                ↑
   política ←  pólis  → polícia
```

Importante

- **Sincronia**: estudo da língua em um momento específico *syn* (justamente) + *chrónos* (tempo) = ao mesmo tempo.
- **Diacronia**: estuda a língua e seus processos evolutivos através do tempo dia (através) + *chrónos* (tempo) = através do tempo.

Morfema lexical, a raiz é tudo o que resta quanto se retira da palavra os afixos. Os morfemas são as menores unidades portadoras de sentido e são categorizados como semantemas, lexemas e raízes. De acordo com Mattoso Camara Jr. (1975a), são as formas livres que carregam os conceitos, as compreensões, os complexos de ideias que estão relacionados com o mundo objetivo – ou seja, têm significação externa.

Entretanto, sabemos que toda língua possui elementos que não se enquadram em alguma classe. Isso porque a palavra é complexa, principalmente quando se trata de sua decomposição. Se formos analisar sua constituição, compreenderemos que todas as unidades que formam a palavra são portadoras de significação.

Os semantemas, por exemplo, podem ter várias significações. O importante é segmentá-las na busca do elemento em que estão contidos os conceitos, as compreensões etc. Tais elementos são denominados *raízes*. Vale a pena reforçar que os semantemas estão vinculados ao mundo externo e apresentam características extralinguísticas, ao passo que os morfemas estão ligados à significação gramatical de forma intralinguística.

Dessa forma, a raiz é um elemento no interior da palavra que carrega internamente o significado da palavra. Ela pode ser igual ao radical.

Importante

- **Radical:** confere significação básica ao termo, isto é, denomina o sentido fundamental das palavras a partir do qual se constitui uma família de palavras.

A raiz foi chamada de *semantema* por Vendryes e de *lexema* por André Martinet. Ela consiste no elemento que se repete em todas as palavras cognatas (da mesma família morfológica), com algumas variações – os alomorfes. Além disso, ela é sincrônica, pois independe da raiz histórica, sendo o radical primário igual à raiz. Para exemplificar, observe as imagens a seguir.

Figura 5.30 – Radical I

Palavra	→	livro		Radical	→	livr-
Família	→	livraria	livreiro	livrinho		

Figura 5.31 – Radical II

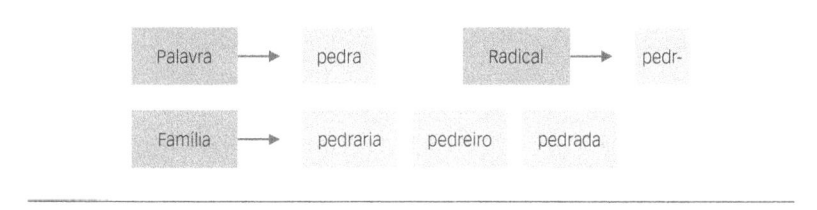

Palavra	→	pedra		Radical	→	pedr-
Família	→	pedraria	pedreiro	pedrada		

FIGURA 5.32 – CAPA DO LIVRO *LETRAMENTO LITERÁRIO*

FONTE: COSSON, R. **Letramento literário**: teoria e prática. 2. ed. São Paulo: Contexto, 2006. Capa.

FIGURA 5.33 – RADICAL III

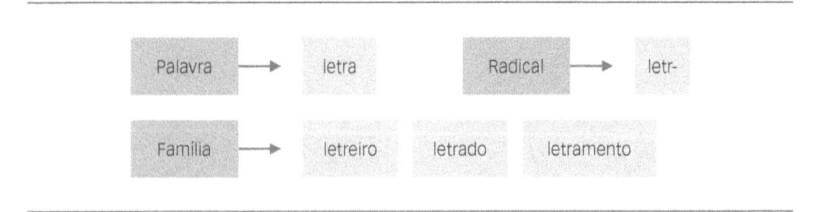

Palavra	→	letra		Radical	→	letr-
Família	→	letreiro	letrado	letramento		

FIGURA 5.34 – RADICAL IV

| Palavra | → | cabelo | | Radical | → | cabel- |

| Família | → | cabeludo | cabeleireiro | descabelado |

A raiz corresponde ao radical primário; quando acrescentado um afixo, será um radical secundário; com dois afixos, um radical terciário; e assim por diante, dependendo do número de afixos agregados ao radical (Figura 5.35).

FIGURA 5.35 – AFIXOS SECUNDÁRIOS, TERCIÁRIOS E QUATERNÁRIOS

Primário	Secundário	Terciário	Quaternário
raiz	+ en-	+ de- + en-	+ de- + en- + -ad
terr-	enterr-	desenterr-	desenterrad-
terra	enterrar enterro	desenterrar desenterro	desenterrado desenterrada

Em alguns grupos de palavras, o radical e a raiz são os mesmos. Observe (Figura 5.36).

FIGURA 5.36 – RAIZ E RADICAL I

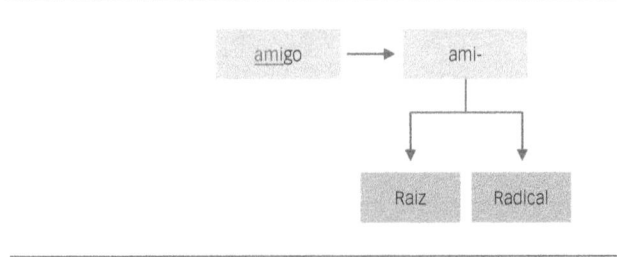

```
amigo  →  ami-
              │
        ┌─────┴─────┐
        ↓           ↓
       Raiz       Radical
```

Dessa forma, para obtermos o radical, devemos eliminar a vogal temática, as desinências ou os afixos. Sobre isso, veja a Figura 5.37.

FIGURA 5.37 – OBTENÇÃO DO RADICAL

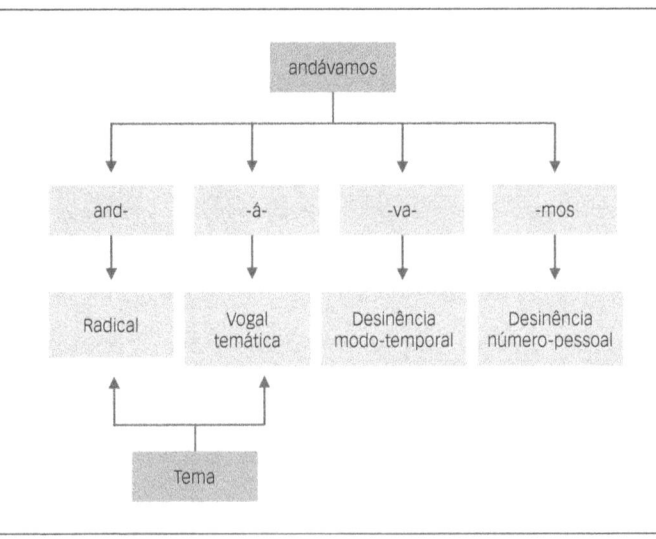

```
                andávamos
        ┌──────────┬──────────┬──────────┐
        ↓          ↓          ↓          ↓
       and-        -á-       -va-       -mos
        ↓          ↓          ↓          ↓
      Radical    Vogal     Desinência  Desinência
                temática  modo-temporal número-pessoal
        ↑          ↑
        └─────┬────┘
             Tema
```

Para não haver confusão entre raiz e radical, alguns autores esclarecem que devemos nos ater ao fato de que a raiz é diacrônica, isto é, sua significação e sua evolução no tempo são históricas, como é o caso do termo *filosofia*.

FIGURA 5.38 – RAIZ E RADICAL II

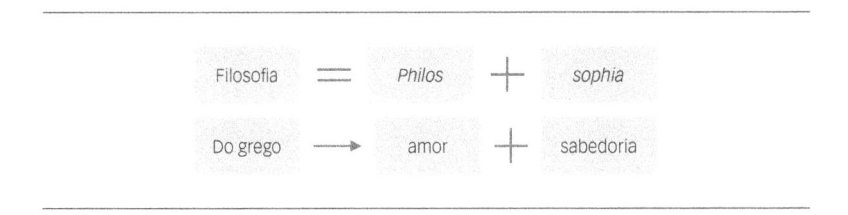

Filosofia = Philos + sophia
Do grego → amor + sabedoria

Já o radical não carrega o aspecto histórico, sendo, portanto, sincrônico – como ocorre com o termo *água*, do latim *aqua* (Figura 5.39).

FIGURA 5.39 – RAIZ E RADICAL III

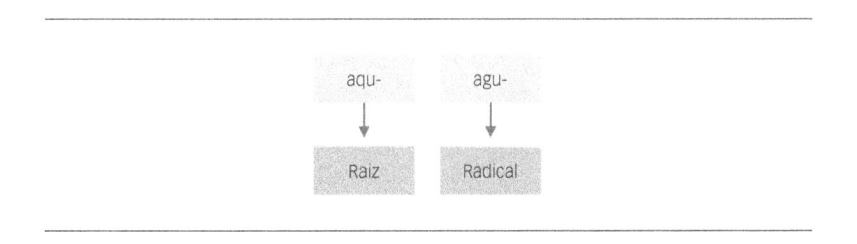

aqu- → Raiz
agu- → Radical

Para sintetizar o exposto, observe a Figura 5.40.

Figura 5.40 – Raiz e radical IV

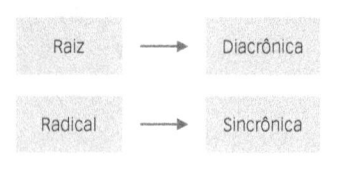

Raiz → Diacrônica

Radical → Sincrônica

Figura 5.41 – Raiz e sufixo

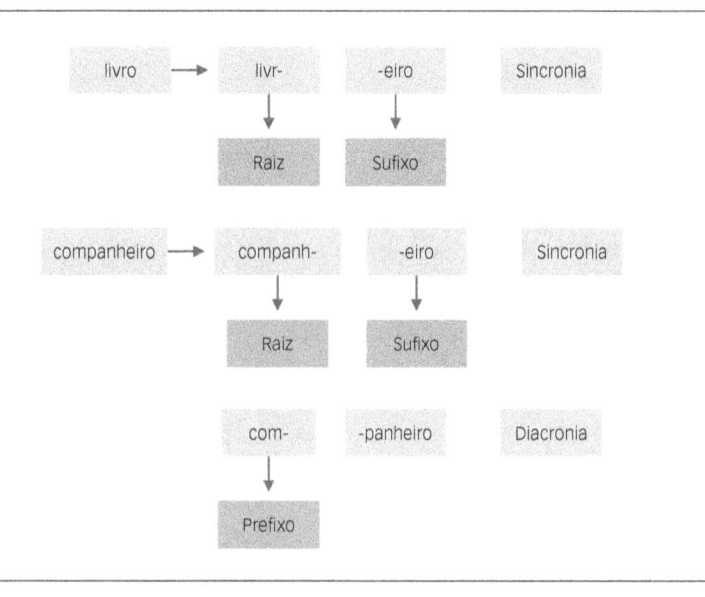

livro → livr- / -eiro   Sincronia
        ↓   ↓
        Raiz   Sufixo

companheiro → companh- / -eiro   Sincronia
              ↓   ↓
              Raiz   Sufixo

com- / -panheiro   Diacronia
↓
Prefixo

cincopontotrês
Estruturas morfológicas: afixos

Como explicamos ao longo deste livro, *afixos* são elementos que se somam ao radical, modificando seu significado ou sua classe gramatical. Acompanhe o exemplo a seguir (Figura 5.42).

FIGURA 5.42 – AFIXO I

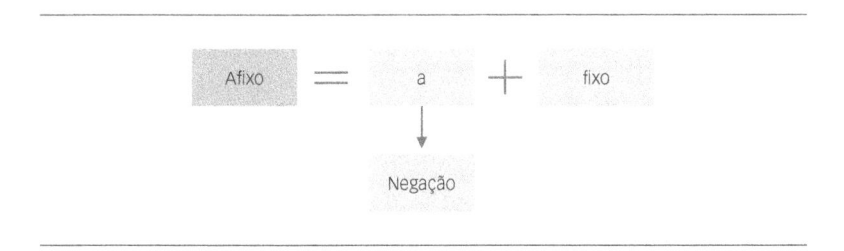

```
Afixo  =  a  +  fixo
          ↓
         Negação
```

Os afixos (Figura 5.43) abrangem os morfemas derivacionais, que modificam o sentido do radical aos quais se unem, e flexionais, os quais não influenciam na classificação das palavras.

Eles são representados pelas desinências, que se referem a tempo, modo, número e pessoa. Portanto, em português, são sufixais.

Figura 5.43 – Afixos

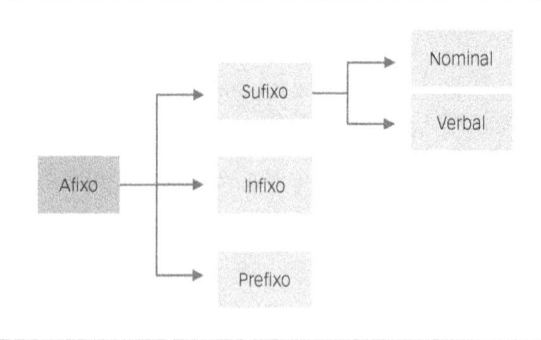

		→ Nominal
Afixo →	Sufixo	
		→ Verbal
	Infixo	
	Prefixo	

Os afixos podem surgir antes, no meio ou depois de um radical, sendo este primário ou não, como exemplificado na sequência (Figura 5.44).

Figura 5.44 – Prefixo, infixo e sufixo

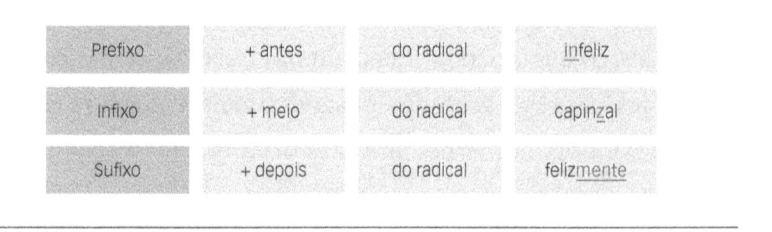

Prefixo	+ antes	do radical	in<u>feliz</u>
Infixo	+ meio	do radical	capin<u>z</u>al
Sufixo	+ depois	do radical	feliz<u>mente</u>

Nesse exemplo, consideramos como infixo a consoante *z*: capin-z-al, de acordo com o que versam algumas gramáticas e, também, a título de conhecimento. No restante da obra, tomamos o caso como uma consoante de ligação, visto que, em *capinzal*, o z se pospõe ao radical e não tem valor significativo.

> ### Curiosidades
> Muitas gramáticas desconsideram o uso do infixo na língua portuguesa, mas alguns estudiosos afirmam sua existência. A Nomenclatura Gramatical Brasileira (NGB) reconhece como afixos apenas os prefixos e os sufixos, apontando em seguida a existência de vogais e consoantes de ligação, posição mantida pelas gramáticas portuguesas posteriores à NGB.

Os prefixos surgem antepostos ao radical e alteram as palavras às quais se agregam. A grande maioria dos prefixos tem origem grega e latina. Sua derivação é denominada *prefixal*. A esse respeito, percorra os exemplos a seguir (Figura 5.45).

FIGURA 5.45 – PREFIXO E RADICAL

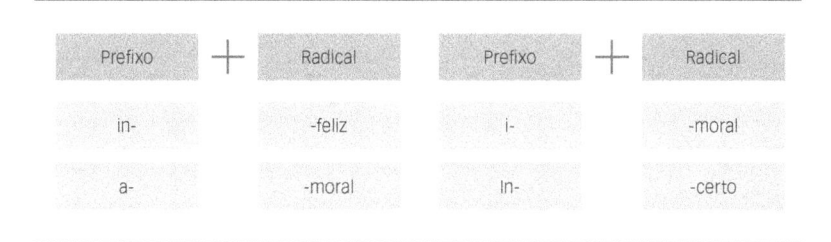

Prefixo	+	Radical	Prefixo	+	Radical
in-		-feliz	i-		-moral
a-		-moral	In-		-certo

Os sufixos são morfemas pospostos ao radical e sua derivação é chamada de sufixal. Eles podem adicionar uma nova ideia ao vocábulo, determinar uma classe gramatical ao termo ou os dois ao mesmo tempo.

Os sufixos são classificados em nominais, adverbiais e verbais:

- **Sufixo nominal:** Dá origem a um substantivo ou adjetivo.
- **Sufixo adverbial:** Sua única forma é *-mente*, a qual se liga a um adjetivo e indica circunstância. É derivado do latim *mens, mentis*, que significa "mente", "espírito", "intento".
- **Sufixo verbal:** Forma verbos.

Vamos conferir alguns exemplos de cada um desses casos, a começar pelos sufixos nominais (Figura 5.46).

FIGURA 5.46 – SUFIXOS NOMINAIS

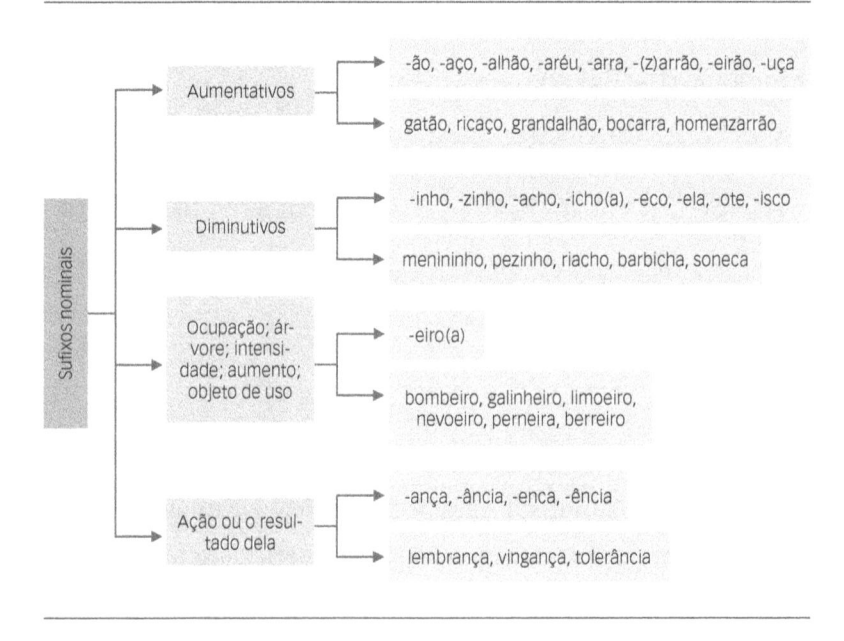

Sufixos nominais		
Aumentativos	-ão, -aço, -alhão, -aréu, -arra, -(z)arrão, -eirão, -uça	
	gatão, ricaço, grandalhão, bocarra, homenzarrão	
Diminutivos	-inho, -zinho, -acho, -icho(a), -eco, -ela, -ote, -isco	
	menininho, pezinho, riacho, barbicha, soneca	
Ocupação; árvore; intensidade; aumento; objeto de uso	-eiro(a)	
	bombeiro, galinheiro, limoeiro, nevoeiro, perneira, berreiro	
Ação ou o resultado dela	-ança, -ância, -enca, -ência	
	lembrança, vingança, tolerância	

Já os sufixos verbais se referem aos afixos que se aglutinam ao radical de substantivos e de adjetivos para dar origem a um verbo (Figura 5.47).

FIGURA 5.47 – SUFIXOS VERBAIS

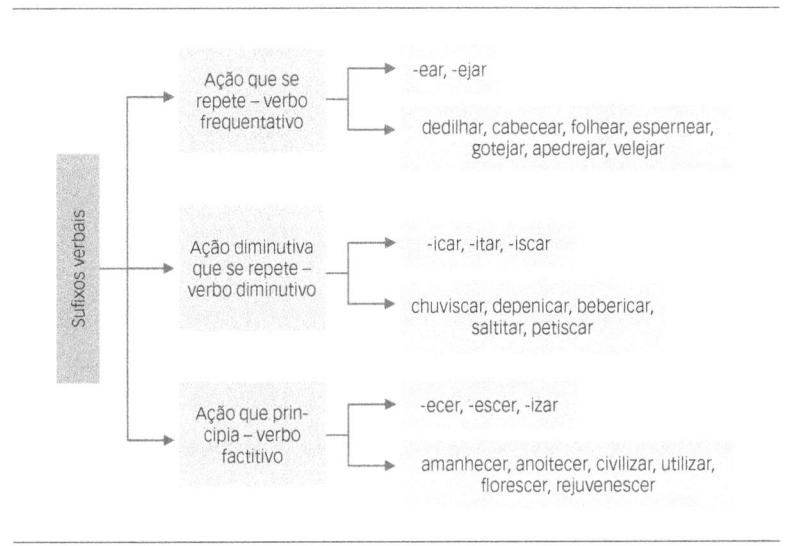

Sufixos verbais:
- Ação que se repete – verbo frequentativo
  - -ear, -ejar
  - dedilhar, cabecear, folhear, espernear, gotejar, apedrejar, velejar
- Ação diminutiva que se repete – verbo diminutivo
  - -icar, -itar, -iscar
  - chuviscar, depenicar, bebericar, saltitar, petiscar
- Ação que principia – verbo factitivo
  - -ecer, -escer, -izar
  - amanhecer, anoitecer, civilizar, utilizar, florescer, rejuvenescer

Os sufixos verbais normalmente se formam com o acréscimo do sufixo -ar. Confira a Figura 5.48.

FIGURA 5.48 – SUFIXO VERBAL

fotografia → fotografar   limpo → limpar

Por sua vez, o sufixo adverbial (Figura 5.49) tem somente uma forma: -*mente*.

Figura 5.49 – Sufixo adverbial

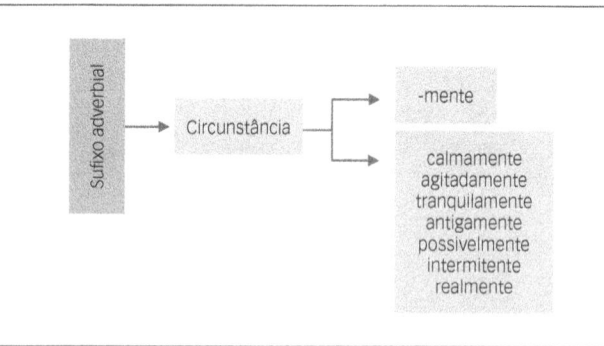

```
Sufixo adverbial → Circunstância →  -mente
                                    calmamente
                                    agitadamente
                                    tranquilamente
                                    antigamente
                                    possivelmente
                                    intermitente
                                    realmente
```

Observe que os sufixos são, muitas vezes, responsáveis pela determinação da classe à qual a palavra pertence (Figura 5.50).

Figura 5.50 – Sufixo e classe gramatical

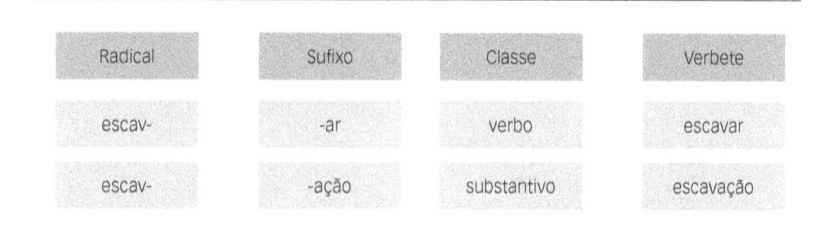

Radical	Sufixo	Classe	Verbete
escav-	-ar	verbo	escavar
escav-	-ação	substantivo	escavação

Os afixos desempenham funções gramaticais na estrutura da palavra e podem ser predicadores, modificadores ou especificadores, como já explicitado nesta obra.

O núcleo é uma unidade sintática, construída hierarquicamente, que determina as características das palavras. Observe a Figura 5.51.

Figura 5.51 – Determinação da característica da palavra

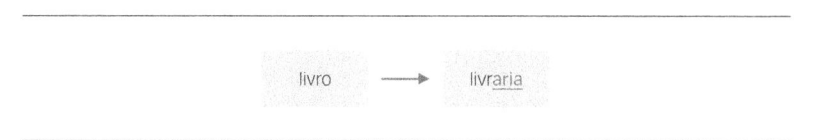

livro ⟶ livraria

Já os modificadores não são núcleos, complementos ou especificadores, mas sim adjuntos que operam semanticamente (Figura 5.52).

Figura 5.52 – Modificadores

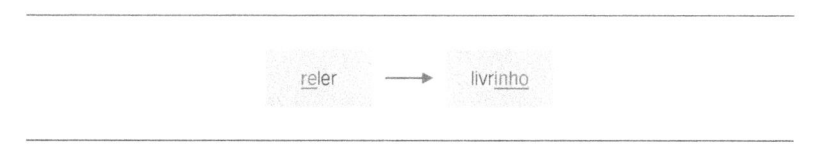

reler ⟶ livrinho

Por seu turno, os especificadores representamos constituintes temáticos (Figura 5.53).

Figura 5.53 – Especificadores

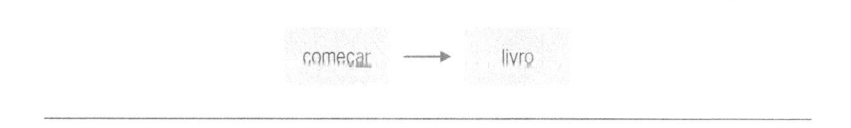

começar ⟶ livro

Confixos

Os confixos, ou formas combinatórias, são elementos sem posição determinada na estrutura da palavra. Eles podem se posicionar antes ou depois dos morfemas. O termo *confixo* foi cunhado pelo francês André Martinet (1979), que estudou a mobilidade posicional. Para ele, os confixos são "elementos que gradualmente adquirem características de afixo, mas, em decorrência da oscilação posicional, formam uma categoria à parte" (Martinet, 1979, p. 143). Podemos verificar isso nos exemplos apresentados na Figura 5.54.

FIGURA 5.54 – CONFIXO

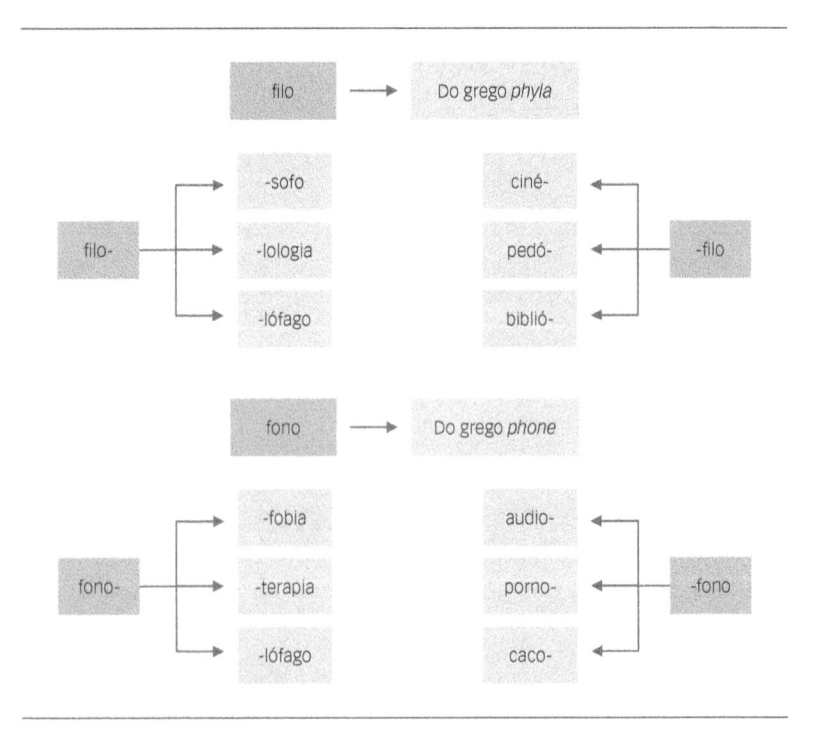

| filo | → | Do grego *phyla* |

filo-	→	-sofo
	→	-lologia
	→	-lófago

ciné-	←	
pedó-	←	-filo
biblió-	←	

| fono | → | Do grego *phone* |

fono-	→	-fobia
	→	-terapia
	→	-lófago

audio-	←	
porno-	←	-fono
caco-	←	

cincopontoquatro
Estruturas morfológicas: vogal temática e tema

O tema corresponde à somatória do radical com a vogal temática. Quando não há vogal temática, é denominado *atemático* (Figura 5.55).

FIGURA 5.55 – TEMA

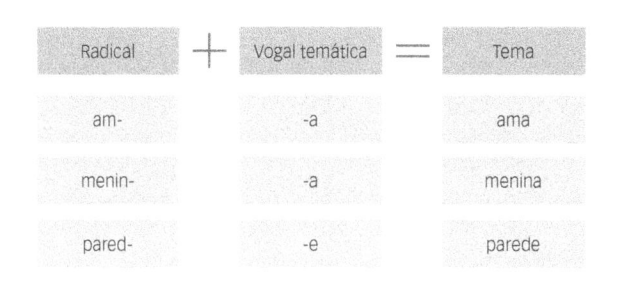

Radical	+	Vogal temática	=	Tema
am-		-a		ama
menin-		-a		menina
pared-		-e		parede

Os vocábulos atemáticos são oxítonos terminados em vogal: ô, ó, ê, é, á, ã, i, u; no singular, são os terminados em: "l", "r", "e". Observe alguns exemplos (Figura 5.56).

FIGURA 5.56 – VOCÁBULOS ATEMÁTICOS

judô	dendê	esquimó	jacaré	sofá	irmã
frenesi	tabu	regular	regulares	mal	males

As **vogais temáticas** ligam o radical, primário ou não, a uma desinência. Elas podem ser verbais ou nominais. As desinências verbais agrupam os verbos em três conjugações: 1ª, com a vogal temática *a*; 2ª, vogal temática *e*; e 3ª, vogal temática *i* (Figura 5.57).

Figura 5.57 – Vogal temática e desinência verbal

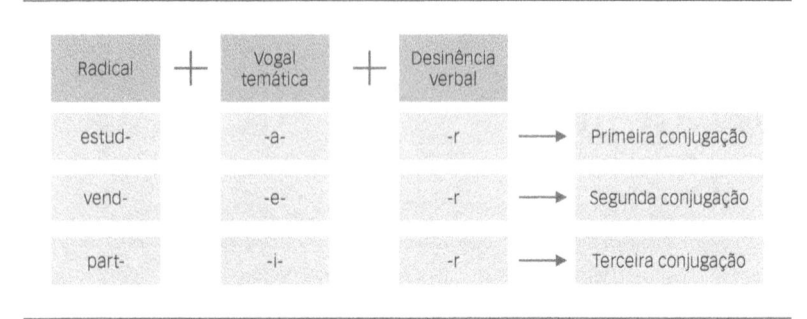

Radical	+	Vogal temática	+	Desinência verbal		
estud-		-a-		-r	→	Primeira conjugação
vend-		-e-		-r	→	Segunda conjugação
part-		-i-		-r	→	Terceira conjugação

Dessa forma, as vogais temáticas verbais determinam a conjugação do verbo:

- primeira conjugação: *am<u>a</u>r, abraç<u>a</u>r, cant<u>a</u>r*;
- segunda conjugação: *beb<u>e</u>r, com<u>e</u>r, sofr<u>e</u>r*;
- terceira conjugação: *dorm<u>i</u>r, fug<u>i</u>r, imped<u>i</u>r*.

No entanto, há verbos irregulares que não se moldam em modelos fixos de conjugação verbal, pois contam com alterações nos radicais e nas terminações quando conjugados, tais como:

- *ser; estar; haver; pôr; saber; poder; medir; fazer; vir; dar; pedir; ouvir; caber; trazer; dizer; querer.*

As vogais temáticas são denominadas *nominais* quando estão no final do vocábulo e não representam flexão de gênero, conforme os exemplos a seguir (Figura 5.58).

FIGURA 5.58 – VOGAL TEMÁTICA

| sal*a* | Não representa gênero | Vogal temática |
| muro | Não representa gênero | Vogal temática |

Quando representarem gêneros, são chamadas de *desinências nominais de gênero*, masculino ou feminino (Figura 5.59).

FIGURA 5.59 – DESINÊNCIA DE GÊNERO

| menina | Representa gênero | Desinência de gênero |
| cachorro | Representa gênero | Desinência de gênero |

Observe que as desinências fazem parte da variação da palavra, assim como o tema (Figura 5.60).

FIGURA 5.60 – PALAVRAS VARIÁVEIS E INVARIÁVEIS

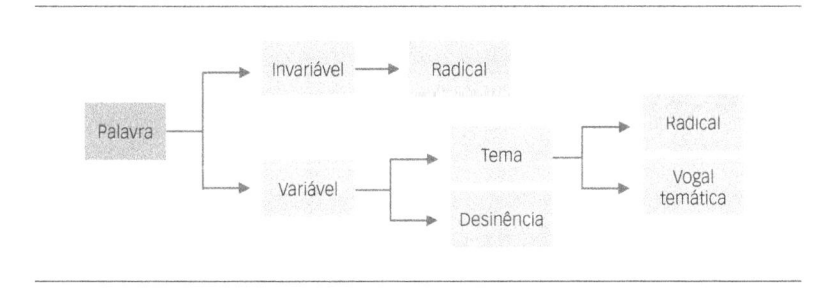

```
                    Invariável → Radical
Palavra →
                                        → Radical
                                Tema →
                    Variável →               Vogal
                                             temática
                            → Desinência
```

Por fim, as vogais ou as consoantes de ligação são fonemas que ligam morfemas. Suas funções são formar, facilitar ou possibilitar a pronúncia de determinadas palavras. Acompanhe os exemplos na sequência (Figura 5.61).

FIGURA 5.61 – VOGAL E CONSOANTE DE LIGAÇÃO

Radical	Vogal ou consoante de ligação	Sufixo
paris-	-i-	-ense
gas-	-ô-	-metro
te-	-o-	-crata
cafe-	-t-	-eria
cha-	-l-	-eira
pobre-	-t-	-ão

Curiosidade

As vogais e consoantes de ligação são consideradas, por alguns estudiosos, como partes do radical ou afixos, em uma análise morfológica.

cincopontocinco
Estruturas morfológicas: desinências

As **desinências** são elementos pospostos aos radicais nominais, para indicar gênero e número, ou verbais, para se referir a pessoa, tempo e modo. Exemplos:

* desinência nominal de gênero: noss<u>o</u> – noss<u>a</u>; menin<u>o</u> – menin<u>a</u>;
* desinência nominal de número: noss<u>o</u> – noss<u>os</u>; menin<u>o</u> – menin<u>os</u>.

Acompanhe o esquema apresentado na Figura 5.62 para um melhor entendimento.

FIGURA 5.62 – DESINÊNCIA I

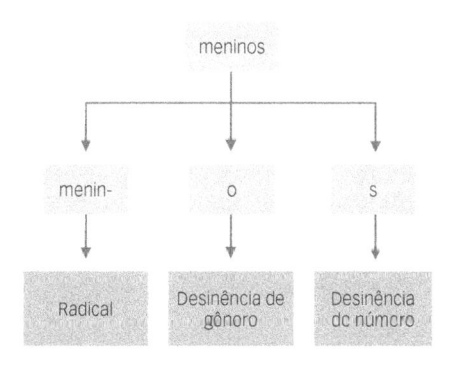

```
                    meninos
         ┌─────────────┼─────────────┐
         ▼             ▼             ▼
       menin-          o             s
         │             │             │
         ▼             ▼             ▼
      Radical    Desinência de  Desinência
                    gênero      de número
```

Portanto, tomando como exemplo o verbo *amar*, temos:

- Desinência verbo-nominal indicativa do infinitivo: *amar*.
- Desinência verbo-nominal indicativa do gerúndio: *amando*.
- Desinência verbo-nominal indicativa do particípio: *amado*.

Uma síntese do conteúdo exposto pode ser visualizada na Figura 5.63.

FIGURA 5.63 – DESINÊNCIA II

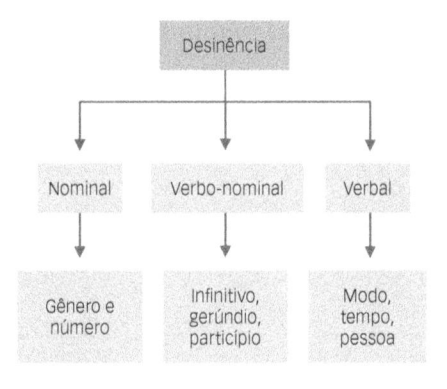

```
                    Desinência
         ┌──────────────┼──────────────┐
      Nominal      Verbo-nominal    Verbal
         │              │              │
     Gênero e       Infinitivo,      Modo,
      número        gerúndio,        tempo,
                    particípio       pessoa
```

Síntese

Neste capítulo, apresentamos as unidades morfológicas que compõem a estrutura das palavras. Além disso, definimos a importância do morfema na construção das palavras, as unidades básicas radical e raiz, os afixos, as vogais temáticas na constituição das palavras e as principais desinências.

> ## Indicação cultural
>
> MAZZAROPI – Jeca Tatu – Filme Completo – Filme de Comédia | Tela Nacional. Disponível em: <https://www.youtube.com/watch?v=Oo7_cmzLvok>. Acesso em: 22 mar. 2022.
>
> Conheça a riqueza do uso da língua portuguesa assistindo ao clássico do cinema nacional *Jeca Tatu*. Observe os procedimentos adotados na construção da figura do caipira.

Atividades de autoavaliação

1. As palavras podem ser compostas por um único elemento mórfico, denominado *radical*, que pode ser expandido por morfemas derivacionais, desinências e vogal temática. Diante do exposto, quais são os elementos básicos com significação nos morfemas?
   a. Raiz, radical e tema.
   b. Raiz, desinências, vogal temática e consoante de ligação.
   c. Radical, afixos e vogais de ligação.
   d. Radical, tema e afixos.
   e. Afixos, morfemas semânticos e morfemas flexionais.

2. Os processos tradicionais são denominados *concatenativos*. Nesse sentido, os procedimentos da composição e derivação são seus fundamentos. Mas existem os processos conhecidos como *não concatenativos*, também chamados de *marginais*, que, além dos

procedimentos morfológicos, fazem uso de elementos prosódicos. Marque a alternativa que apresenta um processo concatenativo:

a. Papai.
b. Pontapé.
c. Marginata.
d. Namorido.
e. *Drive*.

3. O radical é um elemento que confere significação básica ao termo. Ele denomina o sentido fundamental das palavras, a partir do qual se constitui uma família de palavras. A esse respeito, indique a seguir a alternativa que apresenta um radical secundário:

a. Terra.
b. Infeliz.
c. Desenterrados.
d. Sol.
e. Au-au.

4. O sufixo é um morfema posposto ao radical. Ele pode adicionar uma nova ideia ao vocábulo, determinar uma classe gramatical ao termo ou os dois ao mesmo tempo. Indique a alternativa que apresenta um sufixo adverbial:

a. Imoral.
b. Moralmente.
c. Moralidade.
d. Imoralidade.
e. Moral.

5. Desinências são elementos pospostos aos radicais nominais, para indicar gênero e número, ou verbais, para se referir a pessoa, tempo e modo. Nessa perspectiva, assinale a seguir a alternativa que apresenta uma desinência:
   a. Sala.
   b. Muro.
   c. Parede.
   d. Mesa.
   e. Cadeiras.

Atividades de aprendizagem

Questões para reflexão

1. Retomando a "Indicação cultural" deste capítulo, referente ao filme *Jeca Tatu*, após assisti-lo, reflita sobre a riqueza da língua portuguesa presente nas falas dos personagens. Que processos estudados neste capítulo você identifica nessa produção?
2. Trave contato com algumas línguas estrangeiras e procure observar quais são as desinências utilizadas. Você certamente perceberá diferenças em relação à língua portuguesa.

Atividade aplicada: prática

1. Elabore uma lista com as definições dos elementos estudados neste capítulo e busque inserir dois ou mais exemplos para cada um deles. Este exercício, além de ajudá-lo a rever o conteúdo, fará com que você internalize os conceitos estudados.

um Introdução à morfologia
dois Os morfemas
três Processos morfológicos de formação de palavras
quatro Morfologia e os processos de derivação
cinco Estruturas morfológicas
seis Formação dos morfemas flexionais e derivacionais

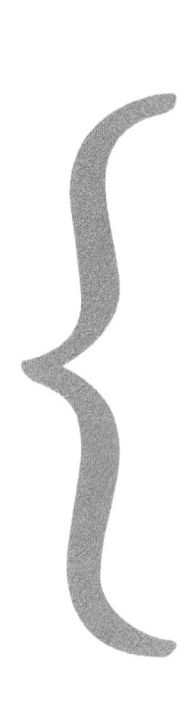

{

> *Perire, em latim, significa "provar", de onde vem a palavra "perigo", mas também as palavras "aperitivo" e "experimentar". Experire é "experimentar", ou seja, "provar de fora". A minha experiência é quando eu provo de fora e olho aquilo. O perigo é aquilo que me prova. Por isso, eu me sei naquilo que saboreio.*
>
> (Cortella, 2016, p. 22)

❰ NESTE CAPÍTULO FINAL, estudaremos a formação dos morfemas flexionais e derivacionais da língua. Também, conceituaremos o processo de morfologização e elucidaremos sua ocorrência na língua portuguesa. Apontaremos as ocorrências de morfologização nominal em situações que envolvem caso, número e gênero, bem como os sufixo número-pessoal e modo-temporal.

Cabe ressaltar que a ideia aqui não é trabalhar tais conteúdos de forma exaustiva, mas sim direcionar os futuros estudos de quem tiver interesse sobre o assunto.

seispontoum
Formação de morfemas

Vamos começar nossas reflexões nos embasando em algumas colocações de Saussure (2006), que fundamentou os estudos da linguística a partir do século XX. Para ele, a língua é comparável a um sistema financeiro análogo, por conta de seus aspectos sonoros e ideais. A esse respeito, observe a representação a seguir (Figura 6.1).

FIGURA 6.1 – LÍNGUA E SISTEMA DE VALORES

Sistema de valores	→	Fato social
Moedas	→	Valores
Papel e tina	→	Fonemas
Valor das notas	→	Significado dos signos

FONTE: Elaborada com base em Saussure, 2006.

Perceba que Saussure (2006) considera a língua, com seus valores, como um fator social resultado de uma coletividade e de convenções determinadas. Dessa forma, a língua é o componente de interação, assim como as relações econômicas, nas quais a moeda representa um valor. No caso, os fonemas e o valor atribuído à moeda são os signos linguísticos. Para o linguista, o pensamento e os sons são insignificantes caso não seja atribuída alguma organização para sua relação e seu entendimento. Em relação à língua, sem ela não haveria "nem materialização de pensamento, nem espiritualização de sons" (Saussure, 2006, p. 131).

Ainda com base em Saussure (2006), compreendemos que os signos nos remetem à atribuição de valores. Isso pode acontecer de forma contextualizada ou não. Todavia, o mesmo não acontece com o significante ou o significado, visto que ambos estão inter-relacionados. O signo linguístico é resultado da agregação entre uma imagem acústica – significante – e um conceito – significado.

Assim, o signo é resistente a mudanças, o que garantiria a imutabilidade da língua. Contudo, Saussure (2006) percebeu que, no desenvolvimento de uma língua, ela se altera ao ser exposta a duas forças simultaneamente: a massa de falantes e o tempo. É exatamente quanto a esse aspecto que se encaixa nosso foco de estudo: a morfologização.

Isso se dá porque o funcionalismo, corrente linguística adotada por Saussure, considera o uso da língua pelos falantes. Assim, os itens que apresentam significados lexicais passam a ser gramaticais – isto é, ocorre a gramaticalização, processo que analisa os contextos linguísticos nos quais as construções gramaticais passam a servir a função gramaticais. Tal fenômeno corresponde ao processo por meio do qual um item deixa o léxico e passa a fazer parte da gramática.

A gramaticalização prevê as mudanças dos significados referenciais pelas experiências físicas dos falantes e por suas atitudes subjetivas. Trata-se de um processo dinâmico que pode ocorrer em momentos estanques ou que pode ser assumido pelos falantes da língua, modificando-a. Ainda, ela resulta de uma atividade cognitiva de utilização da língua pelos seus usuários, de forma a resolver problemas comunicativos por meio de reanálises e analogias que provocam a formação de novos termos, isso tudo em um processo contínuo e contextual.

A gramaticalização é um princípio funcionalista, por meio do qual se entende que a gramática tradicional deve ser revista ante os enfoques das mudanças linguísticas. Ela enfatiza os seguintes temas: conceitos, histórico, processos e princípios. Seu estudo se dá por meio da tipologia linguística, da sintaxe convencional e das mudanças linguísticas.

A esse respeito, Lehmann (1985) afirma que a passagem de um item lexical ou gramatical para um gramatical engloba algumas fases de mudanças, descritas na Figura 6.2, a seguir.

FIGURA 6.2 – FASES DE MUDANÇAS DA GRAMATICALIZAÇÃO

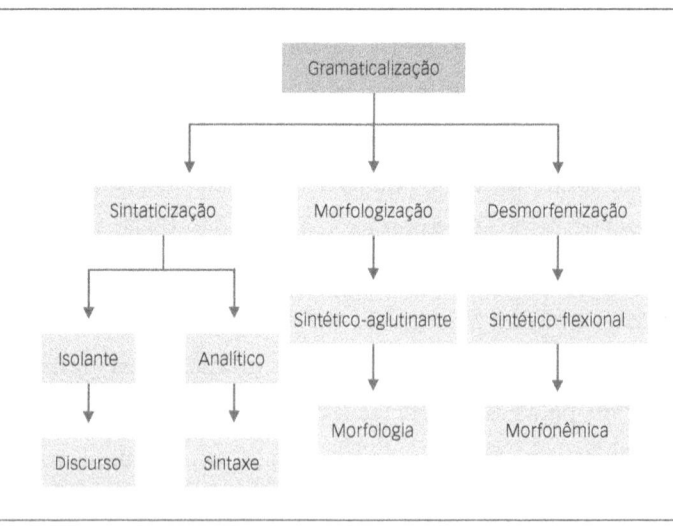

```
                         Gramaticalização
                               │
          ┌────────────────────┼────────────────────┐
          ▼                    ▼                    ▼
    Sintaticização       Morfologização      Desmorfemização
          │                    │                    │
     ┌────┴────┐                ▼                    ▼
     ▼         ▼       Sintético-aglutinante  Sintético-flexional
  Isolante  Analítico           │                    │
     │         │                ▼                    ▼
     ▼         ▼           Morfologia           Morfonêmica
  Discurso  Sintaxe
```

FONTE: Elaborada com base em Lehmann, 1985.

De acordo com a organização de Lehmann (1985), a fase de sintaticização ocorre quando um item lexical livre passa a ter uma construção sintática. O item analítico acontece com a aglutinação, transformando-se em um afixo na fase de morfologização, e, depois, a forma aglutinada passa para a flexional.

Após o primeiro estágio, tem-se a morfologização, etapa em que surgem as formas presas na língua, que podem ser afixos flexionais ou derivacionais.

Há várias denominações para tal processo: *esvaimento, condensação, redução, morfologização, sintaticização*, entre outras.

Nesse sentido, Lehmann (1985) elenca os princípios da paradigmatização, obrigatoriedade, condensação, coalescência e fixação. Por sua vez, Hopper (1991) define também cinco princípios, assim distribuídos: estratificação (*layering*), divergência, especialização, persistência e decategorização.

Vamos conhecer um pouco mais sobre a sintaticização. Ela está diretamente relacionada com as mudanças na gramática, por conta da dinâmica da comunicação e da flexibilização das estruturas discurso-pragmáticas que se transmutam em estruturas sintáticas e gramaticalizadas. Assim, a sintaticização se refere às alterações nos arranjos sintagmáticos e sentenciais, isto é, à elaboração de novas combinações de elementos, em uma sentença, resultantes de seu uso pelos falantes. Dessa forma, sua ocorrência se dá, na maioria das vezes, na fala, na troca de informações pela oralidade (Santana, 2022).

Um exemplo de sintetização corresponde à inversão da ordem lógica das sentenças. Considere o exemplo a seguir, apresentado por Santana (2022):

- "Como moro longe do emprego, eu acordo muito cedo".

Contrariando a ordem canônica da língua, o predicado vem antes do sujeito. Subjetivamente, há a intenção de dar foco para o elemento destacado pelo falante.

Outro exemplo apresentado pela autora é a repetição de vocábulos, também muito comum na oralidade. Observe o exemplo (Santana, 2022):

- "Quando eu fui no mercado eu comprei uma dúzia de laranjas... Com essas laranjas eu quero fazer um suco de laranja, porque eu ouvi de uma médica que essa fruta é boa para... para desintoxicar e, por isso, eu comprei laranjas".

Observe que o termo *laranjas* foi repetido várias vezes. Isso acontece em conversas nas quais a redundância representa a busca pelo entendimento entre os interlocutores.

Continuando com as explicações, temos a ausência de preposições que regem verbos (Santana, 2022). Vamos analisar o exemplo:

- "Eu estava na casa que morava o João".

Na fala informal, falta a preposição *em* complementando "que morava". O mesmo acontece com a fragmentação de frases em que há ausência de conjunções:

- "Liguei no banco. Ninguém atendeu".

As duas orações deveriam ter um marcador conectivo adversativo: *mas, todavia, no entanto*.

Tais exemplos, apresentados por Santana (2022), demonstram a criação de novas estruturas e combinações na oralidade.

A seguir, vamos acompanhar como ocorre o princípio da estratificação, que apresenta uma disposição paralela entre termos antigos e novos, como nos exemplos a seguir (Figura 6.3).

Figura 6.3 – Princípio da estratificação

tu = você   nós = a gente

Para entender isso melhor, observe as tirinhas expostas na sequência (Figuras 6.4 e 6.5).

Figura 6.4 – Tirinha: Armandinho (a gente)

A GENTE ESTUDA, ESTUDA, ESTUDA...

...E APRENDE A DAR RESPOSTAS!

QUANDO VAMOS APRENDER A FAZER AS PERGUNTAS?

Armandinho, por Alexandre Beck

Na tirinha, Armandinho utiliza a expressão *a gente* em substituição a *nós*:

Figura 6.5 – Tirinha: Armandinho (você)

VOCÊ SEMPRE VAI OUVIR QUE "NÃO ADIANTA"!

GERALMENTE DE PESSOAS QUE NUNCA TENTARAM!

QUANDO FOR ASSIM, NÃO LIGA!

NADA INCOMODA MAIS QUEM NÃO FAZ NADA...

...DO QUE ALGUÉM QUE TENTA FAZER ALGUMA COISA!

Armandinho, por Alexandre Beck

Nessa tirinha, há utilização do pronome *você* na posição em que poderia ser utilizado *tu*.

Assim, o princípio da especialização apresenta uma forma emergente, entre outras variedades, que paulatinamente se torna única, como no exemplo que segue (Figura 6.6).

Figura 6.6 – Princípio da especialização

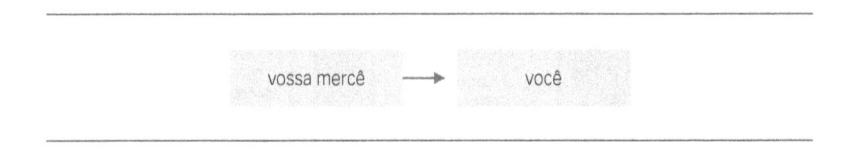

vossa mercê → você

O princípio da divergência se dá mediante o convívio do léxico original com a forma gramaticalizada. Observe, a seguir, o termo *mente*, que significa a parte incorpórea, inteligente ou sensível do ser humano. Todavia, ao se tornar um sufixo, torna-se o adjetivo do radical (Figura 6.7).

FIGURA 6.7 – PRINCÍPIO DA DIVERGÊNCIA

```
Mente ──► Pensamento
  │
  ▼
[Advérbio] ──► alegremente


Mente ──► Pensamento
  │
  ▼
[Advérbio] ──► tranquilamente
```

Os exemplos de gramaticalização passam por nomes de verbos para morfemas e locuções, conforme apresentado na Figura 6.8.

FIGURA 6.8 – PASSAGEM DE LOCUÇÃO PARA VERBO

```
amar hei    Verbo haver
   │
   ▼
[amarei]
```

A locução *amar hei*, do verbo *haver (hei)*, incorpora-se ao verbo, passando a funcionar como desinência de futuro *(amarei)*.

Diante do exposto, a morfologização consiste na ação de modificar a composição de determinada palavra ou expressão, visando à criação de novos termos. Assim, ela faz parte da gramaticalização e possui três categorias, como representado a seguir (Figura 6.9).

FIGURA 6.9 – GRAMATICALIZAÇÃO I

```
                  ┌─► Morfologização ──► Radical e afixos
Gramaticalização ─┼─► Fonologização  ──► Corpo fônico
                  └─► Sintaticização ──► Sintagmas
```

Mesmo fazendo parte de gramaticalização, a morfologização não é pressuposto para a sua realização.

Em síntese, há gramaticalização quando uma palavra ou expressão perde seu sentido lexical em relação ao sentido gramatical. Veja, na Figura 6.10, a representação desse fenômeno.

Figura 6.10 – Passagem do sentido lexical para o gramatical

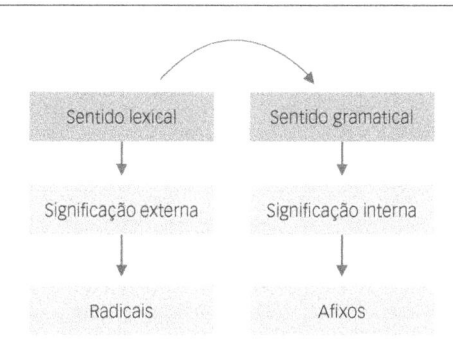

```
        Sentido lexical  ──→  Sentido gramatical
              ↓                      ↓
        Significação externa    Significação interna
              ↓                      ↓
           Radicais               Afixos
```

Vamos tomar como exemplo a forma de tratamento *vossa mercê* (*mercê* significa "graça"), que era utilizada paralelamente com o pronome *tu* (usado atualmente em apenas alguns lugares) e se transformou consecutivamente em *vosmecê*, *vancê* e, finalmente, em *você*, pronome pessoal de tratamento (Figura 6.11). Certamente, o uso frequente do termo resultou na fusão e redução fonológica, ajustando-o ao padrão dos pronomes do caso reto.

Figura 6.11 – Origem do termo *você*

| vossa mercê | vosmecê | vancê | você |

Agora, vamos analisar o adjetivo *duro*. Seu significado original referia-se a elementos firmes, sólidos, rígidos. Todavia, com o uso, ele deu origem aos verbos *durar* e *perdurar*, assim como à preposição *durante* (Figura 6.12).

Figura 6.12 – Gramaticalização II

```
duro ──► Adjetivo ──► Firme, sólido, rijo
  │
  ├──► durar    perdurar    Verbo
  │
  └──► durante    Preposição
```

Outro exemplo conhecido diz respeito à conjunção *embora*, que derivou da expressão *em boa hora*. A locução passou a ser um advérbio por meio da aglutinação.

Para que ocorra o processo de morfologização, as palavras passam de uma estrutura sintática para o nível lexical. Assim, tem-se a passagem de um objeto para a análise no âmbito da morfologia. Logo, um morfema livre é reduzido a um morfema preso, perdendo seu significado lexical por uma função gramatical.

Vamos analisar o caso do uso de um adjetivo no lugar de um advérbio. Os advérbios são os modificadores de uma ação verbal e dão características aos verbos, como no caso a seguir (Figura 6.13).

FIGURA 6.13 – ADJETIVO NO LUGAR DO ADVÉRBIO I

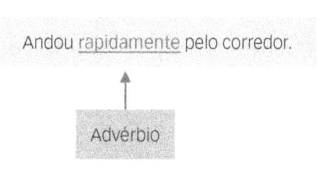

Andou rapidamente pelo corredor.
↑
Advérbio

Sabemos que, diferentemente do que recomenda a norma, em situações informais é comum o uso de um adjetivo no lugar do advérbio. Com isso, retira-se o sufixo designador de modo (-mente) da construção (Figura 6.14).

FIGURA 6.14 – ADJETIVO NO LUGAR DO ADVÉRBIO II

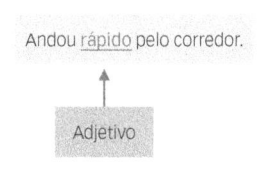

Andou rápido pelo corredor.
↑
Adjetivo

Observe a seguir mais um exemplo no qual há a retirada do sufixo -mente (Figura 6.15).

Figura 6.15 – Adjetivo no lugar do advérbio III

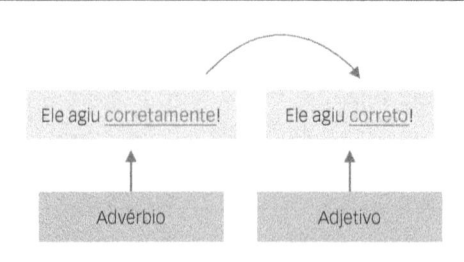

```
Ele agiu corretamente!        Ele agiu correto!
         ▲                            ▲
         |                            |
      Advérbio                     Adjetivo
```

Outra ocorrência muito comum do uso da morfologização acontece com *onde*, advérbio de lugar (que ainda pode exercer a função de pronome relativo) e *aonde*, preposição mais advérbio (Figura 6.16).

Figura 6.16 – Morfologização

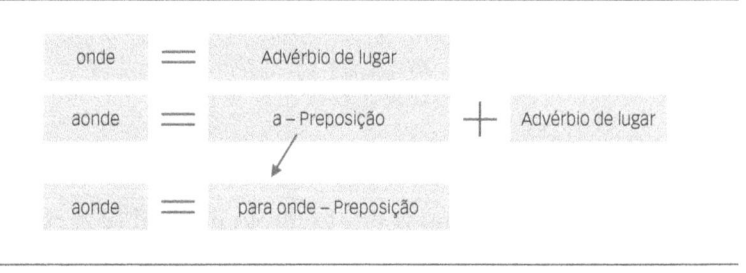

```
onde   =   Advérbio de lugar
aonde  =   a – Preposição      +   Advérbio de lugar
aonde  =   para onde – Preposição
```

Os termos *onde* e *aonde* referem-se a lugar, porém, *onde* indica permanência, enquanto *aonde* transmite a ideia de movimento. Verifique na Figura 6.17, a seguir, como seria o correto de acordo com a normatização da língua.

FIGURA 6.17 – NORMATIZAÇÃO DA LÍNGUA

> Aonde você vai?   Onde coloquei o celular?

Mas, em situações informais, principalmente na oralidade, o uso da morfologização é comum (Figura 6.18).

FIGURA 6.18 – MORFOLOGIZAÇÃO NA ORALIDADE

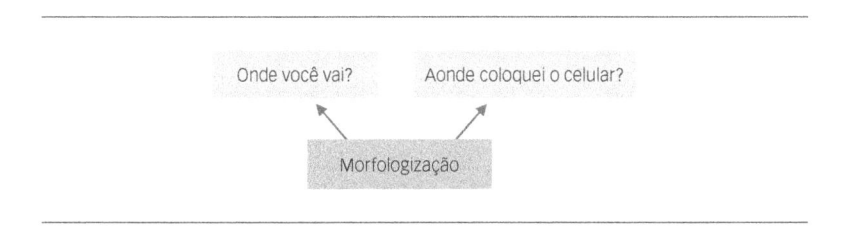

> Onde você vai?   Aonde coloquei o celular?
> ↖   ↗
> Morfologização

Na aglutinação, quando ocorre a junção de duas ou mais palavras que dão origem a um novo termo, a preposição *em* somada ao artigo *a* tem a mesma função da crase (a + a = à). Por exemplo, vamos tomar as seguintes sentenças: *A faculdade fica* na *Rua XV* ou *A faculdade fica* à *Rua XV* (Figura 6.19).

FIGURA 6.19 – AGLUTINAÇÃO

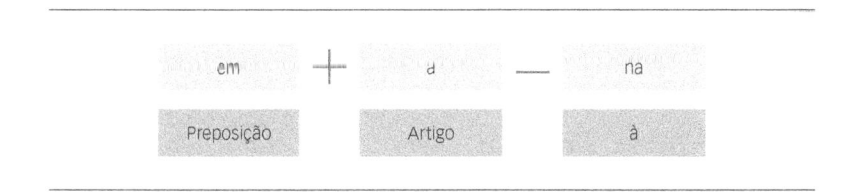

> em + a — na
> Preposição   Artigo   à

seispontodois
Morfologização do radical

O radical, também denominado morfema lexical, carrega o significa básico do termo, como já visto. Ele pode ser nominal ou verbal, dependendo da vogal temática que o completa. Eles serão nominais quando indicarem gênero e número dos nomes (substantivos, adjetivos, pronomes e numerais) e serão verbais quando indicarem número, pessoa, tempo e modo dos verbos (desinências modo-temporal e número-pessoal).

seispontotrês
Morfologização nominal I: caso e número

As vogais temáticas dos substantivos e adjetivos organizam as classes nominais ou classes temáticas. A formação do plural dos nomes se dá pela regra geral do acréscimo a vogal temática do sufixo -s.

A morfologização de número se deu pela adaptação do latim vulgar, como exemplifica Castilho (2014), conforme o exemplo a seguir.

Figura 6.20 – Latim vulgar para o português

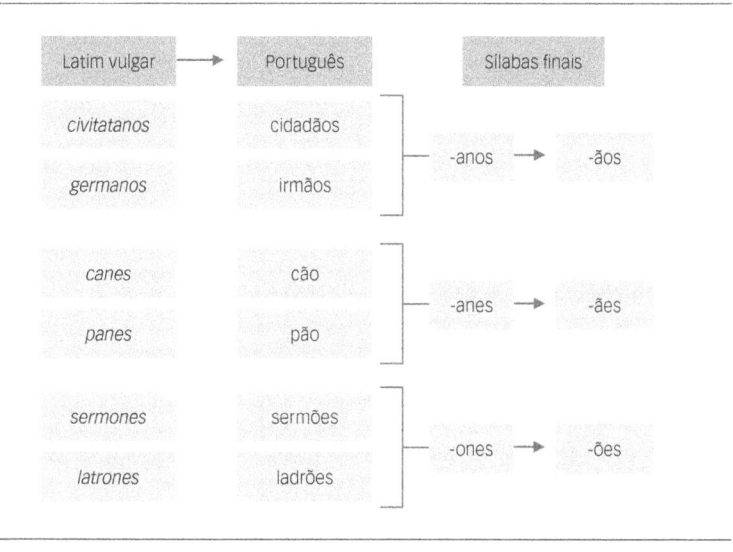

Latim vulgar	Português	Sílabas finais
civitatanos	cidadãos	-anos → -ãos
germanos	irmãos	
canes	cão	-anes → -ães
panes	pão	
sermones	sermões	-ones → -ões
latrones	ladrões	

FONTE: Elaborado com base em Castilho, 2014.

seispontoquatro
Morfologização nominal II: gênero

Na língua portuguesa, é possível a identificação, na superfície, do gênero das palavras, podendo ser um morfema de gênero (sufixo) ou uma vogal temática nominal (-a, -o, -e). Utilizamos os artigos "o – um" para masculino e "a – uma" para feminino.

Vejamos a morfologização do vocábulo *gente*. Trata-se de um substantivo feminino sobrecomum, pois possui apenas uma forma tanto para o masculino quanto para o feminino.

FIGURA 6.21 – MORFOLOGIZAÇÃO DE VOCÁBULO

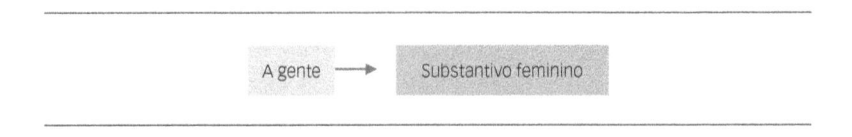

A gente → Substantivo feminino

O vocábulo *gente* pode ser utilizado na indicação de seres humanos, homens, meninos, povo. Quando isso acontece, os termos são flexionados no masculino, conforme exposto na Figura 6.22.

FIGURA 6.22 – TERMO FLEXIONADO NO MASCULINO

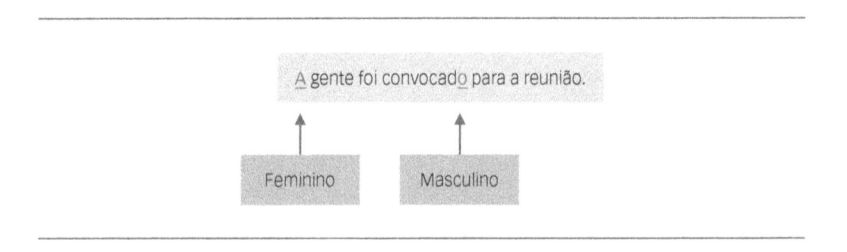

A gente foi convocado para a reunião.
Feminino — Masculino

Observe que o termo *convocado* está no masculino referindo-se ao termo feminino.

O latim culto possuía três gêneros: feminino, masculino e neutro. O latim vulgar disseminou o gênero neutro nos outros dois, ficando indicado pelo *a*.

FIGURA 6.23 – LATIM CULTO

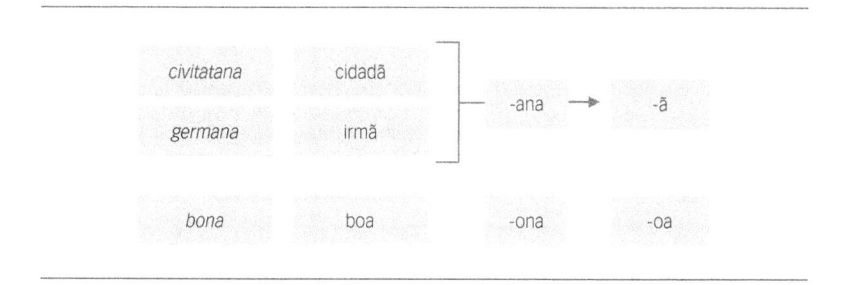

civitatana	cidadã		
germana	irmã	-ana →	-ã
bona	boa	-ona	-oa

seispontocinco
Morfologização verbal I: sufixo número-pessoal

A morfologização pode ocorrer com os sufixos indicadores de número e pessoa nos verbos. Trata-se de fenômeno bastante comum na oralidade e, muitas vezes, também na escrita. Para exemplificar, vamos retomar a conjugação do verbo *falar* no presente do subjuntivo e no imperativo afirmativo.

Quadro 6.1 – Conjugação do imperativo afirmativo

Presente	Afirmativo
Que eu fale	
Que tu fales	Fala tu
Que ele fale	Fale você
Que nós falemos	Falemos nós
Que vós faleis	Falai vós
Que eles falem	Falem vocês

O tempo verbal presente do subjuntivo tem como função indicar uma ação do presente ou do futuro. Como pode ser utilizado para expressar desejos, é confundido com o imperativo afirmativo, que expressa ordem, proibição, convite, conselho, pedido ou súplica. O uso da conjugação no presente do indicativo no lugar do imperativo é uma forma de morfologização do verbal. Observe que há mudança de pessoa (Figura 6.24).

Figura 6.24 – Uso do presente do indicativo

| Fale | 1ª pessoa | Que eu fale |
| Fala | 2ª pessoa | Fala tu |

Acompanhe mais exemplos na Figura 6.25, a seguir.

FIGURA 6.25 – MORFOLOGIZAÇÃO DO VERBO I

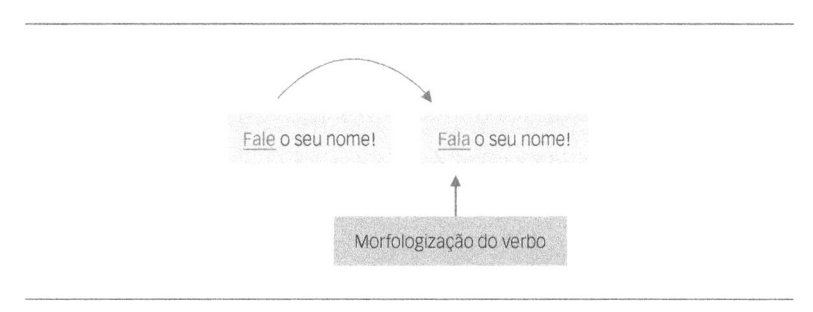

Fale o seu nome!   Fala o seu nome!

Morfologização do verbo

Outro exemplo de uma fala muito comum consta na Figura 6.26, a seguir.

FIGURA 6.26 – MORFOLOGIZAÇÃO DO VERBO II

Vá para o inferno!   Vai para o inferno!

Perceba que há a mesma forma de morfologização do verbo, como mostra a figura a seguir.

FIGURA 6.27 – MORFOLOGIZAÇÃO DO VERBO III

vá	1ª pessoa	Que eu vá
vai	2ª pessoa	Vai tu

seispontoseis
Morfologização verbal II: sufixo modo-temporal

Vamos analisar algumas mudanças de modo e tempo nos verbos, como o uso coloquial do verbo *pôr*. Sua utilização é muito comum no infinitivo, quando deveria ocorrer no futuro do subjuntivo. Repare o exposto nos exemplos que seguem (Figura 6.28).

FIGURA 6.28 – USO DO VERBO *PÔR* NO INFINITIVO

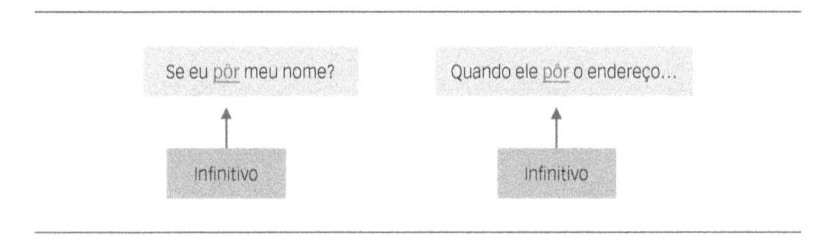

Se eu pôr meu nome? — Infinitivo

Quando ele pôr o endereço... — Infinitivo

Em ambos, a norma indica o uso do tempo verbal futuro do subjuntivo, como expõe a Figura 6.29 na sequência.

FIGURA 6.29 – USO DO VERBO *PÔR* NO FUTURO DO SUBJUNTIVO

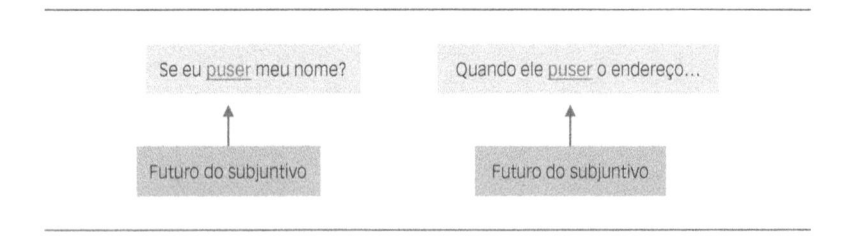

Se eu puser meu nome? — Futuro do subjuntivo

Quando ele puser o endereço... — Futuro do subjuntivo

Sabemos que o infinitivo corresponde ao verbo em seu estado natural. É como a identidade do verbo, pois ele transmite a ideia de uma ação ou estado, exercendo uma função semelhante à de um substantivo. Dessa forma, o infinitivo não indica tempo nem possibilidade de que algo aconteça no futuro.

O mesmo fenômeno acontece com o verbo *manter* (Figura 6.30).

FIGURA 6.30 – USO DO INFINITIVO

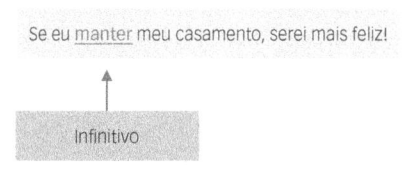

Se eu manter meu casamento, serei mais feliz!
↑
Infinitivo

Veja na figura a seguir como seria o correto, de acordo com a norma-padrão.

FIGURA 6.31 – USO DO FUTURO DO SUBJUNTIVO

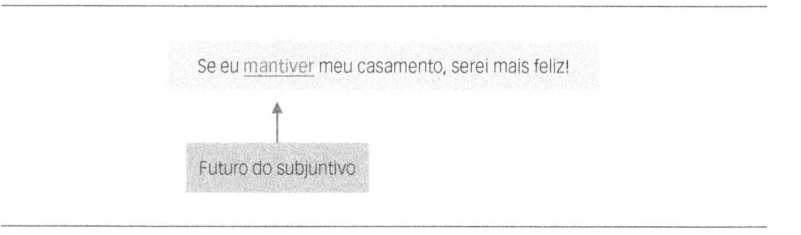

Se eu mantiver meu casamento, serei mais feliz!
↑
Futuro do subjuntivo

Portanto, podemos concluir que a morfologização é um processo de criação de palavras em que a dinamicidade da língua admite tais mudanças, sendo utilizada em contextos formais e/ou informais da comunicação. Trata-se, assim, da elaboração de formas presas, por meio da qual se verifica a criação de afixos flexionais, tanto verbais como nominais, e de afixos derivacionais.

Síntese

Neste capítulo, apresentamos como ocorre a formação dos morfemas flexionais e derivacionais em uma dada língua. Para isso, conceituamos o processo de morfologização e sua ocorrência na língua portuguesa. Além disso, apontamos as ocorrências de morfologização nominal em situações que envolvem caso, número e gênero, bem como sufixos número-pessoal e modo-temporal.

Indicações culturais

LISBELA e o prisioneiro. Direção: Guel Arraes. Brasil: 20th Century Fox. 106 min.

A produção cinematográfica *Lisbela e o prisioneiro* traz uma grande riqueza de variações linguísticas nos discursos dos personagens. Assista ao filme e busque verificar quais fatores sociais condicionaram tais modificações, assim como a existência do preconceito linguístico decorrente delas.

> KOBS, V. D. Regionalismo e brasilidade em Lisbela e o Prisioneiro. Travessias Interativas, n. 14, jul./dez. 2017. Disponível em: <https://seer.ufs.br/index.php/Travessias/article/view/9128>. Acesso em: 22 mar. 2022.
>
> Para saber mais sobre os regionalismos e estabelecer relações com os conteúdos estudados, leia o artigo indicado, que certamente enriquecerá seus estudos na área.

Atividades de autoavaliação

1. Saussure fundamentou os estudos da linguística a partir do século XX. Como esse linguista considera a língua?
   a. Como um fator social.
   b. Como um fator individual.
   c. Como um fator econômico.
   d. Como um fator de significados.
   e. Como um fator de significantes.

2. A gramaticalização é um processo dinâmico que pode se dar em momentos estanques ou pode ser assumido pelos falantes da língua, modificando-a. Indique a alternativa a seguir que explica de que ela resulta:
   a. De uma atividade fonética resultante dos contatos com línguas diferentes.
   b. De uma atividade cognitiva resultante da utilização da língua pelos seus usuários.

c. De uma relação entre significado e significante que não leva em conta o signo.
d. De uma atividade intelectual dos usuários da língua que têm contato com outras línguas.
e. É o signo que realiza analogias com o uso de novos termos.

3. A sintaticização está diretamente relacionada com as mudanças na gramática, por conta da dinâmica da comunicação e da flexibilização das estruturas discurso-pragmáticas que se transmutam em estruturas sintáticas gramaticalizadas estáveis. Na maior parte do tempo, qual é o contexto de sua realização?
a. Na fala.
b. Na escrita.
c. No registro físico da fala.
d. No registro cognitivo da fala.
e. Em todos os contextos.

4. A gramaticalização é um processo linguístico no qual há mudanças nas categorias sintáticas (sintaticização) e fonológicas (fonologização), além de ocorrer também quando um fonema é alterado e deixa de ser uma forma livre (morfologização). Nesse sentido, quando acontece a gramaticalização?
a. Quando uma palavra ou expressão perde seu sentido gramatical em relação ao sentido lexical.
b. Quando uma palavra ou expressão ganha um sentido lexical em relação ao sentido gramatical.

c. Quando uma palavra ou expressão perde seu sentido lexical em relação ao sentido gramatical.
d. Quando uma palavra ou expressão ganha um sentido fonológico em relação ao sentido gramatical.
e. Quando uma palavra ou expressão perde seu sentido lexical em relação ao sentido fonológico.

5. A morfologização corresponde à formação dos morfemas flexionais e derivacionais de uma língua por meio da alteração de sua constituição. Para isso, as palavras passam de uma estrutura sintática para o nível lexical, e há a passagem de um objeto para a análise no âmbito da morfologia. Isso ocorre quando acontece qual fenômeno?
a. Quando um morfema preso é reduzido a um morfema livre, perdendo seu significado lexical por uma função gramatical.
b. Quando um morfema livre é reduzido a um morfema preso, perdendo seu significado gramatical por uma função lexical.
c. Quando um morfema preso é reduzido a um morfema livre, perdendo seu significado gramatical por uma função lexical.
d. Quando um morfema livre é ampliado a um morfema preso, perdendo seu significado lexical por uma função gramatical.
e. Quando um morfema livre é reduzido a um morfema preso, perdendo seu significado lexical por uma função gramatical.

Atividades de aprendizagem

Questões para reflexão

1. Com base nos estudos deste capítulo, converse com pessoas de sua família ou amigos e procure perceber o uso de morfemas flexionais e/ou derivacionais. Como estudiosos da morfologia da língua portuguesa, é importante conseguir fazer essa identificação enquanto nos comunicamos.
2. Em sua opinião, qual é a importância dos processos de morfologização para o enriquecimento da língua portuguesa?

Atividade aplicada: prática

1. Pesquise exemplos de morfologização e elabore um quadro-resumo com os elementos que você encontrar. Busque justificar suas ocorrências.

considerações finais

❰FINALMENTE CHEGAMOS AO final desta obra, e esperamos que você a tenha como uma importante fonte de pesquisa em seus estudos sobre a morfologia da língua portuguesa, bem como em sua prática profissional, caso deseje se especializar nessa área.

Ao longo de todo este livro, abordamos diversos conteúdos relacionados à morfologia, tais como: o conceito de morfologia; um breve estudo histórico da área; a nomenclatura gramatical brasileira (NGB); o objeto de estudo da morfologia; a tipologia morfológica de Schleicher; as unidades mínimas de significação; os alomorfes e os processos morfológicos; os morfemas; o morfema zero; a ordem dos morfemas e os morfemas lexicais; as desinências verbais; a formação de palavras; os processos de composição, justaposição e aglutinação; as derivações prefixal, sufixal, imprópria, regressiva e parassintética; os morfemas nas palavras, nas estruturas morfológicas do radical, bem como em raiz, afixos, vogal temática e tema, além das desinências; e a morfologização do radical, bem como do verbo e do nome.

    Nossa maior intenção com este material foi fornecer subsídios básicos sobre os conhecimentos fundamentais vinculados à morfologia. Assim, por meio de uma linguagem simples e de diversos exemplos, buscamos amparar os estudos a respeito dessa categoria linguística. Evidentemente, não tivemos o objetivo de esgotar o conteúdo, visto que isso não seria possível em uma única obra. No entanto, procuramos oferecer informações suficientes para evocar a necessidade de mantermos a prática constante de estudo e pesquisa sobre a evolução da língua e de seu uso.

glossário

Alomorfe – passagem de uma forma para outra sem mudança de valor ou significado.

Alomorfia – variação sofrida por algum morfema de uma palavra a fim de que ela seja mais bem pronunciada.

Classes – categorias linguísticas que têm algumas propriedades formais e semânticas em comum.

Cognatos – palavras que vêm da mesma raiz; grupo de palavras que têm etimologicamente uma origem comum.

Competência (linguística) – disposição do indivíduo para produzir, compreender e reconhecer a estrutura de todas as frases de sua língua.

Competência lexical – conhecimento que o falante tem do léxico de sua língua.

Composição por aglutinação – processo de composição no qual ocorre alteração fonética no(s) constituinte(s).

Composição por justaposição – processo de composição sem alterações fonéticas nos constituintes.

Comutação – troca de um elemento no plano da expressão de que resulta uma alteração no plano de conteúdo.

Consoante ou vogal de ligação – fonema colocado no interior de algumas palavras com a finalidade de facilitar a sua pronúncia.

Derivação – processo de formação de palavras pelo acréscimo de prefixos (derivação prefixal) ou de sufixos (derivação sufixal).

Derivação imprópria – formação de palavras por mudança de classe gramatical, sem que se processe qualquer alteração mórfica.

Derivação parassintética – processo de formação de palavras pela adjunção simultânea de prefixo e sufixo a um radical, de tal modo que a supressão de um ou de outro resulta em uma forma inexistente na língua.

Derivação por sufixo zero – processo de derivação de palavras sem a presença de morfema aditivo.

Derivação regressiva e abreviação – processo de derivação de palavra no qual ocorre perda fonética na comparação com a forma primitiva.

Desempenho (linguístico) ou *performance* – aquilo que o indivíduo realiza efetivamente quando fala, isto é, quando usa a língua.

Desinência nominal – morfe aditivo em posição final que representa, nos nomes, o gênero feminino em oposição ao morfema zero do masculino, ou o plural em oposição ao morfema zero do singular.

Desinência verbal – morfe aditivo em posição final que representa, nos verbos, o modo e o tempo (desinência modo-temporal) e o número e a pessoa gramatical (desinência número-pessoal).

Diacronia – estudo da língua na perspectiva da evolução de um estágio a outro, com vistas a identificar e descrever as mudanças ao longo de um período.

Empréstimo ou estrangeirismo – vocábulo emprestado de outras línguas e incorporado ao léxico.

Flexão – acréscimo de morfes em posição final para realizar oposições gramaticais entre os nomes e pronomes (flexão nominal) e entre os verbos (flexão verbal).

Fonema – menor unidade distintiva do som elementar da linguagem articulada. Não tem significado, apenas significante.

Forma – fonema com significação.

Forma dependente – vocábulo formal, mas não é palavra, pois não tem significado próprio. Não expressa ideia externa à língua. As preposições, as conjunções, os artigos e alguns pronomes pertencem a essa categoria.

Forma livre – morfema que, por si só, pode constituir uma palavra.

Forma presa – morfema que só tem função quando ligado com outras formas.

Frase – enunciado que encerra um sentido completo; suas unidades significativas ligam a um ou mais predicados coordenados.

Função – papel que os elementos gramaticais desempenham dentro da frase.

Gênero – noção gramatical que classifica as palavras em masculinas ou femininas.

Gramaticalização – processo de mudança linguística no qual um vocábulo autônomo, ou seja, uma forma livre assume atribuições gramaticais.

Hibridismo – vocábulo formado por elementos de línguas diferentes, seja por composição, seja por derivação.

Invariáveis – palavras que não são sujeitas a variações em sua forma.

Lexemas – palavras de mesma classe morfológica que se distribuem de forma complementar e diferem morfologicamente entre si unicamente por sufixos flexivos.

Língua – instrumento de comunicação oral duplamente articulado.

Monema – fragmento mínimo capaz de expressar significado, ou a menor unidade significativa que se pode identificar. Alguns autores usam o termo *monema* para designar tanto os lexemas como os morfemas (gramaticais).

Monemas gramaticais (ou morfemas) – monemas que contêm significado gramatical.

Monemas lexicais (ou lexemas) – monemas que contêm significado lexical.

Morfe – realização concreta de um morfema. Pode ser um simples fonema, uma sílaba ou uma combinação de fonemas e sílabas. Uma unidade formal será um morfe sempre que tiver um sentido lexical ou gramatical.

Morfe redundante – o morfe será redundante (ou submorfêmico) sempre que reforçar uma oposição marcada por morfe aditivo.

Morfema – menor unidade significativa que compõe o vocábulo. É indivisível e obrigatoriamente terá significado ou função gramatical.

Morfema ausente – o morfema também pode ser um morfema ausente. Quando a ausência do morfema é significativa, a função é considerada cumprida pelo morfema zero.

Morfema classificatório – morfema constituído pelas vogais temáticas.

Morfema cumulativo – morfe que representa mais de uma noção gramatical.

Morfemas derivacionais – afixos (prefixos e sufixos) por meio dos quais é possível criar (derivar) vocábulos novos.

Morfemas gramaticais – apresentam significado interno, que têm em conta as categorias ou as relações linguísticas.

Morfema livre – pode aparecer sozinho formando palavra.

Morfema preso – não pode aparecer sozinho, precisa sempre se ligar a pelo menos um outro morfema no interior de uma palavra.

Morfema relacional – vocábulo dependente, isto é, sem autonomia mórfica, que não constitui por si só um enunciado, a exemplo de preposições, conjunções e pronomes relativos.

Morfema zero – morfema que se realiza por meio da ausência de morfe.

Morfologia – parte da gramática que descreve e analisa a forma das palavras.

Mudança morfofonêmica – alomorfia condicionada fonologicamente, isto é, mudança no sistema fonêmico do vocábulo com repercussão no sistema mórfico.

Número – noção gramatical que distingue um elemento (singular) de mais de um elemento (plural).

Nominal – relativo ao nome, substantivo ou adjetivo.

Palavra – unidade mínima com som e significado que, sozinha, pode constituir um enunciado; vocábulo.

Prefixos – morfemas derivacionais que ocupam posição anterior à raiz, modificando o significado do vocábulo primitivo.

Radical – parte do vocábulo formada pela raiz e pelos afixos derivacionais. Se o radical não tiver morfema derivacional (prefixo ou sufixo), será radical primário; caso contrário, se houver um morfema derivacional, será radical secundário; se tiver dois morfemas derivacionais, será radical terciário, e assim sucessivamente.

Raiz – elemento irredutível comum a todos os vocábulos da mesma família. É o morfema sobre o qual repousa a significação lexical básica. Equivale a semantema, lexema, radical primário ou forma primitiva.

Sentido – significado de um elemento linguístico em um contexto determinado; significado.

Sentido externo – o mesmo que sentido lexical.

Sentido lexical – significado das palavras em um dicionário; é externo à língua.

Sincronia – estudo de um estado de língua em determinado momento de sua evolução.

Sintaxe – estudo de tudo que permite reconstruir o significado global da mensagem por meio da sucessão dos monemas de um enunciado.

Sufixo – morfe aditivo que sucede a raiz. Pode ser derivacional ou categórico.

Tema – conjunto formado pelo radical do vocábulo mais a vogal temática. Nesse caso, o vocábulo é temático. Se o vocábulo não tiver vogal temática – radicais terminados por consoante ou vogal tônica –, então o vocábulo será atemático.

Variável – sujeito a variações em sua forma, nas desinências de número, gênero, pessoa, grau, modo, tempo, número e pessoa.

Verbal – relativo ao verbo.

Vocábulo – tem sentido mais amplo do que *palavra*, pois, além das formas que têm significação lexical ou extralinguística (formas livres), inclui as formas com significação gramatical (formas dependentes) e o conceito de vocábulo fonológico.

Vocábulo fonológico – inclui os vocábulos formais em geral e a combinação de vocábulos formais, sempre que ocorrer perda de marca fonológica que indique a delimitação entre vocábulos na corrente da fala.

Vocábulo invariável – aquele que não se submete aos processos de flexão.

Vocábulo mórfico – termo técnico próprio da morfologia que diz respeito às formas livres e dependentes. Portanto, *palavra* e *vocábulo mórfico* se equivalem.

Vocábulo variável – aquele que se submete aos processos de flexão nominal e verbal.

Vogal ou consoante de ligação – fonema colocado no interior de algumas palavras com a finalidade de facilitar a sua pronúncia.

Vogal temática – vogal que ocorre depois do radical e antes das desinências.

referências

ABL – Academia Brasileira de Letras. Reduções. Disponível em: <https://www.academia.org.br/nossa-lingua/reducoes>. Acesso em: 20 mar. 2022.

ABL – Academia Brasileira de Letras. Vocabulário ortográfico da língua portuguesa. 4. ed. Rio de Janeiro: Imprinta, 2004.

ALI, S. Gramática histórica da língua portuguesa. São Paulo: Melhoramentos, 1966.

ALMEIDA, N. M. de. Dicionário de questões vernáculas. 4. ed. São Paulo: Ática, 2008.

ANDERSON, S. R. Typological Distinctions in Word Formation. In: SHOPEN, T. (Ed.). Language Typology and Syntactic Description. Cambridge/London/New York: Cambridge University Press, 1985. p. 3-56. (Grammatical Categories and the Lexicon, v. III).

ANDRADE, K. E.; RONDININI, R. B. Cruzamento vocabular: um subtipo da composição? D.E.L.T.A, v. 32, n. 4, p. 861-887, 2016. Disponível em: <https://www.scielo.br/j/delta/a/NHKKfy8CJMGBXyZRsc7fTLR/?lang=pt&format=pdf>. Acesso em: 20 maio 2022.

ANVISA – Agência Nacional de Vigilância Sanitária. Nota Técnica n. 55/2015. Disponível em: <https://www.gov.br/anvisa/pt-br/setor regulado/regularizacao/medicamentos/notas-tecnicas/medicamentos/nota-tecnica-no-55-de-2015-ggmed.pdf/@@download/file/Nota%20t%C3%A9cnica%20n%C2%BA%2055%20de%202015%20-%20GGMED.pdf>. Acesso em: 3 mar. 2022.

BANDEIRA, M. Neologismo. Disponível em: <https://www.escritas.org/pt/t/11073/neologismo>. Acesso em: 19 maio 2022.

BASILIO, M. Formação e classes de palavras no português do Brasil. São Paulo: Contexto, 2004.

BECHARA, E. Ensino da gramática: Opressão? Liberdade? 2. ed. São Paulo: Ática, 1985.

BECHARA, E. Língua e linguagem. Rio de Janeiro: EdUERJ, 2003.

BECHARA, E. Moderna gramática portuguesa. 37. ed. Rio de Janeiro: Nova Fronteira/Lucerna, 2009.

BEVILACQUA, C. R.; SILVA, F. M. da. Morfologia concatenativa e morfologia não concatenativa: do princípio morfológico ao princípio prosódico. Confluência, Rio de Janeiro, n. 60, p. 353-372, jan./jun. 2021. Disponível em: <https://lume.ufrgs.br/bitstream/handle/10183/218915/001123371.pdf?sequence=1&isAllowed=y>. Acesso em: 11 maio 2022.

BLOOMFIELD, L. An Introduction to the Study of Language. New York: Henry Holt and Company, 1914.

BLOOMFIELD, L. Language. Chicago: The University of Chicago Press, 1997.

BLOOMFIELD, L. Language. New York: Holt, Rinehart and Winston, 1961.

BRASIL. Ministério do Trabalho e Previdência. Norma Regulamentadora n. 7 (NR 7), de 22 de outubro de 2020. Disponível em: <https://www.gov.br/trabalho-e-previdencia/pt-br/composicao/orgaos-especificos/secretaria-de-trabalho/inspecao/seguranca-e-saude-no-trabalho/ctpp-nrs/norma-regulamentadora-no-7-nr-7>. Acesso em: 2 mar. 2022.

BRASIL. Nomenclatura gramatical brasileira. Rio de Janeiro: Academia, 1959.

CAGLIARI, L. C. Questões de morfologia e fonologia. Campinas: Edição do autor, 2002.

CÂMARA DE VEREADORES DE BRAÇO DO TROMBUDO. Outubro rosa: o mês está terminando, mas a campanha não. 30 out. 2019. Disponível em: <https://www.camarabracodotrombudo.sc.gov.br/noticias/outubro-rosa-o-mes-esta-terminando-mas-a-campanha-nao-35.html>. Acesso em: 16 maio 2022.

CAMARA JR., J. M. Dicionário de linguística e gramática. 18. ed. Petrópolis: Vozes, 1997.

CAMARA JR., J. M. Dicionário de linguística e gramática: referente à língua portuguesa. 25. ed. Petrópolis: Vozes, 2004.

CAMARA JR., J. M. Estrutura da língua portuguesa. Petrópolis: Vozes, 1975a.

CAMARA JR., J. M. História e estrutura da língua portuguesa. Rio de Janeiro: Padrão, 1975b.

CAMARA JR., J. M. Princípios de linguística geral. Rio de Janeiro: Padrão, 1989.

CAMARA JR., J. M. Problemas de linguística descritiva. Petrópolis: Vozes, 1969.

CANAL EDUCAÇÃO. Programa de Mediação Tecnológica. Atividade extra: língua portuguesa – professor Fernando. Disponível em: <https://www.canaleducacao.tv/images/slides/31900_639d8eabbf7fe9f29f05bad60e6347bb.pdf>. Acesso em: 1º jun. 2022.

CASA VALDUGA. Visitação noturna. Disponível em: <https://www.casavalduga.com.br/enoturismo/visitacoes/visitacao-noturna/>. Acesso em: 13 maio 2022.

CASTILHO, A. T. Nova gramática do português brasileiro. São Paulo: Contexto, 2014.

CLASSE. Michaelis – Dicionário Brasileiro da Língua Portuguesa. Disponível em: <https://michaelis.uol.com.br/moderno-portugues/busca/portugues-brasileiro/classe/>. Acesso em: 1º mar. 2022

RIBEIRO, T. Minhas duas meninas. São Paulo: Companhia das Letras, 2016. Capa.

CORTELLA, M. S. Por que fazemos o que fazemos? Aflições vitais sobre trabalho, carreira e realização. São Paulo: Planeta, 2016.

COSSON, R. Letramento literário: teoria e prática. 2. ed. São Paulo: Contexto, 2006. Capa.

COSTA, M. T. A. Lógica, comunicação e argumentação jurídica. Curitiba: InterSaberes, 2021.

COUTINHO, I. de L. Pontos de gramática histórica. 7. ed. Rio de Janeiro: Ao Livro Técnico, 1976.

CRUZ, P. A distante busca pela equidade. 29 mar. 2017. Disponível em: <https://educacao.uol.com.br/colunas/priscila-cruz/2017/03/29/a-distante-busca-pela-equidade.htm>. Acesso em: 20 maio 2022.

CUNHA, C. F. Gramática da língua portuguesa. 2. ed. Rio de Janeiro: Fename, 1975.

CUNHA, C.; CINTRA, L. Nova gramática do português contemporâneo. 5. ed. Rio de Janeiro: Lexikon, 2008.

CUNHA, C.; CINTRA, L. Nova gramática do português contemporâneo. 7. ed. Rio de Janeiro: Lexikon, 2017.

DICIO – Dicionário Online de Português. Disponível em: <https://www.dicio.com.br>. Acesso em: 3 mar. 2022.

DONADEL, G. As palavras dentro da palavra: segmentações não convencionais na escrita de estudantes do Ensino Médio sua relação com o estatuto de palavra. 110 f. Tese (Doutorado em Teoria e Análise Linguística) – Universidade Federal do Rio Grande do Sul, Porto Alegre, 2013. Disponível em: <https://www.lume.ufrgs.br/bitstream/handle/10183/88327/000906477.pdf?sequence=1>. Acesso em: 2 mar. 2022.

DUARTE, S. Flexão e derivação: dois processos morfológicos. Linguagem – Estudos e Pesquisas, Catalão, v. 12, p. 196-206, 2008. Disponível em: <https://revistas.ufg.br/lep/article/viewFile/34454/18161>. Acesso em: 21 mar. 2022.

EDUCLUB. O menino azul: poema de Cecília Meireles. Disponível em: <https://www.educlub.com.br/o-menino-azul-poema-de-cecilia-meireles/>. Acesso em: 1º mar. 2022.

EMBRAPA – Empresa Brasileira de Pesquisa Agropecuária. Embrapa caprinos e ovinos. Método Famacha©. Disponível em: <https://www.embrapa.br/paratec-controle-integrado-verminoses/vermes/caprinos-ovinos/famacha>. Acesso em: 2 mar. 2022.

ESPÍNOLA, A. Táxi. Jornal de Poesia. Disponível em: <http://www.jornaldepoesia.jor.br/espino1.html>. Acesso em: 1 mar. 2022.

FUKS, R. 7 poemas sensacionais de Ariano Suassuna. Disponível em: <https://www.culturagenial.com/poemas-ariano-suassuna/>. Acesso em: 13 maio 2022.

FUNÇÃO. Michaelis – Dicionário Brasileiro da Língua Portuguesa. Disponível em: <https://michaelis.uol.com.br/moderno-portugues/busca/portugues-brasileiro/fun%C3%A7%C3%A3o/>. Acesso em: 1º mar. 2022

GONÇALVES, C. A.; ALMEIDA, M. L. L. de. Das relações entre forma e conteúdo nas estruturas morfológicas do português. Revista Diadorim, v. 4, p. 27-55, 2008. Disponível em: <https://revistas.ufrj.br/index.php/diadorim/article/view/3873>. Acesso em: 3 mar. 2022.

GUIA DA SEMANA. Além do omelete: 11 receitas práticas com ovo que vão conquistar o seu paladar. Disponível em: <https://www.guiadasemana.com.br/receitas/galeria/receitas-faceis-e-gostosas-para-fazer-com-ovo>. Acesso em: 16 maio 2022.

HOPPER, P. J. On some Principles of Grammaticization. In: TRAUGOTT, E. C.; HEINE, B. (Ed.). Approaches to Grammaticalization. Philadelphia: John Benjamins Company, 1991. v. 1. p. 17-35.

HUDDLESTON, R.; PULLUM, G. K. Longman Grammar of Spoken and Written English. Cambridge: Cambridge University Press, 2002.

JULIO. Atrás de um grande homem há sempre uma grande mulher ou outro homem. 2013. Disponível em: <https://keepcalms.com/p/atr%C3%A1s-de-um-grande-homem-h%C3%A1-sempre-uma-grande-mulher-ou-outro-homem/>. Acesso em: 13 maio 2022.

KEHDI, V. Morfemas do português. 7. ed. São Paulo: Ática, 2007.

K.RIÁK, K. A Grammar of Modern Indo-European. 2007. Disponível em: <https://academiaprisca.org/indoeuropean/indo-europeu.htm>. Acesso em: 11 maio 2022.

LEHMANN, C. Grammaticalization: Synchronic Variation and Diachronic Change. Lingua e Stile, v. 20, n. 3, p. 303-318, 1985.

LEXEMA. In: Dicionário online de português. Disponível em: <https://www.dicio.com.br/lexema/>. Acesso em: 1º mar. 2022

LÉXICO. In: Michaelis – Dicionário Brasileiro da Língua Portuguesa. Disponível em: <https://michaelis.uol.com.br/moderno-portugues/busca/portugues-brasileiro/L%C3%A9xico/>. Acesso em: 1º mar. 2022.

LIMA, R. Gramática normativa da língua portuguesa. Rio de Janeiro: F. Briguiet & Cia., 1957.

LOPES, E. Fundamentos da linguística contemporânea. 2. ed. São Paulo: Cultrix, 1977.

LYONS, J. Introdução à linguística teórica. Tradução de Rosa Virgínia Mattos e Silva e Hélio Pimentel. São Paulo: Nacional; Edusp, 1979.

MALVADOS. A invenção da alegria. Disponível em: <http://www.malvados.com.br/index855.html>. Acesso em: 13 maio 2022.

MARONEZE, B. Ordem de adição de afixos no português brasileiro: dados de unidades lexicais neológicas. Alfa, São Paulo, v. 56, n. 1, p. 201-215, 2012. Disponível em: <https://www.scielo.br/j/alfa/a/BYqFHswBTzdSZrScw7mJtGF/?lang=pt&format=pdf>. Acesso em: 3 mar. 2022.

MARTINET, A. Elementos de linguística geral. Tradução de Jorge Morais-Barbosa. 6. ed. São Paulo: M. Fontes; Lisboa: Sá da Costa, 1979.

MATHEWS, P. H. Morphology: an Introduction to the Theory of Word-Structure. Cambridge: Cambridge University Press, 1974.

MENDONÇA, M. F. S. Teoria da árvore genealógica e teoria das ondas. Cadernos do CNLF, Diacronia e História, v. 18, n. 4, p. 124-132, 2014. Disponível em: <http://www.filologia.org.br/xviii_cnlf/cnlf/04/009.pdf>. Acesso em: 1º mar. 2022.

MERCADOLIVRE. Livrinho de desenho infinito + 12 canetas grátis. Disponível em: <https://produto.mercadolivre.com.br/MLB-1628824122-livrinho-de-desenho-infinito-12-canetas-gratis-_JM>. Acesso em: 13 maio 2022.

MICHAELIS – Dicionário Brasileiro da Língua Portuguesa. Disponível em: <https://michaelis.uol.com.br>. Acesso em: 1º mar. 2022.

MICHEL, F. M. Meu pai dizia. Disponível em: <https://www.pensador.com/poemas_de_idosos/>. Acesso em: 1º mar. 2022.

MONTEIRO, J. L. Morfologia portuguesa. 4. ed. Campinas: Pontes, 2002.

MORAES, V. de. Poesias: O relógio. 1970. Disponível em: <https://www.viniciusdemoraes.com.br/pt-br/poesia/poesias-avulsas/o-relogio>. Acesso em: 19 maio 2022.

NEOLOGISMO. In: Michaelis – Dicionário Brasileiro da Língua Portuguesa. Disponível em: <https://michaelis.uol.com.br/moderno-portugues/busca/portugues-brasileiro/neologismo/>. Acesso em: 1º mar. 2022.

NEVES, M. H. M. Que gramática estudar na escola? Norma e uso na língua portuguesa. São Paulo: Contexto, 2011.

OLIVEIRA, U. D. de; ARAGÃO, M. do S. S. de. O vocabulário regional do escritor Ariano Suassuna na obra Farsa da boa preguiça. Revista A Cor das Letras, Feira de Santana, v. 19, n. 2, p. 91-101, 2018. Disponível em: <http://periodicos.uefs.br/index.php/acordasletras/article/view/3708/pdf>. Acesso em: 11 maio 2022.

ORLANDELI. Grump. 22 mar. 2017. Disponível em: <http://www.orlandeli.com.br/novo/wordpress/index.php/2017/03/22/grump-83/>. Acesso em: 31 maio 2022.

PAIXÃO DE SOUZA, M. C. A morfologia de flexão no português do Brasil: ensaio sobre um discurso de "perda". Estudos da Língua(gem), Vitória da Conquista, v. 8, n. 1, p. 83-121, jun. 2010. Disponível em: <https://periodicos2.uesb.br/index.php/estudosdalinguagem/article/view/1116/962>. Acesso em: 11 maio 2022.

PALAVRA. In: Michaelis – Dicionário Brasileiro da Língua Portuguesa. Disponível em: <https://michaelis.uol.com.br/moderno-portugues/busca/portugues-brasileiro/palavra/>. Acesso em: 1º mar. 2022

PENSADOR. Porque a vida só se dá pra quem se... Vinicius de Moraes. Disponível em: <https://www.pensador.com/frase/NjIzMzQ2/>. Acesso em: 13 maio 2022.

PEREIRA, E. C. Gramática expositiva. São Paulo: Companhia Editora Nacional, 1940.

PESSOA, F. Mar português. Disponível em: <http://users.isr.ist.utl.pt/~cfb/VdS/v302.txt>. Acesso em: 16 maio 2022.

POTTIER, B. Linguistique générale: théorie et description. Paris: Klincksieck, 1985.

PRIA, A. D. Tipologia linguística: línguas analíticas e línguas sintéticas. Soletras, São Gonçalo, ano 6, n. 11, p. 113-121, jan./jun. 2006. Disponível em: <https://www.e-publicacoes.uerj.br/index.php/soletras/article/viewFile/4652/3431>. Acesso em: 11 maio 2022.

RIBEIRO, T. Minhas duas meninas. São Paulo: Companhia das Letras, 2016. Capa.

ROCHA LIMA, C. H. da. Gramática normativa da língua portuguesa. 19. ed. Rio de Janeiro: Livraria José Olympio, 1978.

ROCHA L. C. de A. Estruturas morfológicas do português. Belo Horizonte: Ed. da UFMG, 1998.

ROSA, M. C. Introdução à morfologia. 7. ed. São Paulo: Contexto, 2018.

SANDMANN, A. J. Morfologia geral. Curitiba: Ed. da UFPR, 2020.

SANTANA, R. S. Sintaticização. InfoEscola, 15 fev. 2021. Disponível em: <https://www.infoescola.com/linguistica/sintaticizacao/>. Acesso em: 22 mar. 2022.

SAPUCAHY, S. Incursões no mundo da morfologia. Asas da Palavra, n. 7, p. 93-96, dez. 1997. Disponível em: <http://revistas.unama.br/index.php/asasdapalavra/article/viewFile/1458/808>. Acesso em: 2 mar. 2022.

SAUSSURE, F. de. Curso de linguística geral. Tradução de Antônio Chelini, José Paulo Paes e Izidoro Blikstein. 27. ed. São Paulo: Cultrix, 2006.

SEMANTEMA. In: Dicionário Online de Português. Disponível em: <https://www.dicio.com.br/semantema/>. Acesso em: 1º mar. 2022

SILVA, M. C. F.; MEDEIROS, A. B. Para conhecer morfologia. São Paulo: Contexto, 2016.

SINTAXE. Michaelis – Dicionário Brasileiro da Língua Portuguesa. Disponível em: <https://michaelis.uol.com.br/moderno-portugues/busca/portugues-brasileiro/sintaxe/>. Acesso em: 1º mar. 2022

SUASSUNA, L. Ensino de língua portuguesa: uma abordagem pragmática. Campinas: Papirus, 1995.

TJDFT – Tribunal de Justiça do Distrito Federal e dos Territórios. Vício de Inconstitucionalidade. 2020. Disponível em: <https://www.tjdft.jus.br/institucional/imprensa/campanhas-e-produtos/direito-facil/edicao-semanal/vicio-de-inconstitucionalidade>. Acesso em: 28 jul. 2022.

TOLEDO, C. Introdução à morfologia. Disponível em: <https://grad.letras.ufmg.br/arquivos/monitoria/Introdu%C3%A7%C3%A3o%20%C3%A0%20Morfologia.pdf>. Acesso em: 1º mar. 2022.

TRABALHOS DE LETRAS DA UNIP. APS: diacronia e sincronia. 8 out. 2015. Disponível em: <http://trabalhosdeletrasdaunip.blogspot.com/2015/10/aps-diacronia-e-sincronia.html>. Acesso em: 20 maio 2022.

TRAVAGLIA, L. C. Gramática e interação: uma proposta para o ensino de gramática. 11. ed. São Paulo: Cortez, 2006.

VILLALVA, A.; SILVESTRE, J. P. Introdução ao estudo do léxico: descrição e análise do português. Petrópolis: Vozes, 2014. (Coleção de Linguística).

VOCÁBULO. In: Michaelis – Dicionário Brasileiro da Língua Portuguesa. Disponível em: <https://michaelis.uol.com.br/moderno-portugues/busca/portugues-brasileiro/voc%C3%A1bulo/>. Acesso em: 1º mar. 2022.

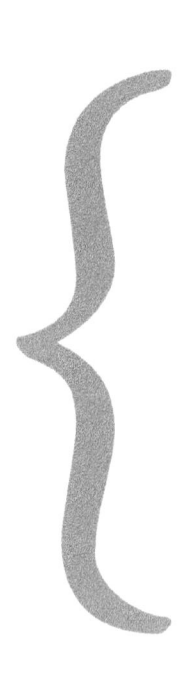

{

bibliografia comentada

CAMARA JR., J. M. Estrutura da língua portuguesa. Petrópolis: Vozes, 1975.

Este livro foi o último livro escrito por Joaquim Mattoso Camara Jr. Trata-se de um clássico da linguística e, por isso, importante para os estudos mais aprofundados da língua. A obra, mesmo inacabada (visto que o autor faleceu antes de finalizá-la), propõe a dupla articulação da linguagem entre fonologia e morfologia. A segunda parte do livro aborda o vocábulo formal e a análise mórfica, a classificação dos vocábulos formais, o mecanismo da flexão portuguesa, o nome e suas reflexões, a significação geral das noções gramaticais do verbo, a flexão verbal portuguesa, os padrões especiais dos verbos em português, bem como o sistema de pronomes em português.

CASTILHO, A. T. Nova gramática do português brasileiro. São Paulo: Contexto, 2014.

Este livro toma a língua como algo dinâmico, sendo que as atividades desenvolvidas pelos seus usuários se resumem em cinco sistemas: linguístico, lexical, semântico, discursivo e gramatical. O autor apresenta uma teoria multissistêmica e aconselha que os leitores sejam gramáticos de si próprios, enquanto pesquisadores da língua que podem desenvolver uma autonomia investigativa nos estudos linguísticos perante as variabilidades do uso da língua.

CUNHA, C.; CINTRA, L. Nova gramática do português contemporâneo. 7. ed. Rio de Janeiro: Lexikon, 2017.

Esta obra se constitui em um ponto de partida cultural e histórico nos estudos da morfologia. Traz registros dos aspectos da história da língua, bem como de sua variedade de uso por escritores brasileiros, portugueses e africanos, representados pela natural diversidade de uso entre as modalidades nacional, europeia e americana. Ainda, Cunha e Cintra examinam as palavras em sua forma e função. Há, inclusive, um capítulo especialmente voltado à origem da língua portuguesa, do latim ao português atual.

ROSA, M. C. Introdução à morfologia. 7. ed. São Paulo: Contexto, 2018.

Este livro é básico para os estudos introdutórios da morfologia. A autora escreve com base em suas experiências em sala de aula e aborda temas fundamentais de forma clara e precisa. Na obra, são explicitados termos, conceitos e nomenclaturas de forma acessível. Além disso, Rosa promove uma análise das noções de morfema e de palavra, além dos processos de flexão, derivação e composição da palavra. Também, há um glossário em que constam definições de termos fundamentais.

SILVA, M. C. F.; MEDEIROS, A. B. Para conhecer morfologia. São Paulo: Contexto, 2016.

Esta obra é fundamental para o estudo da estrutura das palavras, visto que expõe as diferentes correntes teóricas históricas da morfologia. Silva e Medeiros analisam conceitos gramaticais e problemas morfológicos clássicos, muitas vezes tratados superficialmente nas gramaticas tradicionais.

apêndices

Apêndice A – Afixos gregos e latinos

Radical	Significado	Exemplos
Acro	alto, elevado	acrobata
Aero	ar	aeroporto
Aéros	ar	aeronave aerofagia
Anemo	vento	anemógrafo anemômetro
Antropo	homem	antropófago antropologia
Arcaio Arqueo	antigo	arqueografia arqueologia
Astro	estrela	astronomia

Radical	Significado	Exemplos
Auto Autó	de si mesmo	autobiografia autógrafo
Biblio	livro	biblioteca bibliografia
Bio	vida	biografia
Caco	mau, ruim	cacofonia cacografia
Cali	belo	califasia caligrafia calidoscópio
Cardio	coração	cardíaco
Cosmo	mundo	cosmógrafo cosmologia
Cromo	cor	cromático cromoterapia
Crono	tempo	cronômetro cronologia
Dactilo	dedo	datilografia datiloscopia
Deca	dez	década decalitro decassílabo
Demo	povo	democracia demagogo
Derme	pele	dermatologista
Di	dois	dipétalo dissílabo

Radical	Significado	Exemplos
Ele(c)tro	âmbar	eletroímã eletroscopia
Enea	nove	eneágono eneassílabo
Etno	raça	etnografia etiologia etnia
Farmaco	medicamento	farmacologia farmacopeia
Filo	amigo	filologia filomático
Fisio	natureza	fisiologia fisionomia
Fono	voz, som	fonógrafo fonologia
Foto	fogo, luz	fotômetro fotosfera
Gastro	estômago	gástrico
Geo	terra	geografia geologia
Hemo	sangue	hemoglobina hemorragia
Hepta	sete	heptágono heptassílabo
Hetero	diferente, outro	heterodoxo heterogêneo

Radical	Significado	Exemplos
Hexa	seis	hexágono hexâmetro
Hidro	água	hidrogênio hidrografia
Hipo	cavalo	hipódromo hipopótamo
Ictio	peixe	ictiófago ictiologia
Iso	igual	isócromo isóscele
Lito	pedra	litografia litogravura
Macro	grande, longo	macróbio macrodátilo
Mega(lo)	grande	megatério megalomaníaco
Melo	canto	melodia melopeia
Meso	meio	mesóclise mesopotâmia
Micro	pequeno	micróbio microscópio
Miso	que odeia	misógino misantropo
Mito	fábula	mitologia mitômano

Radical	Significado	Exemplos
Mono	um	monarca monólogo
Necro	morto	necrópole necrotério
Neo	novo	neolatino neologismo
Octo	oito	octassílabo octaedro
Odonto	dente	odontologia odontalgia
Oftalmo	olho	oftalmologia oftalmoscópio
Onomato	nome	onomatologia onomatopeia
Oro	montanha	orogenia orografia
Orthós Orto	reto, justo	ortografia ortodoxo
Oxi	agudo, penetrante	oxígono oxítono
Paleo	antigo	paleografia paleontologia
Pan	todos, tudo	panteísmo panamericano
Pato Páthos	doença	patogenia patologia

Radical	Significado	Exemplos
Penta	cinco	pentágono pentâmetro
Piro	fogo	pirosfera pirotecnia
Pluto	riqueza	plutocrata plutomania
Poli	muito	poligamia poliglota polígono
Potamo	rio	potamografia potamologia
Proto	primeiro	protótipo protozoário
Pseudo	falsidade	pseudônimo pseudoesfera
Psiché Psico	alma, mente, espírito	psicologia psicanálise
Quilo	mil	quilograma quilômetro
Quiro	mão	quiromancia quiróptero
Rino	nariz	rinoceronte rinoplastia
Rizo	raiz	rizófilo rizotônico
Tecno	arte	tecnografia tecnologia

Radical	Significado	Exemplos
Tele	longe	telefone telegrama
Termo	calor; quente	termômetro termoquímica
Tetra	quatro	tetrarca tetraedro
Tipo Týpos	figura, marca	tipografia tipologia
Topo	lugar	topografia toponímia
Tri	três	tríade trissílabo
Zoo	animal	zoológico zoologia

Apêndice B – Radicais gregos que entram como segundo elemento na composição

Radical	Significado	Exemplos
agogo	que conduz	demagogo pedagogo
algia	dor	cefalalgia nevralgia
arca	que comanda	heresiarca monarca

Radical	Significado	Exemplos
arquia	comando, governo	autarquia monarquia
astenia	debilidade	neurastenia psicastenia
céfalo	cabeça	dolicocéfalo microcéfalo
cracia	poder	democracia plutocracia
doxo	que opina	heterodoxo ortodoxo
dromo	lugar para correr	hipódromo velódromo
edro	base, face	pentaedro poliedro
fagia	ato de comer	aerofagia antropofagia
fago	que come	antropófago necrófago
filia	amizade	bibliofilia lusofilia
fobia	inimizade, ódio, temor	fotofobia hidrofobia
fobo	que odeia, inimigo	xenófobo zoófobo
foro	que leva ou conduz, portador	electróforo fósforo

Radical	Significado	Exemplos
gamia	casamento	monogamia poligamia
gamo	que casa	bígamo polígamo
gêneo	que gera	heterogêneo homogêneo
glossa	língua	hipoglossa isoglossa
glota	língua	poliglota isoglota
gono	ângulo	pentágono polígono
grafia	escrita, descrição	ortografia geografia
grafo	que escreve	calígrafo polígrafo
grama	escrito, peso	telegrama quilograma
krátos	poder	democracia
logia	discurso, tratado, ciência	arqueologia filologia
logo	que fala ou trata	diálogo teólogo
mancia	adivinhação	necromancia quiromancia

Radical	Significado	Exemplos
mania	loucura, tendência	megalomania hipomania
mano	louco, inclinado	bibliômano mitômano
maquia	combate	logomaquia tauromaquia
metria	medida	antropometria biometria
metro	que mede	hidrômetro pentâmetro
morfo	que tem a forma	antropomorfo polimorfo
nomia	lei, regra	agronomia astronomia
nomo	que regula	autônomo metrônomo
peia	ato de fazer	melopeia onomatopeia
pole	cidade	metrópole
pólis	cidade	petrópolis
ptero	asa	díptero helicóptero
scopia	ato de ver	macroscopia microscopia
scópio	instrumento para ver	microscópio telescópio

Radical	Significado	Exemplos
sofia	sabedoria	filosofia teosofia
stico	verso	dístico monóstico
teca	lugar onde se guarda	biblioteca discoteca
terapia	cura	fisioterapia hidroterapia
tomia	corte, divisão	dicotomia nevrotomia
tono	tensão, tom	barítono monótono

Apêndice C – Lista de radicais latinos

Radical	Significado	Exemplos
agri	campo	agricultura
alter	outro	alternativa
ambi	ambos	ambidestro
arbori	árvore	arborícola
áudio	ouvir	auditório
avi	ave	avifauna
beli	guerra	bélico
bi **bis**	duas vezes	bisavô bípede

Radical	Significado	Exemplos
calori	calor	calorífero
cídio	matar	suicídio
clar	claro	claridade
cruci	cruz	crucificar crucifixo
curv curvi	curvo	curvilíneo
duo	dois	dueto
equi	igual	equilátero
escri	escrever	escrita
ferri	ferro	ferrífero ferrovia
igni	fogo	ignívoro
lac	leite	lácteo
loco	lugar	locomover locomotiva
loquo	fala	ventríloquo
ludo	jogo	lúdico
mort mortis	morte	mortandade mortífero
multi	muito	multiforme
olei	azeite, óleo	oleígeno oleoduto
oni	todo	onipresente onipotente

Radical	Significado	Exemplos
ped pedi	pé	pedal pedilúvio
pisci	peixe	piscicultura piscicultor
pluri	muitos, vários	pluriforme
quadri quadru	quatro	quadrimotor quádruplo
reti	reto	retilíneo
semi	metade	semimorto
sesqui	um e meio	sesquicentenário
tri	três	tripé tricolor tripartir
uni	um	uniforme uníssono
vermi	verme	vermífugo vermicida

Apêndice D – Prefixos de origem latina

Prefixo	Sentido	Exemplos
a ab abs	afastamento, aversao, privação, separação	abdicar abater adjacência afixar assentir

Prefixo	Sentido	Exemplos
a ad ar as	aproximação, passagem para um estado, tendência, direção	adjacência amontoar adjunto adotar assentir
ambi	duplicidade, dualidade, dubiedade	ambidestro ambiguidade
ante	anterioridade, antecedência	antepor antevéspera
bene bem ben	bem, excelência, bom êxito	beneficente bendizer bem-amado
bi bis bin	dois, dualidade	bilateral bissexual bisneto binário bípede
centum	cem	centúnviro centuplicar centígrado centopeia
circum cirun circu	em volta de, movimento em torno, em redor	circum- -navegação circumpolar circunstante circuito
cis	posição aquém	cisalpino cisatlântico cisgangético

Prefixo	Sentido	Exemplos
com con co	companhia, concomitância, contiguidade	compor conter confrade colaborar
contra	direção contrária, oposição, posição inferior	contradizer contramestre contraindicado
de	ação de tirar, separação, movimento de cima para baixo, intensidade	decair decompor depenar decaído delambido
des	negação, separação, ação contrária	desviar desleal
dis di	separação, negação, movimento para diversas partes, ideias contrárias	dissociar dilacerar distrair dimanar dissimular
entre	posição intermediária	entreaberto
ex es e	movimento para fora, movimento de dentro para fora, intensidade, privação, situação cessante	exportar espalmar ex-professor exausto escorrer ex-ministro

Prefixo	Sentido	Exemplos
extra	fora de, além de, intensidade	extraoficial extraviar extravasar extraordinário exausto extrassensível
in i im em en	movimento para dentro	ingerir engarrafar imigrar enterrar
in im i	privação, negação	inativo infeliz ilegal
infra	abaixo, posição inferior	infraestrutura infravermelho
inter entre	entre, posição intermediária, no meio de	intervir entreter entrelinha intervocálico intercalado
intra	posição interior, movimento para dentro	intravenoso intramuscular intrometer
intro in	movimento para dentro	introvertido introduzir incursão
justa	posição ao lado, proximidade, perto de	justalinear justapor

Prefixo	Sentido	Exemplos
im in i	movimento para dentro, ideia contrária	importar ingrato ilegal
male mal	mal	maldizer malevolência
multi	pluralidade, abundante, numeroso	multiforme multinacional multiplicar
ob o	oposição, posição em frente	obstar opor obstáculo objetar objeção
pene	quase	penúltimo península penumbra
per	movimento através de, acabamento de ação, ideia pejorativa	percorrer perfeito perjuro perfurar perfazer
pluri	multiplicidade	pluricelular plurilateral
post pos	posteridade, posição posterior	postergar pospor posteridade

Prefixo	Sentido	Exemplos
pre	anterioridade, superlatividade, antes	predizer preclaro prefixo prefácio
preter	anterioridade, para além, além de	preterir preternatural
pro	movimento para frente, a favor de, em vez de	prosseguir procurador pronome pregresso
re	movimento para trás, ação reflexiva, intensidade, repetição	regressar revirar revolver redizer
retro	movimento para trás	retroceder retrocesso retroação
satis	bastante	satisfazer
semi	metade	semicírculo semimorto
sesqui	um e meio	sesquicentenário
soto **sota**	posição inferior	soto-mestre sota-vento

Prefixo	Sentido	Exemplos
sub sob so sus	movimento de baixo para cima, debaixo, deficiência, ação incompleta, inferioridade	subdelegado sobraçar sopé suster subalterno subestimar subnutrido
subter	por baixo	subterfúgio
super sobre	acima, posição superior, em cima, excesso	superpovoado supranumerário sobreloja sobrecarga
supra	posição superior, excesso	suprarrenal supradito
trans tras tra tres	para além de, excesso, além de, através de	transpor transpassar traduzir tresloucado transatlântico tresnoitar
tris tres tri	três vezes	trisavô tresdobro trifólio tripartido triciclo
ultra	além do limite, para além de, intensidade	ultrapassar ultrassom ultrabelo

Prefixo	Sentido	Exemplos
uni	um	unânime unicelular unificar
vice vis vizo	substituição, em lugar de, imediatamente inferior a	vice-presidente visconde vizo-rei

Apêndice E – Prefixos de origem grega

Prefixo	Sentido	Exemplos
an a	negação, privação	ateu anônimo anarquia ápode
ana	inversão, parecença	anagrama analogia
anfi	em torno, duplicidade	anfíbio anfiteatro ânfora ampola
anti	ação contrária, oposição	antibiótico antiaéreo antítese
apo	afastamento, separação	apogeu apócrifo apólogo

Prefixo	Sentido	Exemplos
aqui arque arc arce	superioridade	arquiduque arcanjo arquibancada arcebispo
cata	movimento do alto para baixo	catástrofe cataclismo catalepsia
deca	dez	decâmetro
di	dois	dissílaba dicéfalo
dia	movimento através de	diagnóstico diáfano diálogo
dis	dificuldade, dualidade, mau	dispneia disenteria dispepsia
ec ex	movimento para fora	eclipse êxodo
en em	posição interna, sobre, dentro	emplastro empíreo encéfalo energia elipse
endo	dentro, movimento para dentro	endoscopia endosmose embrião

Prefixo	Sentido	Exemplos
epi	posição superior	epitáfio epiderme epígrafe
eu ev	bem, bondade, bom	eucaristia eufonia eugenia
hecto	cem	hectômetro
hemi	metade	hemiciclo hemistíquio hemisfério
hiper	excesso, posição superior	hipertensão hipérbole hipertermia
hipo	deficiência, inferioridade, escassez	hipodérmico hipótese hipogeu
homo	semelhança, identidade	homônimo homogêneo
meta	além, mudança, depois de, posterioridade	metamorfose metafísica metapsíquico
miria	dez mil	miriâmetro
mono	um	monóculo monoculista
neo	novo	neologismo neolatino

Prefixo	Sentido	Exemplos
para	proximidade, oposição	parágrafo paradigma paradoxo
penta	cinco	pentágono
peri	em torno de	perímetro periferia
poli	muitos	polígono polimorfo
pro	anterioridade, antes de	prólogo prognóstico prótese programa profeta
sin sim si	simultaneidade, companhia, conjunto	sinfonia simpatia

Apêndice F – Radicais latinos que entram como segundo elemento na composição

Radical	Significado	Exemplo
cida	que mata	homicida
cola	que cultiva ou habita	arborícola
cultura	ato de cultivar	piscicultura
fero	que contém ou produz	aurífero

Radical	Significado	Exemplo
fico	que faz ou produz	benéfico
forme	que tem forma de	uniforme
fugo	que foge ou faz fugir	centrífugo
gero	que contém ou produz	belígero
paro	que produz	ovíparo
pede	pé	velocípede
sono	que soa	uníssono
vomo	que expele	fumívoro
voro	que come	carnívoro

respostas

Capítulo 1
Atividades de autoavaliação
1. a
2. c
3. c
4. c
5. d

Capítulo 2
Atividades de autoavaliação
1. d
2. b
3. c
4. c
5. e

Capítulo 3
Atividades de autoavaliação
1. b
2. c
3. a
4. a
5. e

Capítulo 4
Atividades de autoavaliação
1. a
2. a
3. e
4. e
5. d

Capítulo 5
Atividades de autoavaliação
1. a
2. b
3. b
4. b
5. e

Capítulo 6
Atividades de autoavaliação
1. a
2. a
3. e
4. e
5. d

sobre a autora

❦ MARGARETE TEREZINHA DE ANDRADE COSTA é mestra em Educação pela Universidade Federal do Paraná (UFPR) na área de educação e trabalho; especialista em Psicopedagogia Clínica e Institucional pela Universidade Estadual do Paraná (Unespar), em Magistério de 1º e 2º graus pelo Instituto Brasileiro de Pós-Graduação e Extensão (Ibpex) e em Formação Docente para EaD pelo Centro Universitário Internacional Uninter; graduada em Letras Português-Inglês e em Pedagogia pela Pontifícia Universidade Católica do Paraná (PUCPR), em Marketing pela Faculdade Estácio de Curitiba e licenciada em Filosofia e em Sociologia pelo Centro Universitário Internacional Uninter.

Funcionária aposentada pela Secretaria de Educação do Estado do Paraná, na qual atuou como pedagoga e professora de Língua Portuguesa, em sala de aula, por 28 anos. É professora de graduação e pós-graduação em diferentes modalidades de ensino.

Publicou, individual e coletivamente, diversos livros na área da educação, conforme indicado a seguir.

Pela Editora InterSaberes:

- *Os desafios e as superações na construção coletiva do projeto político pedagógico*
- *Tecnologia assistiva: uma prática para a promoção dos direitos humanos*
- *Lógica, comunicação e argumentação jurídica*
- *Técnicas comunicativas*

Pela Editora Iesde:

- *Legislação e políticas públicas para a diversidade*
- *Introdução à psicopedagogia*
- *Formação para a diversidade*
- *Metodologia de ensino da educação especial*

Pela Editora Ponto Vital (como organizadora):

- *Direito e sociedade: o paradigma do acesso à justiça*

Pela Editora São Braz (Unina):

+ *A escolarização de estudantes com AHSD*
+ *Políticas públicas para a educação em tempo integral*
+ *Documentação pedagógica: investigação e encaminhamento na educação infantil*
+ *Pesquisa e prática dos anos iniciais do ensino fundamental*
+ *Observação, registro e planejamento*
+ *Psicologia do desenvolvimento e aprendizagem*
+ *Altas habilidades e superdotação*
+ *Técnicas e estratégias para contação de histórias*
+ *Tipos de estímulos e estratégias de comunicação alternativa*
+ *Gamificação e o universo de possibilidades*
+ *A literatura: o autor, a obra, o público e a literatura infantil*
+ *Metodologia do ensino da língua portuguesa*
+ *A potência da infância e a criança como protagonista*

Atua como pesquisadora nas áreas de transdisciplinaridade, experiência pedagógica, altas habilidade/superdotação e teoria do discurso.

Os papéis utilizados neste livro, certificados por instituições ambientais competentes, são recicláveis, provenientes de fontes renováveis e, portanto, um meio **respons**ável e natural de informação e conhecimento.

FSC
www.fsc.org
MISTO
Papel produzido a partir de fontes responsáveis
FSC® C103535

Impressão: Reproset
Março/2023